■ 东吴城市哲学译丛 ■

[美] D.J.霍普金斯（D.J. Hopkins）
[美] 雪莱·奥尔（Shelley Orr）
[美] 金姆·索尔伽（Kim Solga）编 / 庄友刚等 译

表演与城市
Performance and the City

苏州大学出版社
Soochow University Press

图书在版编目(CIP)数据

表演与城市 /（美）D.J.霍普金斯,（美）雪莱·奥尔,（美）金姆·索尔伽编；庄友刚等译. —苏州：苏州大学出版社,2017.9
（东吴城市哲学译丛）
ISBN 978-7-5672-1957-1

Ⅰ.①表… Ⅱ.①D… ②雪… ③金… ④庄… Ⅲ.①城市化—文集 Ⅳ.①F291.1—53

中国版本图书馆 CIP 数据核字（2017）第 147391 号

著作合同登记号　图字：10-2013-115 号
Copright@Palgrave Macmillan
First published in English by Palgrave Macmillan, a division of Macmillan Publishers Limited under the title Performance and the City by D. J. Hopkins, Shelley Orr and Kim Solga. This edition has been translated and published under licence from Palgrave Macmillan. The authors have asserted their right to be identified as the author of this Work.

书　　名	表演与城市
编　　者	［美］D.J.霍普金斯　　［美］雪莱·奥尔 ［美］金姆·索尔伽
译　　者	庄友刚等
责任编辑	赵　强
装帧设计	吴　钰
出版发行	苏州大学出版社 （地址：苏州市十梓街1号　215006）
印　　刷	宜兴市盛世文化印刷有限公司
开　　本	700 mm×1 000 mm　1/16
字　　数	265 千
印　　张	17.25
版　　次	2017 年 9 月第 1 版 2017 年 9 月第 1 次印刷
书　　号	ISBN 978-7-5672-1957-1
定　　价	42.00 元

苏州大学出版社网址　http://www.sudapress.com

目 录
Contents

平装本前言
  苏珊·本耐特 /Ⅰ

插图目录 /Ⅲ

致谢 /Ⅴ

序言：城市、文本、表演
  金姆·索尔伽、D.J.霍普金斯、雪莱·奥尔 /Ⅶ

第一部分　徒步主义，或回想城市

引言
  D.J.霍普金斯 /1

1. "9·11"之后漫步纽约的方式
  玛拉·卡尔森 /3

2. 记忆、纪念、表演：1776至2001年间的下曼哈顿
  D.J.霍普金斯、雪莱·奥尔 /23

3. 杀父者与过路人
  瑞贝卡·施耐德 /42

第二部分　城市表演与文化政策

引言

  金姆·索尔伽 /60

4. 多元文化文本、跨文化表演：当代多伦多的表演生态

  里克·诺尔斯 /62

5. 目标达成：百老汇、"9·11"、共和党国家选举提名大会

  瑞贝卡·安妮·卢格 /83

6. 跨国公民表演：当代伦敦的文化生产、政府治理和公民权

  迈克尔·麦肯尼 /102

第三部分　相互表演：建构社区

引言

  雪莱·奥尔 /120

7. 城市幸存：新闻代理人、宣传噱头和城市女性身体奇观

  玛里斯·施威泽 /122

8. 《迷情伴装》与同性恋城市的景观

  金姆·索尔伽 /143

9. 全球性的晒像：模糊街区项目与城市间的自画像

  凯瑟琳·艾文、雷切莉·维德、诺尔斯、劳拉·列文 /162

第四部分　在城市的边界

引言

  金姆·索尔伽 /171

10. 在澳大利亚剧院上演想象的城市

  乔安妮·汤普金斯 /174

11. "一个特殊的公共空间"中的批判代言与共谋：伦敦泰特现代美术馆涡轮大厅

  詹·哈维 /192

12. 呈现一个不复存在的社区:丹尼尔·里伯斯金柏林犹太博物馆的写景术

　　克劳斯·冯·丹·伯格 /211

13. 城市能否言说?——后结构主义之后的特定场域艺术

　　劳拉·列文 /229

跋:表演城市——一个神奇的陈列柜

　　芭芭拉·霍哲顿 /248

译后记 /252

"《表演与城市》在思考表演的实践、研究和教学方面打开了一个全新的领域。它确认了各种重要讨论主题的一致性,汇集了在表演领域引领国际观念的论文……并且做了一件极为优秀的工作:在系列解释性的引言中,构筑了统领各种讨论的系统框架。"

——尼古拉斯·怀布罗(英国华威大学戏剧和表演研究中心副教授)

"霍普金斯、奥尔和索尔伽编辑出版了充分显示城市个性表演前景的论文集。《表演与城市》提供了主题广泛的论文,追问城市是如何表现自己的,科研机构、社会组织、公共政策如何演示了城市,个性主体在这种连锁关系中又可能扮演了何种角色。"

——李·米勒(英国普利茅斯大学)

"……高质量,在观众、表演者和空间的关系上令人感动的负责任探索,由贯通建筑和演出研究领域的优秀学者撰写。"

——斯蒂芬妮·约翰逊(加拿大多伦多大学戏剧研究中心主任)

平装本前言

重播：表演与城市

苏珊·本耐特

2008年，人类历史上第一次超过50%的人口（大约33亿）居住在城镇和城市。这是一个突出的事实，它明确显示了对当下凸显出来的人类生活体验进行跨学科研究的必要性和重要性。《表演与城市》是一部通过文化地形学视角的审理与推进来关涉这一主题的重要作品，表演与场所的交叉创造了城市的场景——不仅仅是街头艺人，在更大的部分上要了解是什么构成了城市，在实践上、在记忆中、在世界范围内去了解。本书中的文章向学问和课堂展示了一系列挑战，启发我们去思考城市的表演，穿越时间，在场或者不在场。

《表演与城市》平装本出版的时候，"9·11"事件已经过去了将近10年，而且是在某种意义上来说仍然是新世纪的第二个十年的开端，在这个时候，纽约城作为演出的空间和表演的场所，前所未有地占据了我们的批判视野。许多文章包括本书中的文章都表明，对戏剧界和表演界的学者来说，那些引人注目的重大事件的后果对于纽约城的引拉作用是多么的强大有力！在其他方面，这本书向我们发问：作为"9·11"的全球观众我们如何记住我们自己？我们能否像斯皮尔伯格的史诗电影《慕尼黑》（2005，以另一个城市的著名恐怖事件命名）结尾中的艾维纳那样，睁圆眼睛透过曼哈顿的天际线凝视世贸双子塔？那是一个事后诸葛亮式的银幕时刻，作为预言演出而作为回忆承受。或者像百老汇的观众一样,我们回归到城市空间沉浸在另外的创构意义的无数表演中,在这样的表演中协调应对地方与全球、观众与舞台、剧院与城市场景的关系?纽约城保存下来了,正像芭芭拉·霍哲顿在其深刻的跋中所说的那样,依旧是一个剧院,一个戏剧性的城市——像一块强大的磁石在 2009 年吸引了 3650 万游客参观,为百老汇演出贡献了 120 万张门票(Bagli)。

当这本具有里程碑意义的论文集带领我们穿越纽约城的标志地带去审理我们自己的基于地标记忆的表演的时候,本书不仅仅是在考量这个城市的空间,更重要的是,它由此及彼地延伸到世界的其他地方:多伦多、贝尔格莱德、伦敦、奥斯汀、柏林都在其中。《表演与城市》穿越了城市风景的广阔领域,它为新型的政治演员——可能是被淹没的、看不到的,无声音的——探索了操作行动和演说发声的成功开端,向萨斯卡亚·萨森描述的当今全球城市的"代表"寻求借助。在这里那些被检视的表演暗示着创新的理论模型和思考我们在其中居住、工作、展示和演出的城市的新切入点。

《表演与城市》致力于演出形式的方法批判,这些方法批判超越了剧院与表演的过程与结果,更超越了仅仅把城市作为文本理解的激进观念。它直接把我们引导到尚要努力开垦的领域,提供了确保批判性路径的各式地图。

参考文献:

Bagli, Charles V. 'After 30 Years Times Square Rebirth Is Complete'. *New York Times* 4 December 2010. Web. 5 December 2010.

Sassen, Saskia. *Territory, Authority, Rights: From Medieval to Global Assemblages*. Princeton and Oxford: Princeton UP, 2006.

United Nations Population Fund(UNPF). 'Linking Population, Poverty and Development'. 2007. Web. 5 December 2010.

插图目录

1.1　2008年从世界第三金融中心看向世贸遗址深坑,回顾1974年菲利浦·佩蒂特悬直索在世贸双塔之间的穿越行走

2.1　下曼哈顿三一教堂墓地的"战士"纪念碑(1852)

2.2　迈克尔·阿拉德"反省缺失"地下部分的透视图

2.3　"反省缺失"的透视图,迈克尔·阿拉德与景观设计师彼得沃克合作设计

3.1　2001年宾夕法尼亚,盖茨堡

5.1　媒体旋涡中的现场抗议,时代广场,2001年秋

5.2　抗议共和党接管纽约城,2004年8月

6.1　"利福特"空间,2008年

6.2　巴比肯艺术中心,以伦敦城为背景

7.1　安娜·赫尔德的牛奶浴宣传噱头是由新闻代理人梅尔维尔·斯托尔兹策划的,象征着色情的女性身体在家里的安全氛围

8.1　《迷情伴装》中洛伊斯·魏芙饰演密西根,佩吉·肖饰演迪鲁斯,2005年德克萨斯州奥斯汀

9.1　模糊街区网站,贝尔格莱德-勒吉那对话

9.2　勒吉那

9.3　贝尔格莱德

9.4　贝尔格莱德

9.5　勒吉那

9.6 赫尔辛基

9.7 贝尔格莱德

9.8 赫尔辛基

9.9 勒吉那

9.10 多伦多

9.11 勒吉那

9.12 贝尔格莱德

9.13 勒吉那

9.14 贝尔格莱德

9.15 勒吉那

9.16 多伦多

9.17 贝尔格莱德

9.18 多伦多

9.19 贝尔格莱德

9.20 多伦多

9.21 贝尔格莱德

10.1 "高墙之腿"杂技团的作品《家园》,1998 年在悉尼的 AMP 大楼

11.1 奥拉维尔·埃利亚松,《气象计划》,2003 年泰特现代美术馆涡轮大厅

11.2 游客与奥拉维尔·埃利亚松的《气象计划》,泰特现代美术馆涡轮大厅,2003 年

12.1 巴洛克式的柏林博物馆(右)和里伯斯金的延伸(左)的鸟瞰图

12.2 原巴洛克式的柏林博物馆和里伯斯金的延伸的并置外墙

12.3 记忆塔和其中的"落叶"

13.1 "城市之夜",罗明斯特

致　谢

　　《表演与城市》起始于ATHE学术会议上关于回忆、纪念和表演的系列理论观念的核心要点，这次会议由D.J.霍普金斯和雪莱·奥尔组织发起，2005年在旧金山举办。随后，在2005年多伦多ASTR学术会议期间由D.J.霍普金斯和金姆·索尔伽组织举办的专题研讨"文本与城市：书写与演示城市空间"上，这一核心观念得到进一步发展。我们十分感激那两次会议所有的参与者，他们帮助我们构建了关于城市和表演之间关系的最初观念。同时也非常感谢会议的策划者支持我们的工作，特别是W.B.沃森。

　　玛拉·卡尔森的那一章最初以《看、听和记忆：'9·11'之后漫步纽约的道路》为题2006年发表在《戏剧杂志》。感谢《戏剧杂志》允许在本书中刊印修订的版本。

　　瑞贝卡·施耐德的那一章最初以《杀父者的记忆与过路人》为题2003年发表在"学者与女权主义者在线"网站。感谢"学者与女权主义者在线"网站允许在本书中刊印修订和扩展的版本。

　　感谢在世贸中心的美国"9·11"国家纪念馆同意复制用于纪念计划的文献资料。感谢鲍伯·斯泰因同意使用照片以及莫莉·费尔同意复制她的海报，照片和海报同时出现在第5章。感谢洛瑞·E.塞德同意在第8张复制使用她拥有的照片。感谢"模糊街区计划"的参与者，他们的视频材料出现在第9章。感谢"高墙之腿"的作者卡莫龙·马丁同意在第10章使用该照片。感谢伦敦泰特美术馆和奥拉维尔·埃利亚松同意在第11章中复制照片。感谢同时要给予简·比特，在第12章中同意使用3张照片。第

13章中用到的照片要感谢安迪·休斯顿。最后,诸多的感谢要给利兹·克莱顿,同意我们在书的封面上复制使用她那逼真的照片"鬼魂电梯"。

尽管已经尽最大努力去追溯所有的版权所有者,但如果有人被粗心地忽略了的话,出版方会在第一时间做出必要的安排。

感谢劳伦·贝克编制了本卷的索引。

序言：城市、文本、表演

金姆·索尔伽、D.J.霍普金斯、雪莱·奥尔

表演和城市

  本论文集的工作开始于"城市之年"。尽管我们在当时并不明了这一状况，2006年标示着一个转折点，超过百分之五十的全球人口可以被叫作城镇居民（约翰逊）。社会理论家和媒体权威，迅速抓住了这一世界转变的新闻，开始去沉思人口统计中这个重大的里程碑现象在日益显现的"城市星球"形成中的影响（斯图亚特·布兰德，转引自约翰逊）。这些影响，被认为将带来重大的转变。随着选举人的再分配状况对选举地图的重新划线（或是划线失败），它们将改变工业化民主政体的政治经济。它们将改变（改变已经开始）全球经济系统的形态和商品生产的相对价值，造成"资源"经济和"信息"经济之间平衡关系的变化。它们将对我们这个星球的环境产生巨大的影响，形成对正在持续中的气候变化的新回应。当然，日益增长的城市空间和城市观念的影响作用将给学者、著作家和艺术家带来巨大的压力，改变着他们工作成果和被接受程度的具体境遇与相对价值。正如权美媛所讨论的，艺术家在过去的几十年里已经变成了受雇佣的文化制造者，在城市之间游历，以精心的城市市场活动的服务方式到处为产品和展览出借着他们的声望。随着城市伙同艺术名流为他们自身的投资诉求而致力于同文化资本的联姻，精力旺盛的世界艺术家（建筑师丹尼尔·里伯斯肯德、作曲家菲利浦·格拉斯、导演罗伯特·乐帕奇是三个醒目的例子）

无所不在,在他们到达的任何地方到处"提供场所和地方认同的唯一性之间的区分","在全球经济特权阶级竞争性重构的范围内,以极富诱惑力的高品质促进城镇和城市的提升"(Kwon:54)。每个城市都在寻求一个富有竞争力的边界,在这一目标的指示与支持下,艺术家们不再是文化的制造者,而变成了文化演出者(包括文学的和隐喻的):"现在是艺术家工作模式特征中表演性的方面……作为一种新的艺术商品在重复和循环制造。"(Kwon:47)

正如这篇简短的概要所暗示的,《表演与城市》的政治策略是广泛而复杂的,一方面纠缠于全球资本的流动,另一方面又为地方文化认同进行斗争(政治和经济的要求并行)。我们青睐《表演与城市》不仅是针对这些双重的复杂性,针对艺术家和表演者们在"新世界城市"内寻找他们的场所而进行的斗争,而且是针对那些艺术家们的潜在观众:针对已经生活在城市或者在今后几年内可望移居到城市的那些人,以及规划者和对我们所分享的城市地理面貌负责建设、保护和改造的城市官员们。我们沿着与居民、管理主体以及戏剧与表演专家相关的两个基本问题进行探索:第一,在城市空间的发展、协调与更新中剧院和表演扮演了何种角色?第二,在城市的扩张中,我们在表演事件中的相互作用怎样建构了我们个人的和集体的相互作用?小斯坦顿·B.加纳认为,"城市的真实"是"本体论的给予少于多数人的建构、多元地点的'表演'、连续不断的协调安排"(109)。如果城市每项参数——财政的、政治的、地理的、社会的——是无处不在的例行性表演的产品,在更多民主的、更多社会和伦理公正性的线条中,表演艺术又如何积极地介入"新世界城市"的形成之中?

从城市的发展进程到常规的典礼仪式,表演已经历史性地成为而且在继续成为城市生活的固有特色,"深度地涉入城市意义的结构和相互影响"(Garner Jr:95)。在皇家与市民盛装游行的当代回响中,伦敦市长于游行中穿过城市,仿佛返回到一千年前的英国和欧洲。黛博拉·华纳的《天使计划》出没于曼哈顿,邀请观众在未必真实存在的空间中去寻找一个相似的城市。在东京的街头,年轻人身着哥特萝莉装,打扮成美少女战士,哼着机器人摇滚乐,半是娱乐半是忠实于他们的明星英雄。在多伦多、爱丁堡、都柏林、圣何塞、温哥华、蒙特利尔和圣保罗,"低语"工程[1]用蜂窝式无线电技术向路人发送简要的、口述的场景,路人则利用移动电话收听他们所处的那个地方的故事,这些故事可能由任何人来讲述,可能是真实的或者仅仅是一个故事。诸如此类的例子都使我们相信,在理解我们与我们的城市交互影响时表演是最贴切的演讲,一种最能够表现我们城市空间的差异、多元与现实体验的演讲。

从文本到表演:重思城市

2006年7月是极热的天气。我(金姆,作者中的一个)站在位于伦敦东部的莱顿地下车站外面的人行道上,向下凝视着完整的M11——那条在20世纪90年代中期夷平了这个社区外围的备受争议的高速公路,1998年我住在这里的时候还正在建设之中。我从不知道家园的破坏、生活的支离破碎,对我而言,正在逼近的道路只是一种赐予。现在,站在这里,感受着来自下面快车道上的热风从身边吹过,我开始去检视,去见证和了解。

《链接》中格雷姆·米勒的就任演说,追溯描绘了M11高速公路的轮廓。只要利用从邻近地区的图书馆借来的一个简单的传输装置,任何人都能够在连接公路的边缘行走,在高速公路建造时被破坏的痕迹标记中去倾听,倾听米勒在他的行走中收集和播出的许多前居民的故事。通过迈克尔·德塞图的先锋文章"城中漫步"的镜头,米勒明晰《链接》所完成的批判性工作,他描绘了由下方那项工程所带来的作为文本性关涉的行走与倾听的特性。参与者们提供各种见证来讲述原有生活的丧失与破坏,他们正处在"书写"一个新的城市故事的进程之中。然而,我并不怎么喜欢这样的书写。《链接》需要一个完全不同的方式去思考城市和城市故事:它需要我横越私人与公共之间的界线,他需要演员的专注(这里是下一个传送者,是我的下一个暗示?)、观众的富有想象力的慷慨宽容(我如

---

[1] 低语工程,原文为"murmur",是一种口述的历史文献,记录、介绍一个地方的特殊地理风貌——译注。

何去联想和感受这一不见其人的声音?)以及对其语言空间有效地全身心投入。民众、小鸟、汽车,外卖的咖喱食品和引擎排气管,错误的次序、伤痛的脚踝以及醒目的发现——我不是仅仅在把这些综合为一个故事,我正在参与到一个社区的复述之中,经由集体性重新上演的这个社区的重建之中。

我们之所以分享城市表演的这一细微时刻,是因为——恰如它所表现的那样——它的表演性地位根本不是给定的。尽管"表演与城市"的互动关系到处都有所体现(我们觉得没有人会反驳金姆以她在《链接》中的经历形式表现出来的戏剧化形象),但是在表演、城市以及人文地理的研究中,关于戏剧和城市之间交织关系的最宽泛和最深层的暗示依然缺乏持续性的探索。在投资者看来,这种缺乏是各种训诫被历史性地制造并且在继续制造的原因,在"城市的文本"中,这些训诫是选择的暗喻,是描述官方城市和描述草根阶层在建构和反对官方城市文化中的影响之间的选择。

从本雅明的"游荡者"到居伊·德波的《漂移》再到德塞图的权威著作,"行走"城市的理念——反习俗地努力充塞城市权力的地图——从表演中汲取实践基础,而其理论来自于后结构主义的包罗万象的文本性。在罗兰·巴特的奠基性的论文《从作品到文本》(1971)中,他非常著名地把文本描述为"作为一个方法论领域"(157),从而开创了一个新的学术纪元,语词"文本"开始暗示着一个富有伸缩力的意义网络,而非仅仅是印刷媒体的制造物。但是在罗兰·巴特的挑战提出后不久,空间理论家亨利·列斐伏尔在他的具有里程碑意义的著作《空间的生产》中警告说,对"文本"的"过高估计"会冒向"倾向于易读和易观"的"智力的独断"退让的风险(62)。实际上,对后来发展有深远影响的城市理论家,比如雷纳尔·班哈姆和凯文·林奇,经常把城市构想为一个易读的文本,如上文所指出的那样,文字和图像天衣无缝地相互对接从而造就毫无疑问地易于观察、阅读和认知的城市。这些观念遭到了迈克尔·J.迪尔、多琳·梅西、爱德华·索亚以及其他后现代城市理论家的强烈批判,在这些批判的足迹中,新的城市理论要求具体化的、差异性的城市空间的考量,不是自上而下地而是自下而上地理解城市空间。

通过重新引述德塞图的著作从而精确地追溯这些理论线索,城市地理学家尼格尔·瑟里福特近来质疑"城市文本"隐喻的效力。在城市地理学中,德塞图可能是最有影响的隐喻倡议者。虽然德塞图构想的"城中漫步"不仅仅是一个经验性文本,更是"系列的"象征、创造性的"实践"(拉威利:152),一个"关于场所的空间性演示"(de Certeau:98),但是瑟里福特认为,德塞图:

> 从来没有真正忘记阅读和演讲的操作行动,并且时而明确时而隐晦地宣称这些操作行动可以拓展到其他实践中去。进而,这样的宣称……在基于含糊不清的演讲而通常是非法"行为"的实践基础模式和支持社会功能系统的"描述"的文本基础模式之间,构筑了另一个明显的张力。(Thrifft 2004:43)

把"城市文本"作为概念工具去思考维持我们城市空间的权力和意愿的指向被认为是有价值的,激起我们像瑟里福特那样去追问:在何种意义上城市"文本"的观念,不但在描述城市和市民之间肉体的、物质的和心灵的多元相互作用方面,而且在描述城市作为被正式的和非正式的表演以不可胜数的方式所架构的张力空间和置排空间方面,完全失去了作用?

当然,在肯定表演作为城市理论具有其作为城市实践那样的价值时,我们绝不是要暗示我们的"文本与城市"的再造是完全革命性的。正如克劳斯·冯·丹·伯格在本论文集里他的文章中所讨论的,沃尔特·本雅明明了"游荡者"与城市之间的关系,他把城市作为表演——具体记忆在上演中与城市实际缺场的协调——探究,就像城市是个人思考的问题,因此在现代城市研究运动的每个开端,在文本与表演之间设置了一个带来多重后果的张力。进一步来说,空间、场所和表演之间的关系在过去二十多年里已经成为戏剧专家们主要关注和批判的一个重要方面(参见卡尔森、乔杜里、福斯和乔杜里、哈维、希尔和帕里斯、麦考利以及汤普金斯等人的代表性作品),而当就这些术语的交叉点展开工作的时候,又把我们带回到表演研究兴起的时期,即 20 世纪 60 年代,那时研究集中于即兴演出和情景戏剧。然而令人惊异的是,仅仅是在现在,这一工作才开始拓展到既被构建同时又具有建构性(参见 Mckinnie)的城市空间和表演中。直到2002年，小加纳才指出(在艾莉诺·福斯和尤娜·乔杜里编辑的论文集《土地、景观、剧院》里唯一一篇讨论城市观点的论文)："戏剧文化被赋予了城市的中心性(反之亦然)，在城市景观中很少关注剧院的功能行为是非常奇怪的。(96)"近来出现了令人惊异的大量著作去讨论小加纳的忧虑：从迈克·皮尔森和迈克尔·山克斯的《戏剧考古学》(参见147—51)和威廉·J.米歇尔的《放置的话语：符号、空间和城市》到史蒂芬·霍吉、西蒙·波斯赫蒂、菲尔·史密斯和凯茜·特纳(英国的 Wrights & Sites 组织)的作品，艺术家和知识分子不约而同地继续着文本隐喻的广泛讨论，以便能够描述在实际上驱动着城市表演的那些东西所造成的后果和影响。《表演与城市》介入到这一文本性的讨论趋势之中，去追问表演为什么并且怎样被挤压到了城市论文主题的边缘而其对城市活动的重要性却没有被充分认识到——"书写"城市(看起来是私人的、经常是强烈个体化的操作)与"表演"城市(在城市中"表演")之间的这种有时争论不休的多层次关系，为什么在城市文学中会被如此不均衡地陈述，作为一种特权，在其中书写总是第一术语。翻转这种二元结构，我们的作者们追问使表演回归到城市文体的显性主题所可能具有的意义，不是作为对城市文本哲学思考的贫瘠产物，而是作为城市文本的前兆，作为长久驱逐城市诸多文化强权的引擎。

但是，表演命运的简单反转并不是本书的主要目标。当我们挑战城市是一个用于阅读和(重新)写作的"文本"这一观念的时候，我们也在强调文本性与表演性必须联系文化实践去理解，这些文化实践交织在一起形成了现象的、智力的、精神的和社会的等各种邂逅冲突的状况，这些状况构筑了主体的城市体验的框架范围。我们认为，在文本与行动之间的冲突、碰撞与争论促进了具体化的斗争，斗争导致了超越时间的改变和更新。城市表演实践，无论是官方的还是非官方的，都经常被法律文件的指示要求而限定，在这样的限定要求下，自由的行动变成了违法，"剧场"变成了"街道"，并因此被迫遵从一套完全不同的规则。然而，当一些城市表演的"游击队"

抵制原稿的观念想法的时候，另一些人（地下狂欢晚会、流动俱乐部事件[1]等）却需要文本——提前给参加者提供信息或到达后的信息提示——去汇集他们的活动所需要的巨大数量的人群。档案文献能够描绘城市的历史，但是一个城市的历史从来不是单独存在于它的档案文献之中，城市坚持认为记忆、具体实践是重要的，用于填补档案记录所必然呈现出来的一些空缺。在戴安娜·泰勒有重要影响的关于拉丁美洲表演（2003）"档案"和"戏单"关系的著作中，文本和表演被解读为组合的现象，时而合作式地发生作用，时而在具有多重后果的张力中把我们用短语"城市空间"所描述的内容理论化并给予批判。《表演与城市》认为，表演能够帮助去协调城市档案造成的断裂，帮助去建构城市，去改变城市。

英语区城市

《表演与城市》在其所指涉的范围方面并不是广泛的：我们的作者们最初聚焦于已经实现工业化的西方英语世界。这样的聚焦造成了明显的鸿沟，但这也是有意为之。当我们开始计划本书的时候，我们反问自己，我们希望表现的是什么样的城市和这些城市中什么样的观点，这时选择立即变得多样化了，在我们全球性的"希望清单"上有超过两打的具体地点。我们很快认识到两件事情：第一，当我们去寻找诸如非洲"代表性"城市、亚洲"代表性"城市等此类城市的时候，我们将冒象征主义的风险；第二，正处于工业化进程中的第二和第三世界城市，其日常生活中政治的（因此延伸到表演的）复杂性与我们希望探索的业已实现工业化的城市所具有的问题是完全不同的。我们决定，与其试图要在一本书中对所有这些城市做到公正，倒不如把《表演与城市》作为探索全球城市中各种表演发展趋势的系列文集的第一部。我们之所以从强调西方英语世界开始，是因为这是我们编

---

[1] 流动俱乐部事件（Mobile Clubbing Events），一种无声聚会的形式，许多人在一些非固定的地点聚集，用耳机听他们自带便携设备（如MP3）的音乐跳舞。这种闪聚的形式有时会有几百人参加，把一些公共场所比如火车站、地铁站等作为他们暂时聚会的地方，并没有什么明确的目的。Mobile Clubbing Events 主要通过电子邮件、唇语、社会网络站点比如 Facebook 等，或是综合使用这些联系方式进行组织。第一次事件发生在2003年9月伦敦的利物浦街道地铁站。——译注

辑者生活于其中并最为熟知的世界。在将来的卷册中,我们希望尽可能贴近城市的多样状况来讲述城市问题与城市空间——作为战争剧院和战后避难所的城市,"第一世界"国家中的"第三世界"城市状况,许多国家比如中国和印度在城市表演艺术方面快速工业化的后果。同时,当我们制订自己在这一主题上的未来工作计划的时候,我们希望在表演和城市研究领域的其他学者能够受到启发,在同类问题域上展开工作,去思考表演得以与城市交叉的各种方法,以及表演自身被体认为理解和建构城市意义的手段的各种方法。

除了把重心放在英语区城市之外,《表演与城市》也对重要的城市地点给予了深度的关注。本书有四章(作者为玛拉·卡尔森、D. J. 霍普金斯和雪莱·奥尔、瑞贝卡·安妮·卢格、玛里斯·施威泽)是关于纽约城的,有两章(作者为迈克尔·麦肯尼、詹·哈维)是关于当代伦敦的,此外的文章是关于美国、英国、加拿大、澳大利亚、德国和塞尔维亚等国家其他地方城市的。在某些方面,本书侧重偏向纽约是必然的。当我们请求作者们撰写这本文集的时候,我们听到一个热切期待本文集的人对"后9·11城市"一遍又一遍的谈论:居住其中,游览参观,重回城市的过去,通过世贸中心遭到攻击而消失的哀伤表演讲述过去神秘而真实的经历。但是我们转向纽约的镜头——尤其是在第一部分即"徒步主义,或回想城市"——是非常精确地聚焦的,而不是陈述一个包治百病的药方。瑞贝卡·施耐德的极富争议性的文章《杀父者与过路人》,结束了论文集的第一部分,它通过对从穿越曼哈顿才能到达的盖茨堡到全美流行的沙发和安乐椅的交织论述,提醒我们哀悼纽约的冲动已经超越了限度——在无疑是现代的、萦绕于纽约黄金时代的乡愁的心脏地带去修复它——不是让我们日益强大反而是日益脆弱。正如D. J. 霍普金斯和雪莱·奥尔在他们的叙述中所揭示的,对下曼哈顿穿越时间的纪念,这是一个如同千禧年那样的关于历史的冲动;亦如瑞贝卡·安妮·卢格指出的,通过百老汇的地方经济审思"9·11"的政治余波,这是一个由资本需要和情感饥饿双重激发的冲动,包括国外的与国内的、地方的与全球的、美国的和非美国的。纽约是一个西方的具有拜占庭传统形式的城市舞台:玛里斯·施威泽关于城市的剧院历史的时髦研究向我们展示了在女权主义自我形成的早期剧院所具有的鳞状重叠结构,当然纽约城很长时期以来已经成为美国众多反主流文化表演的地点和源头。但是,自从2001年9月以来,伴随着世界颤动的后果,它也一次又一次地成为令人震惊的文化和经济霸权行动矗立的平台。我们在这些章节中提供了四种完全不同的纽约,以准确地揭示和解释它在我们当下城市中的让人惊异的特定角色。

当我们完成这篇序言的时候,华尔街正陷入次贷危机的丑闻之中,不在于其和双子塔倒塌一样的重大影响,而在于试图掩盖瓦砾堆中的众多生命。在今后的日子里这些也将成为过去,我们将忘却这场危机,就像"9·11"正慢慢地从我们的记忆中消退一样,忘却我们因华尔街、百老汇、重返纽约过去的辉煌而造成的困扰。为了反对瓦砾堆中的生命的这种离世方式,反对这种过于轻易地把城市戏目的棘手冲突转变为城市和国家神话般的表面稳定性的状况,我们奉献了本书。

参考文献:

Banham, Reyner. *Los Angeles: The Architecture of the Four Ecologies*. New York: Harper, 1971.

Barthes, Roland. *Image, Music, Text: Essays Selected and Translated*. Trans. Stephen Heath. New York: Hill & Wang, 1977.

Carlson, Marvin. *Places of Performance: The Semiotics of Theatre Architecture*. Ithaca, NY: Cornell University Press, 1989.

Certeau, Michel de. *The Practice of Everyday Life*. Trans. Steven Rendall. Berkeley: University of California Press, 1984.

Chaudhuri, Una. *Staging Place: The Geography of Modern Drama*. Ann Arbor: University of Michigan Press, 1995.

Dear, Michael J. *The Postmodern Urban Condition*. Oxford: Blackwell, 2000. Fuchs, Elinor, and Una Chaudhuri, eds. *Land/Scape/Theater*. Ann Arbor: University of Michigan Press, 2002.

Garner Jr, Stanton B. 'Urban Landscapes, Theatrical Encounters: Staging the City.' Fuchs and Chaudhuri: 94—118.

Harvie, Jen. *Staging the UK*. Manchester: Manchester University Press, 2005. Hill, Leslie, and Helen Paris, eds. *Performance and Place*. Basingstoke: Plagrave Macnillan, 2006.

Johnson, Steven. 'Metropolis Rising.' *Urban Planet*. 15 Nov. 2006. 10 June 2008: <http://johnson.blogs.nytimes.com/2006/11/15/metropolis-rising/>.

Kwon, Miwon. *One Place After Another: Site-Specific Art and Locational Identity*. Cambridge: MIT Press, 2004.

Lavery, Carl. 'The Pepys of London E11: Graeme Miller and the Politics of Linked.' *NTQ* 21 (2005): 148—60.

Lefebvre, Henri. *The Production of Space*. Trans. Donald Nicholson-Smith. Oxford: Blackwell, 1991.

Lynch, Kevin. *The Image of the City*. 1960. London: MIT Press, 2000.

McAuley, Gay. *Space in performance: Making Meaning in the Theatre*. Ann Arbor: University of Michigan Press, 1999.

Mckinnie, Michael. *City Stages: Theatre and Urban Space in a Global City*. Toronto: University of Toronto Press, 2007.

Massey, Doreen. *Space, Place, and Gender*. Minneapolis: University of Minnesota Press, 1994.

Miller, Graeme. 'Walking the Walk, Talking the Talk.' Interview with Carl Lavery. NTQ 21 (2005): 161—6.

Mitchell, William J. *Placing Words: Symbols, Space, and the City*. London: MIT Press, 2005.

Pearson, Mike, and Michael Shanks. *Theatre/Archaeology*. London: Routledge, 2001.

Soja, Edward. *Thirdspace: Journeys to Los Angeles and Other Real-and-Imagined Places*. Oxford: Blackwell, 1996.

Taylor, Diana. *The Archive and the Repertorie: Performing Cultural

Memory in the Americas. Durham, NC: Duke University Press, 2003.

Tompkins, Joanne. *Unsettling Space: Contestations in Contemporary Australian Theatre*. Basingstoke: Palgrave Macmillan, 2006.

Thrift, Nigel. 'Driving in the City.' *Theory, Culture and Society* 21.4—5 (2004): 41—59.

Wrights & Sites. 'A Manifesto for a New Walking Culture: "Dealing with the City."' *Performance Research* 11.2(2006): 115—22.

第一部分　徒步主义，或回想城市

引　言

D. J. 霍普金斯

本文集源于 2001 年 9 月 11 日在纽约发生的系列事件。这部分的其中两章最早出现在作为一个学术系列一部分的早期草稿中，该学术系列思考了在"9·11"之后纽约城表演和记忆之间的联系。虽然纽约可能不再被视为城市空间的范例（像它从早期直到 20 世纪中叶所表现的那样），这座城市遭遇的袭击和冲击，以及随后的重建，有助于使纽约成为新的学术研究和空间思考的有吸引力的中心。这两章直接讨论了"9·11"事件之后的纽约，而第三章则描述了作为死亡和缺场的档案的城市空间。因此，毫无疑问本部分的章节和读者分享了诸多特色内容，而不仅仅是挽歌式的模式——尽管这三篇文章都对当代的地点哀悼和记忆、纪念的仪式持批判的立场。

这部分的章节不仅在字面意义上具有相类似的主题，也在概念和理论上互通有无。由于都集中于对徒步主义的探讨，这部分三篇文章都向迈克尔·德塞图的著作表示出了极大的敬意。德塞图思考了与城市空间相关的"书写"和叙事问题（参见编者"序言"），本部分作者则探讨了集体体验和社会记忆通过街头表演实践得以产生的方式问题。

2001 年 9 月 11 日，玛拉·卡尔森正住在纽约，她对这座城市的细致理论思考也可能是个人化的。在第一章《"9·11"之后漫步纽约的方式》中，卡尔森集中讨论了两种以声音为基础的表演。两种表演都显现为"徒步主义的表演"，在其中参与者被综合定位为既是观众又是表演者。在《她的黑色长发》中,珍妮特·卡迪夫的"行走",让参与者在不安中漫步经过了想象中的中央公园;《世贸遗址声音纪念馆的聆听行走》,同样也给了使用者游历已经不在这里的东西的旅程——过去的时空已经不存在于这个城市了。卡尔森认为,在这些由创伤性记忆标示的空间中,意义由表演赋予。

D.J.霍普金斯和雪莱·奥尔在《记忆、纪念、表演:1776至2001年间的下曼哈顿》中汇集了过去的场所和时间,"双重叙事"手法开头,第二章探讨了在两个不同的时代的同一空间,同时将"城中漫步"理论化为表演的实践。这些探索把名为"反省缺失"的世贸大厦遗址纪念馆的设计与19世纪的美国独立战争的纪念碑设计以及摧毁了大部分的下曼哈顿的毁灭性火灾纪念碑的设计并置在一起进行探讨。通过这个并置的策略,作者思考了表演在城市记忆中的重要性,尤其是在"作为纪念馆而特别修建"的建筑中。

在第三章《杀父者与过路人》中,瑞贝卡·施耐德认为纪念碑的本质在于记录国家奠基者——"逝去的父亲"得到的国家认同。施耐德关于纪念碑的解读与"档案文化"以及隔世的战争材料联系起来。考虑到"纪念与家长制历史性地关联"(62)的方式,施耐德认为纪念碑引发了旅游者的消极的回应,这样的回应支撑了传统的历史叙事。这一章中较为晦涩的理论——像这一部分的其他章节一样——也带有个人的特点。施耐德甚至提供了一张自己作为纪念碑旅行者的快照,这为本书这部分内容的特色,即对个人主体和城市环境之间关系的探讨,提供了一个更加醒目的说明。

1. "9·11"之后漫步纽约的方式

玛拉·卡尔森

记忆是一种反博物馆的东西：它是不能被地方化的。记忆中的碎片源自于传说。对象和语言同样是空洞的场所，过去在其中沉睡，在日常的行走、创造、睡眠行动中，古老的革命处于休眠状态。……幽灵徘徊的地方是人们唯一可以生活的地方——这颠倒了监狱的模式。

(de Certeau：1984：108)

德塞图通过从世贸中心 110 层楼以上帝似的眼光观察，就像伊卡洛斯的观察者那样，开始了他对"城中漫步(Walking in the City)"的思考。尽管中世纪和文艺复兴时期的画家们已经构想了这个特权视角，并用它去描绘他们城市的地图以获得对城市的有序理解，但是这一视角对于以世界性的眼光进行持续的沉思而言并无足够充分的价值，直到摩天大楼抬升了我们让我们能够以这样的视角来观察。当然，世界贸易中心并不是第一个有这样优势的地点，但是德塞图很好地利用了它，从更高的，更像上帝似的观察的前提出发。但是他所建构的从高处的观察，仅仅是为了要击倒世贸塔楼并与下面"游荡的人"[1]联系起来。他指出，无论是"偷窥的上帝"还是他的观察，都是幻想的：上帝，只是虚构的全知、全能；他的观察也只是知识的假象，"知识可能的条件是遗忘和误解"(93)。这种想象的上帝看不到远低

---

[1] 又译作"闲逛者"、"浪荡子"、"浪子"。——译注

于他的渺小的人类在做什么,当他们在城市街道行走时如何重写了城市,尽管在这种视角模式下他们追逐的是那种根本与他们无关的体验,但他们却仍然深陷其中。

2001年9月11日之后,再去读德塞图的伊卡洛斯祈祷有着完全不同的震撼感觉,在这个时候,如此众多的东西真实地随着双塔的燃烧、坍塌而倒下,在所有有价值的媒体中它们一次又一次地重复倒下。他在给《日常生活实践》写的序言中谈到,阅读不是消费,而是默默地生产,我们栖居的文本"像一个租来的公寓",由我们的记忆填充它们的空间(xxi)。他不可能预料到会有这样一些记忆,这些记忆将涌入自己文本中的这个特定"房间"。世贸塔楼——他认为和杰里米·边沁理想化的全景监狱相似,能够让管理员监视到每一个囚犯——消失了,但是它的破坏却使得监视到处弥漫,就像福柯所预测的那样。我在它缺失的阴影中写作,为这个正在重构的空间寻找新的实践。

2001年秋天漫步在纽约城,并没有带来德塞图(以及在他之前的波德莱尔和本雅明)为"游荡者"所构想的乐趣。一个人漫步途经破坏程度不同的各个地方,他的乐趣依赖于邻人,依赖于恢复它的努力,或许最重要的是,依赖于他的应对策略。他有时会和别人交换这些故事,其余时间则是在沉默中行走,不断遭遇各色损失的标记:图标、鲜花、各种脸庞。随着世贸大厦遗址被清理干净,在这座城市的漫步逐渐恢复正常。在个人层面上,我们创建纪念馆主要是为我们自己,去纪念我们自己的悲伤,同时也为自己搭建一个假想的未来,哀悼自己的失去或是我们的死亡和记忆。纪念馆激活了过去损失的记忆,让过去和未来崩塌而进入到现在的记忆行动中。亨利·柏格森指出,直接的感知(现在发生的,在此时)实际上总是即时性的记忆(我记得现在正在发生的,在此时,刚刚过去的时刻),但是,一个人必须忘记刚刚过去的时刻以便让过去构成"过去"而不是"正在消逝的现在"。恢复过去的感知通常同时也是一种擦除。"可能性"的概念也是如此,它在认识过去之前把一个现实的影像投射到过去,这时它仅仅是一系列可能性的其中之一(qtd in Méchoulan: 148-9)。与此同时,我们在不同的意识层面上承载着过去,记忆过滤我们目前的看法,它们自身也因每一个记忆活动而在重塑和重构。应用虚构的附加来观看周围的现实,就像是记忆的常规操作方式,也就是说,缺失的东西(过去的或虚构的)过滤着当下的东西。自然而然地,虚构的过滤器对于我们的感知具有强有力的影响,我们所记得的以及由此我们所具有的感觉。记忆穿梭于我们内心所提供的连续不断的话语之间,一个内部之眼在注视着记忆的即时展示。

  本章检视了漫步纽约的方式,在纽约城的两种行走激发了人们的记忆和想象。声音艺术家珍妮特·卡迪夫的《她的黑色长发》(2005)和《世贸遗址声音纪念馆的聆听行走》(2004)两部作品都激活了参与者的身体,穿过一个变化的环境,并在公开场合创造了一个私人的体验。即使是与同伴一起行走,参与者经历的每一步都是作为一个个体的观众而不是作为一个集体观众的一部分在体验。通过增强所有审美现象都具有的效果,这些行走离间了我们的体验,在这里又不在这里,真实的同时又是建构的,以至于我们同时看到和"想象"我们周围的东西。放到"9·11"事件之后来看,这些行走有一种特别的潜力有效地进入我们的记忆。当我重写我的关于这些行走的经历的时候,我特别关注行走的方式,在这些方式中它们重写了我关于这城市的经历,并给我创建了一个纽约的空间。

在中央公园的行走和聆听

  公共艺术基金会 2004 年资助了珍妮特·卡迪夫的《她的黑色长发》——一种为中央公园举办的边听边走的特定场域艺术,而且一年后再次举办。加拿大艺术家自 1991 年以来创建了"行走"的艺术形式,给参与者提供便携式音频播放器,引导他们穿越这些"基于时间的虚构作品",一路伴随着主要发言人(艺术家,以一个我们称为"珍妮特"的人的身份在讲述着)的声音,在搜寻着某人或其他什么东西(Christov-Bakargiev 'Intimate': 15, 24)。卡迪夫的听众跟着她沿着特定的路线行走,一路上通过放在她携带的假人头耳朵上的全方位麦克风立体声地记录着(22)。之后,她和乔治·布尔·米勒数字化地编辑声音,在她行走的声音记录中一层层地加入在其他时间和其他地方录制的声音。与外界的由卡迪夫在早先穿行于公园时记录的声音相结合,和当下真实时间发生的记录合在一起,就制作成了《她的黑色长发》的让人晕头转向的音频:人们无法分辨哪些声音是先前记录的,哪些是当下的。珍妮特通过让我们配合她的脚步,起初甚至要配合她的呼吸,来控制速度。在这个基准上,其他声音和音乐片段来来去去,装音频播放器的袋子同时还放有一组编了号的照片。珍妮特声称发现他们身处一个跳蚤市场。在一些特定的地点,她告诉我们要拿出一张特定的同名的黑色长发女人的照片,在照片拍摄地点前举着它。对这个女人和摄影师的猜测构成了沿途的一些片段,但是从来没有答案。其他的话语和声音打断了这个简练的猜测:诗歌,一个奴隶的故事。珍妮特在奴隶和波德莱尔之间建构了一个临时的关联,之前她谈到了波德莱尔的行走,他的情人有一头黑色长发。当我在聆听的时候,我在行走,珍妮特在行走,波德莱尔在行走,正在逃亡的奴隶在走去加拿大。在把他们三个的过去带入到我的当下的情形中,这一共享的活动扮演了极重要的角色。

我们经常把声音技术看作是让我们彼此之间以及我们与我们的环境之间拉开距离的东西。便携式音频设备让人们在公众中孤立了自己,甚至是在他们侵扰到和他们共享那一空间的人的时候也是如此,这样的抱怨是司空见惯的。卡迪夫的"行走"不仅通过构建声音环境和唤醒麻木的听觉而"恢复了一种听觉愉悦的感觉",正如卡罗林·克里斯托夫-巴卡季耶夫所指出的,通过帮助,我们把我们自己重置在当下时空的方式,他们也在使用技术去"反对"人们熟知的技术的异化后果。

在接受阿托姆·伊戈扬采访时,卡迪夫将便携音频设备的潜力归因于联系的创建而不是其他几个方面的异化因素:"声音进入潜意识比视觉信息更直接"的事实,真实声音和记录声音的混合,以及在她的音频叙述中对描述的添加。因为珍妮特大量描述了行走者所看到的,她的声音开始与那些人自己内在的声音相平行:事实上有一个女人在楼梯下面打手机,一个男人坐在附近的长椅上看报纸,但接吻的恋人却不在了。卡迪夫告诉伊戈扬,这种替代的平行与分离"把人们推进和拉出体验"。不断地推进和拉出,没有答案的叙述,生动而谨慎的声音刺激,改变了人们对沉浸其中的周围环境的感受。记录一个空间中的声音,随后一个人在这个空间中再去听,然后引导这个人(很困难地)在真实和各种记录的声音之间去辨别,卡迪夫的工作是坚决要求他们之间的区分。体验的另一个重要元素是把控制权交给珍妮特,不仅仅是及时跟上她的呼吸和步伐,而且最后要跟随她的指令,首先是向后倒着走,然后是闭着眼睛走——在一个公共场所,作为公共场所的中央公园。我的一个同伴,在纽约城长大但现在住在其他地方,说他害怕撞到别人,被撞的人会生气会揍他。相比之下,在做珍妮特要我做的事情时,我发现了一个在公共场合不害怕的、受欢迎的感觉,虽然我并不喜欢在通常情况下闭着眼睛在城里晃悠。

这些实验,正如珍妮特所声称的,也将中央公园的过去带进了我的当下时刻。我记得中央公园何时是危险的,即便是在美丽的星期六下午——但这不是我的基于在中央公园经验的个人记忆。这是一个媒体建立的关于该城市一个时期——这个时期我并不住在这个城市——的记忆,安德里亚斯·胡赛恩称之为"想象"的记忆(17)。我将它与我关于布鲁克林的普罗斯佩克特公园变化的感觉相比较:虽然我知道暴力袭击事件仍然在普罗斯佩克特公园发生,但我在未知的陌生领域不再感到危险,因为我在那里有一段很长而且和平的行走的直接经验。虽然胡赛恩可能会认为我关于中央公园想象的记忆会比我在普罗斯佩克特公园经历的记忆"更容易被遗忘",但我认为包括已被遗忘的创伤痕迹在内的无意识堆积,能够使想象的记忆更加持久。在这里同样有用的是"后记忆"(Postmemory)的概念,玛丽安·赫希和利奥·斯皮策把这一概念描述为在家庭或文化中过去的东西,"一个次要的、迟来的记忆,通过故事、图片传递,行为者在其中长大,但是它从来没有被连接成为一个完整的图片或是连续的故事"(261)。《她的黑色长发》触发了三种类型的记忆,并有目的地制造了他们之间的混淆。我们被置于思考关于危险的陌生性感觉的境地,这种感觉由卡迪夫在要求我们表演信任练习活动之前所激发:在中央公园动物园附近,我们听到枪击,珍妮特说他们是在射击食腐动物。她说,猪和山羊被带进城市是让它们在街道上吃垃圾,但是它们却一直侵入公园吃草,所以它们才被射杀。我们知道没有人在射击猪和山羊,因为附近"没有"猪和山羊,但我们不知道在过去或是未来,确切在哪里不能安全地摆放那点小故事。正如声音中增加的层次性提高了听觉的敏锐度,开玩笑地鼓励人们在不同来源间进行区分,它也提高了对现实的敏锐度,鼓励人们在不同类别的记忆间进行区分。卡迪夫被吸引到了音频上面,因为"它在表达我们如何思考、我们思想如何运转方面做得非常好。我们的思想在不断地来回,进出于现实"(Christov-Bakargiev 'Conversation': 29)。

《她的黑色长发》从来不是单单去关注,而是创造一个无处不在的失去的感觉——失去的故事,失去的机遇——就在珍妮特把我们的注意力引向达科他洲,去猜想小野洋子如何得知约翰·列侬遭到枪击之后,给出了它的连贯的表达。在"行走"的终点,卡迪夫将我们的注意力从她创造的虚构世界转移到了历史世界,同时从公园转移到了城市环境,在其中这个建构的"自然"空间造就了庇护所般的感觉。然后她追问是否美总是与消逝的东西相联系。她描述了看到的一张新闻照片,里面是一位伊拉克的父亲,他的三个女儿被炸弹炸死了。他发现一个女儿的手臂挂在路灯杆子上,当珍妮特看着照片中他的脸和手时,她直直地盯着手臂,"手指松开,挂在路灯上,就像摆上去的一样"。卡迪夫更进一步使我们发生了转换,从单一的记忆、伴随着广泛的文化共鸣的历史暴力行为到还在继续的、在伊拉克大范围的战争暴力,我们很多人习惯性地把伊拉克的战争暴力从电视屏幕中筛选出来(作为日常生活的材料)用以继续日常生活。我记得现在的"行走"是为了分析它,从列侬的死到现在战争,使我想起了他(和洋子)反对越南战争的富有成果的行动,这又接着带来了在"9·11"事件当晚烛光守夜活动期间演唱他的《想象》之歌的记忆。回观过去,当战争是美国回应攻击的唯一可能方式的时候,我想象存在着其他可能方式,同时我再一次因他们的逝去而陷入悲伤的氛围。珍妮特把遗失和美丽联系起来,这种联系让我产生了对怀旧的渴望,渴望那种从未存在过的东西,那种对消失了的可能性的记忆。"怀旧"一词源自于希腊语的 nostos,是返回家园的意思,这种词源把"怀旧"与"相同"联系了起来,暗示着一种回到过去那种已知状况的渴望。该词在当代世界的使用很大程度上忽略或挖苦了与疼痛(心痛)的联系,但怀旧以前是作为一种医疗条件来理解的,在士兵或流亡者那里,让他们感觉像是在家里,这样更容易治愈恢复(Hirsch: 257—8)。"渴望"

的意思在当代使用中依然保留,虽然渴望的家园通常被理解为追溯地想象。

在她与伊戈扬的交谈中,卡迪夫指出,"许多人渴望更多地与世界的联觉〔1〕关系",这种渴望是怀旧的,这是由婴儿时期视觉刺激和听觉刺激的一致化反应所产生的。在婴儿的视觉区域尚不稳定的时候主体性已经开始形成了,正如迪迪埃·安齐厄所指出的,远超出拉康的镜像阶段。在这个前视觉时期,"孩子沉浸在充斥着噪音和声音的居所中,自己在里面发出声音,并且听起来像是在一种'声反射镜'中"(Phillips:16—17)。声音不仅是视觉之前的感知的一种手段,而且它也是婴儿拓展空间并产生相应效果的第一个手段;换句话说,哭声是第一个体验的代言(Rosolato:108)。当我们离开婴儿期,感觉分化也随之发展,形成内部与外部之间的分裂。卡迪夫告诉伊戈扬,她把她的"行走"看作是"一个新奇的尝试,通过中介连接我们分裂的世界,从而在参与者和(卡迪夫的)声音与身体之间创建一种共生关系,同时提升感官,这样就可以体验或是成为'行走'环境的一部分"。当我们按照珍妮特的指示闭着眼睛走在中央公园的时候,卡迪夫让我们表演了一个被记住的信任。我们得不到无中介的体验,但我们渴望它。我们无法关闭在我们脑海中的声音,但是卡迪夫的媒介作用在没有他们评论的情况下充分地引导着我们去形成对世界的领悟。虽然在《她的黑色长发》结束时我对于缺乏主题连贯性或叙事紧密性有点失望,但我认为如果故事或主题是一致的,那么我们的思想就会在这样的水平上被组织起来,即排除了这些沉浸在当下体验的时刻——包括我们重新激活的记忆的当下时刻。

《她的黑色长发》渗透到人的自觉意识。矛盾的是,在通过提供声响来制造我周围电影般的环境的过程中,这种音频行走又倾向于把我从这样的画面中拉出来。我能够停止把自己构想为主角,在我自己的瞬时记忆剧院中停止把我的经历戏剧化。借助于其他各种声音中在我脑海里占据一个

---

〔1〕 Synesthetic:是"Synesthesia"的衍生词,译为联觉,意指各种感觉之间产生相互作用的心理现象,即对一种感官的刺激作用触发另一种感觉的现象,在心理学上被称为"联觉"现象。——译注

位置,音频能够让内在的一些意见安静下来——尤其是,存在这样一些时刻,这时在那里掌控的"偷窥的上帝"的声音沉寂下来,让我以不同的方式沉浸在周围的环境中。卡亚·奚尔曼指出,这种超级行走从听觉领域发展而来,并指出,女性主体总是在视觉或听觉的领域内被男性观察者所关注,而在经典电影和心理分析中男性的离开身体的声音是"男性主体的'范例'"(99,164)。卡迪夫的离开身体的女性声音让超级行走沉寂下来,这样的体验暗示了对监视的逃离。以黑色长发女人为例:珍妮特谈到,摄影师总是在错误的时刻给她拍照,在她转过身的时候或是在她笑容消退的时候。此外,在压倒性的视觉文化中,视觉记忆的制造提供了伪造的品质。一方面,芭芭拉·柯什巴拉特-吉姆伯赖特写过关于拍摄世贸遗址的冲动(将这场灾难变成"柯达时刻");另一方面,"9·11"袭击在鲜活、细致的"镁光灯回忆"(根据罗格·威廉·布朗和詹姆斯·库利克的说法)中的持续,产生于这样的时刻。"这时触发事件与惊讶、紧张以及重要性的元素连接了起来。"(qtd in Kirshenblatt Gimblett:16)利用被广泛且有问题地发行的有关"9·11"的视觉图像,《世贸遗址声音纪念馆的聆听行走》活动提供了另一种回忆方式。

"9·11"之后的行走和聆听

我关于2001年9月的记忆是——从听开始——听的记忆,开始于我从我的斜坡公园公寓敞开的窗户听到第一座塔楼倒塌的时候。我第一反应是修正之前听到的声音,事实上,那是飞机撞击的声音。通过分辨我们的认知模式来理解声音,最常见的例子是,我们很容易在喧嚣中听到自己的名字,而且有时候会误听到电话铃声,虽然没有人打电话给我们。米尔吉姆·绍布使用了伊什特万·温克勒用过的一个例子:听,就像是用吸管从"威士忌、姜汁汽水、啤酒、矿泉水、雪利酒、白兰地等混合物"中小心地吸取饮料(161;also see McAdams and Bigand)。由于从没有过类似的听觉体验帮助我判断是飞机在撞击大楼,我以为那声音是大街上卡车撞击金属板的声音。现在联想逆转了,每辆卡车经过都会让我回想起那天早上发生的事。我记得自己爬上了天台,但记不清楚我是否看到了第二幢大楼的倒塌,而且要花一些精力才能记起当时我们所能看到的只有烟——滚滚浓烟。我看到我认识的人拿着摄像机站在屋顶上,但是已经什么都也看不清了。我住的地方没有有线电视,提供信号的电视天线架在世贸大楼的顶上。我们仍然可以收到一个频道,情况很糟糕,但是它一遍又一遍地重复着同一个画面。所以我们不再看电视,而且不久以后也不得不关掉收音机,同样是因为媒体的报道加剧了我的悲伤和恐惧,没有提供任何新的信息。我距离这个创伤是如此接近又是如此遥远,而且完全无能为力。我浏览报纸,聆听邻居的诉说——那些住在世贸中心附近的人,那些痛失亲人的人。我记得有好几天走了很多路,但是并没有离开我的邻居们,听到了很多故事,在每一个记忆时刻我都有一些部分被消融,每一次到着火的房子那里都感觉到彻底的无助,很多消防车和消防员再也不能从那里回来了。烟雾吹过布鲁克林,接下来的几天,灰烬和世贸中心办公室里烧焦的纸片飘落下来,落到了我们的房顶和街道上。

伊曼纽尔·列维纳斯说到,苦难根本上是被动的,而且或许具有被动性的本质,因为苦难不是"意识行为的表演",而是对意识所未能成功地转换的"屈从"(157)。这种被动性"是"邪恶的,它将人降为物,因为在遭受中没有自由,没有代言,没有选择。列维纳斯认为"苦难是一种纯粹的遭受"(157)。但是苦难的表演,伴随着其所做的其他类型的文化行动,提供了一种被控制的遭受。对我而言,与袭击相联的各种图像和故事依然是压倒性的;然而,在某种程度上与当下情势渐行渐远但能激发某种情绪反应的那些东西,能够帮助我梳理最近的各种事件。这种对距离的诉求并不新颖。希罗多德谈到,雅典人对于波斯人屠杀米利都所有男人是如此沉痛,以至于无法形成对该事件的描述。"当普律尼科司创作了戏剧《米利都的沦陷》时,剧场里的观众都哀恸不已。作者因为唤起了观众对这场灾难——如此接近地触及了他们——的回忆而被罚了一千银币,而且禁止任何人再把这部戏搬上舞台。"(366—7)除了埃斯库罗斯的《波斯人》,再没有其他更多的有关那个时代历史的古希腊悲剧。这个故事表明,对创伤事件的再现往往会给亲历者再次带来精神创伤,这就是"9·11"事件之于我的意义。

然而，普律尼科的这个故事和他的禁演剧容易被作多种解读。有人同样可能想知道是不是雅典人发现该剧太危险而不能搬上舞台。在评论关于"9·11"事件之后电台应该播放什么内容的辩论时，苏珊·桑塔格指出："如果理解为对关于公共秩序和公众士气的诸多莫名担忧和焦虑的掩盖，那么在浸透着降低品位的商业诱因的文化中，这种高品位的新颖事例是有重大意义的。"(68-9)换句话说，是米利都屠城事件太令人悲恸了，还是众人的痛苦太难调节？尽管政治家们对图像的关注是司空见惯的，但是无论"9·11"事件之前还是之后，朱利安尼[1]和布什政府的极度活跃的舞台管理很值得关注。朱利安尼高度评价了他对纽约日常犯罪状况的严厉打击——赶走那些强行擦洗车辆挡风玻璃来赚钱的人从而让桥梁和隧道的交通更加顺畅，逮捕那些跳过检票栏杆逃票乘地铁的人——降低了纽约的犯罪率，这与20世纪90年代纽约的繁荣是相联系的。袭击事件之后，通过在现在称为"世贸遗址"的地方的媒体管制，市长获得了前所未有的关于图像流通的控制。正如戴安娜·泰勒极为明确地指出的，禁止业余摄影并清除个人的纪念物——他声称在雨后"让城市看起来很脏"——开始出现(241,255)。朱利安尼对这场灾难的管理，就像是对时代广场的清理，是经过谋划的，以便让游客感觉舒适。事实上，他给纽约人分配了消费者的角色，"继续他们的生活"，这包括下馆子和去剧院。就像泰勒所写的，"见证者的角色——作为有责任、良知的参与者而不是危机的旁观者——在关于牺牲者、英雄人物以及我们中的其他人的散碎谈论中坍塌"(243)。鉴于当务之急是消费而不是"呆视"，那些负责的人把旅游业作为对非英雄人物的市民而言唯一可行的事务。

围绕这一事件的"官方"公开仪式在根本上从一开始就让我感到不安而且将我排除之外。"9·11"事件一周年纪念日举行了极具特色的风笛鼓乐游行，州长帕塔基宣读了盖茨堡演讲，市长朱利安亚尼宣读了遇难者名单，乔治·W.布什献上了花圈。在我看来，是布什绑架我朋友和邻居的痛苦将之用作非正义的军事侵略、侵犯公民的自由以及他竞选连任的工具。

---

[1] 时任纽约市长。——译注。

接着2004年共和党的国家选举提名大会将纽约变成了视听的舞台,纽约市民很大程度上被当时压倒性的警力排除在这一活动之外,关于"9·11"最合适的部署却没有关于该事件所影响地方的人们任何真正的考虑。官方的说辞阐述了"9·11"事件的特殊意义,并且执行这套说辞,似乎观众会默认这种意义,因此,我选择避而远之。但是现在,事件过去六年了,纽约市仍在以无休止的冲突表演持续纪念世贸中心和它的坍塌。从一开始就显而易见的政治分歧强化了所有其他问题的基础,并——在我看来——有助于解释它们:我们在这个地点到底该纪念什么?"我们"又包括哪些人?

离开政治建立纪念馆是不可能的,因为涉及如此大量的金钱和空间。世贸遗址重建的斗争必然会涉及权力的博弈,以定义权力的未来象征,重写公众的记忆。正如利莉·周利佴基指出的,像新闻报道和官方声明所说的那样,纪念馆调停事件并"教化"观众;就是说,调停"构建了观众与景观之间的伦理关系并因此培养行动的特定政治倾向"(186)。周利佴基指出,即使美国在世界图景的中心仍保持超级大国的地位,"9·11"事件的严重介入也重新赋予了特征,这样的中心是作为"危险的生活"的空间的中心,而不是作为更为熟悉的安全和权力的空间的中心(186)。这种转变让超级大国变成了一个受害者,一个布什政府在其中相应地以英雄身份行动的角色。无论是大范围的美国民众还是纽约的市民在这场表演中都没有多少地位,除了作为它的观众(或是在伊拉克的牺牲者,政府在伊拉克尽管尽最大努力也未能控制局势)。为了重获见证事件——那些我们记住的以及将要发生的事件——的权力,我们需要在行动的空间内重新定位我们自身。泰勒谈到,这样的呼声在媒体上随处可见,与此同时,太多的公众意识即将淡出人们的视野,这种公众意识将"深度地调停过的看见"转变成"一种社会盲从的形式"或"知觉自杀"(244)。

与泰勒的"视野迷失"感觉相反,我感觉我从视野中消失了,甚至更彻底地从公共言论领域中消失了。在吕克·波尔坦斯基称之为"怜悯政治"所营造的公共文化中,没有任何有价值的可行回应。当人们面对面地遭遇苦难,同情会激发合理的援助;就是说,是一种不至于把人置于风险中的缓解苦难的行动。与受害者的关系描画了一个人的责任程度。消防员和警察的专业化角色迫使他们冒着生命危险以挽救他人。类似的责任在个人关系中产生。比如，一个人可能被期望去救他的孩子，或者甚至是他的邻居。其他人可能会承担同样英勇的救援，但他们不是在道德上有责任这样做。捐款构成了合理的牺牲，但不是一项政策，因为它没有在捐助者自身基础上形成一个团体。相比之下，公共舆论有能力从虚假的观察行为中区分出哪些旁观者身份是符合道德要求的 (Boltanski: 14—21)。

对见证的需要有助于解释新方式——卡迪夫在 2005 至 2005 年间给予我们的，以便体验具体的地点——的非凡活力。《她的黑色长发》活动并不明确是"关于 9·11"的。但是对于近年来为了继续进行日常生活活动而必须大大忽视周围事情的人们来说，行走活动必然满足了明晰感觉周遭和找到立足之地的需要。卡迪夫把与地点相联系并因此而与城市和国家的历史相联系的过去带入了现在：波德莱尔和逃跑的奴隶同时也在漫步，正如新中央公园和布鲁克林大桥重塑了纽约、内战重塑了美国一样。她的音频行动路线上的清除活动——对吃垃圾的猪羊射击——呼应了最近一个时期以来在时代广场的清除活动，射击所引发的危险生活空间让我回想到危险空间的记忆总是被调解的，回想到人们必须去平衡国土安全部反对真实恐怖的警报并在某种程度上协调真实的和想象的空间。如叔奥博所言，"卡迪夫让我们意识到了我们脚下土地的历史的和物理的双重维度"(101)。我们并不总是知道从哪里去获得塑造我们情感空间的全部回忆或是它们是如何值得信赖的。

去见证的渴望——也就是去公开地言说——明显存在于这个城市每个角落的故事交换中，也存在于国家公共广播电台的号召的音量中，国家公共广播电台在 2001 年 10 月建立了特殊的电话热线。这些是那时我无法听到的故事。《丢失和发现声音》节目已经在广播上播出了一些素材，在"声音记忆工程"网站上有价值的档案记录现在包括 1000 条以上的声音贡献：应答机器的信息、回忆录音、"冬日花园"音乐会期间的音乐录音、新闻的剪辑，以及由声音艺术家和建筑工程师所记录的外界声音。人们可以通过网页浏览器或是购买和下载《世贸遗址声音纪念馆的聆听行走》来探索这些素材,该活动是一个基于"厨房姐妹组合"的《声音记忆工程》作品的音频聆听之旅。沿着活动设定的路径边走边听,像卡迪夫的"行走"活动一样有很多好处,正如叔奥博所说,"再次演出了该地点"(95)。

《世贸遗址声音纪念馆的聆听行走》提供的音频声音与一些小的个人圣地有关,这些小的个人圣地在 2001 年点缀着纽约。当我到达遗址地点南边的图片纪念馆的时候,《世贸遗址声音纪念馆的聆听行走》里正在播放音乐和一个消防员与他的朋友在应答机器里的对话信息。然后传来的是建造世贸双塔的莫霍克公司钢铁厂工人的回忆录音,中间伴随着"9·11"时莫霍克广播电台的广播。2001 年在纽约有 200 多个这样的钢铁工人,来帮助进行遗址的清理回收工作。其中一个工人谈到每天工作结束离开时身上都布满灰尘:被那些死去的人笼罩着,知道他自己吸入了一些灰尘微粒,这些微粒带着那天逝去的人的有关信息('Walking High Steel')。当我看向遗址的深坑的时候,《世贸遗址声音纪念馆的聆听行走》把过去——20 世纪 60 年代的建造,2001 年的毁灭,以及这期间的那些时刻——带入了我现在的当下,失去的悲痛与在风中的梁桁上行走的愉悦碰撞相对:向上是如此之高,在纽约城的崭新空间中,在以前从没有人走进过的空气中。在过去和现在之间的"推进和拉出"中回到了"冬日花园"上面的阳台,这时我听到了一个关菲利浦·佩蒂特的报道,他在 1974 年走过了在两座塔楼之间的高空悬索。他像银行抢劫犯一样精细地计划着这一活动,告诉世界贸易中心管理人他是一个法国记者,并且他们一起探讨了大楼在风中晃动的幅度。他和他的助手用弩射出细绳穿过塔楼中间的空隙,连接固定在为清洗需要而设置的 1500 英尺高的高空('Philippe Pettit's Feat')窗户上。当我听到这里的时候,我正在另一边的西街边上向下看遗址的深坑。阳台的设置从一个坚固的玻璃墙向后移动了几英尺,这造成了一种感觉,我好像如他(指菲利浦·佩蒂特——译注)所做的那样悬在空中。站在"冬日花园"中,我想象着在后来的参观中看着那时将代替这个深坑的纪念馆时再记起这种感觉。历史学家罗伯特·斯耐德谈到,这个地方过去和现在纠缠在一起,荷兰人占领时期修建的纽约街道与 20 世纪的摩天大厦毗邻。现在"所有在那里死去的人的灵魂"让这种氛围更加浓厚,"伴随着记忆、丧失以及伤痛的厚重"是如此的强大以至于这个地方"获得了一个完整的新维度"('Robert Snyder')。

图 1.1 2008 年从世界第三金融中心看向世贸遗址深坑，回顾 1974 年菲利浦·佩蒂特悬直索在世贸双塔之间的穿越行走。
摄影：玛拉·卡尔森　配有佩蒂特的照片（美联社照片，由阿兰·威尔纳拍摄）

空间不仅因为它的过去，也因为它的未来而令人备受烦恼。在接近《世贸遗址声音纪念馆的聆听行走》末尾的地方，"纽约社会历史"的导演肯尼司瑟·杰克逊指出，公共的纪念物并不是建构于一百多年前；相反，人们通过去墓地的方式来敬畏和牢记死亡。在圣保罗教堂后面的墓地院子里——该教堂在 1766 年开放，同时也是"复原工作的中心"——人们聆听着 1929 年在那个地方制作的录音。邻近地方是无线广播和电子录音棚的所在地，在 1966 年为了给世贸大楼让位而被夷为平地。斯耐德谈到，尤其是下曼哈顿的这一部分，是"纽约保持自身再创造的地方"('Robert Snyder')。这是现下如此有争议的一个部分：甚至当我们讨论哪种类型的永恒公共纪念是合适的时候，我们仍然会在这个城市将会变成什么样的以及将由谁来塑造它等问题上陷入斗争。艾伦·弗尔德曼认为，追忆痛苦并不是一件完全积极的事情：幸存者需要记忆是为了走出记忆，他们的痛苦必须被承认，但是记忆也倾向于通过建立某种固定类型的方式把复仇的循环永恒化,那就是,受害者和作恶者(163—202)。

"9·11"的记忆威胁着使我们僵化到对立的立场上:美国人和恐怖主义者、爱国者和打击美国者。但是当我在2005年的"9·11"纪念日参观世贸大楼遗址的时候,我被我所看到的追忆表演震惊了:阅读在塔楼中死亡者的名单,每个人都伴有一小段文字说明;照片、鲜花、再次出现的张贴在栅栏上的文本;一群群修道士喧嚷着各种信仰;人行道的公告栏里的文字和图画;最重要的是,看着遗址地点无声地哭泣。尽管是官方永久的纪念馆将作为一种道德的力量发挥作用,但是人们仍然将寻找一种"表现"他们自己的回应的方式——悲伤,痛苦,愤怒,不管它可能会是什么——哪怕纪念馆并不利于他们的表现(表演),因为去表现痛苦就是去终止消极的状况,就是从"一种纯粹的经历"向"一种意识行为"的转换。《世贸遗址声音纪念馆的聆听行走》就是积极地记忆和重演这个地点的众多方式中的一种,让人们深入到城市的景观之中以便在多层记忆——鲜活的记忆,想象的记忆,后记忆——的基础上建构新的情感轮廓。《世贸遗址声音纪念馆的聆听行走》给了我关于这个地方的新记忆,对那里我从未有过任何特别的偏爱。以前我既从没有参观过圣保罗教堂后面的小墓地院子——这场旅行开始的地方,也从没有参观过港口——这场旅行结束的地方。花草、树木和流水提供了短暂的休憩,暂时远离了玻璃、钢铁、混凝土,典型的下曼哈顿的交通,以及包括高楼声音在内的音频的声音,这些高楼的声音现在想起来好像只是幽灵的声音。把它想象为一个象征(无论是自由的象征还是资本的象征),或许世界贸易中心制造了一个被攻击和毁坏的合逻辑的目标,在这个攻击帮助了想象创造的颇具煽动性的氛围里,重要的是记住它,而不是当作一个形形色色的人汇集的地方。斯耐德指出,让世界贸易中心如此特别的地方在于,让人如此接近如此众多的与自己如此不同的人。要在这样的地方相处,我们需要去学会尊重彼此的文化。他认为我们现在需要明晰的是如何重建。《世贸遗址声音纪念馆的聆听行走》在港口上一个向着海港对面的自由女神像的展览台那里结束。解说员保罗·奥斯特,谈起了("9·11")那天在斜坡公园的情景——让我立刻回到了邻近的我们都偶然地生活过的那里,立刻回到了我自己关于那天、关于邻居、关于吹向我们的灰烬和纸片的记忆。奥斯特说道:"我们必须互相热爱否则便会走向死亡。"话语结束了,流水和海鸥的声音仍在。然后,录音播放结束了,留给我们的是同样地环绕着我们的流水和海鸥的声音:同样的卡迪夫所探索的"推进和拉出",在艺术和环境之间,在记忆的过去和正在变成记忆的现在之间;同样的连贯叙述的缺失,结论的缺失。

行走、聆听和记忆

这两个流动性表演都刺激了同时又挫败了对理解的渴望。《她的黑色长发》在这一被唤起的、含糊不明的旅途中引导着参与者。人们追寻着看似线索的东西,但是他们没有找到结论——事实上,神秘事物的本质从不会变得明晰。活动以人们努力去理解的方式进行,转而变成努力去解读;就是说,把世界作为一个文本去解码,发现系列事件或客体背后的隐藏的逻辑。我们不可避免地要栖居于这些行走文本,就像租住公寓那样,用我们的记忆和想象行动来充实它们。我们以这样的方式栖居于我们所有的经历,不管它们会变成什么类型,艺术还是生活。但是,当这些特殊的文本不断重复地从我们思想的掌控中滑落出来的时候,它们留下了许多多余的角落和缝隙让我们来填充。物质性的活动只是造成它们如此特殊的部分原因。正如克里斯托夫-巴卡季耶夫所指出的,"行走的节奏激励着冥想,特定场景和声音刺激着回忆"('Intimate:25')。此外,诡计和意外的混合使一事物与他事物的区分成为挑战,因此要提高我们的关于虚构与现实之间差异性的意识,相应地也要提高我们对周围真实环境的敏锐度。《世贸遗址声音纪念馆的聆听行走》,尽管并没有定位为艺术工作,但是以大致相同的方式在进行着,提供声音的踪迹引导参与者穿过遗址地点,提供记忆以唤起参与者其他的回忆,但是从没有提供一个围绕声音或是记忆的系统逻辑。德塞图魔术般地呼唤出来的"偷窥的上帝"是缺场的,《世贸遗址声音纪念馆的聆听行走》没有重构理解的幻影,这样的幻影是那种缺失的观念想要提供的,相反,它轻轻地进入了我们的空间体验,在这样的空间中我们仍然是受羁绊的。在这些体验中,我们不能(真实地)看到我们所要追踪的模式,也不能看到我们曾有过获得了完整理解的感觉。两种行走都对抗着主流媒体所提供的整齐信息,它们都具有未被复杂化的爱国的一贯性,同时也都和主流媒体的立场定位之间有着不可逾越的鸿沟。

德塞图认为空间实践是"快乐的和沉默的童年经历"的重复,"也就是说,在一个地方,'成为其他并向其他靠近'"(110)。通过让我们能够回瞥幼年时代无差别的感官体验,《她的黑色长发》和《世贸遗址声音纪念馆的聆听行走》的夸张包装重复了变得分离并因此形成相互关系的体验——一种仅仅在回溯中才能知道的体验。怀旧(Nostalgia)经常完全被诋毁成在真实之上的对不真实的偏爱,进而延伸为对复杂性和差异性的否定。但是,这个词也和如下各词相联系:古英语中的 genesan,意指"继续生存",哥特人的 genesan,指的是"进行得很好,被挽救的",梵文中的 nasate,意指"他接近了,加入"('Nostalgia')。在所知和所想之间的鸿沟中运作,怀旧有着改变未来的潜力,即便它从未重建过去。我们用行走来记忆;用记忆去重新构想未来。

参考文献:

Anzieu, Didier. *The Skin Ego*. Trans. Chris Turner. New Haven: Yale University Press, 1989.

Bergson, Henri. 'Le Souvenir du Présent et la Fausse Reconnaissence.' *L'Energie Spirituelle*. Paris: PUF, 1919.

——. 'Le Possible et le Réel.' *La Pensée et le Mouvant*. Paris: Librairie Félix Alcan, 1939.

Boltanski, Luc. *Distant Suffering: Morality, Media, and Politics*. Trans. Graham Burchell. Cambridge: Cambridge University Press, 1999.

Brown, Roger William, and James Kulick. 'Flashbulb Memories.' *Cognition* 5.1(1977): 73—99.

Cardiff, Janet. *Her Long Black Hair*. Central Park, New York. 2 July 2005.

Certeau, Michel de. *The Practice of Everyday Life*. Trans. Steven

Rendall. Berkeley: University of California Press, 1984.

Chouliaraki, Lilie. 'Watching 11 September: The Politics of Pity.' *Discourse & Society* 15. 2/3(2004): 185—98.

Christov-Bakargiev, Carolyn. 'An Intimate Distance Riddled with Gaps: The Art of Janet Cardiff.' *Janet Cardiff: A Survey of Works Including Collaborations with George Bures Miller*. Long Island City: P. S. 1 Contemporary Art Center, 2001: 14—35.

——. 'Conversations.' *Janet Cardiff: A Survey of Works Including Collaborations with George Bures Miller*. Long Island City: P. S. 1 Contemporary Art Center, 2001: 14—35.

Egoyan, Atom. 'Interview: Janet Cardiff by Atom Egoyan.' *Bomb Magazine* 79(2002). 10 Jan. 2006: <http//www.bombmagazine.com/cardiff/cardiff5.html>.

Feldman, Allen. 'Memory Theaters, Virtual Witnessing, and the Trauma-Aesthetic.' *Biography* 27. 1(2004): 163—202.

Ground Zero Sonic Memorial Soundwalk. Prod. The Kitchen Sisters(Davia Nelson and Nikki Silva). Nar. Paul Auster. Oversampling Inc. , 2004.

Herodotus. *The Histories*. Trans. Aubrey de Sélincourt. Hamondsworth: Penguin, 2003.

Hirsch, Marianne, and Leo Spitzer. '"We Would Not Have Come Without You": Generations of Nostalgia.' *American Imago* 59. 3(2002): 253—76.

Huyssen, Andreas. *Present Parts: Urban Palimpsests and the Politics of Memory*. Stanford, CA: Stanford University Press, 2003.

'Janet Cardiff: *Her Long Black Hair*.' *Public Art Fund*. 10 Jan. 2006: <http://www.Publicartfund.org/pafweb/projects/04/cardiff_J_04.html>.

'Kenneth Jackson Talks About 9/11.' *Sonic Memorial Project*. 16 May 2006: <http://sonicmemorial.org/public/archive.jsp>.

Kirshenblatt-Gimblett, Barbara, 'Kodak Moments, Flashbulb Memories.'

The Drama Review 47.1(2003): 11—48.

Levinas, Emmanuel. 'Useless Suffering.'1982. *The Provocation of Levinas: Rethinking the Other*. Ed. Robert Bernasconi and David Wood. Trans. Richard Cohen. London: Routledge,1988: 156—67.

McAdams, Stephen, and Emmanuel Bigand. 'Introduction to Auditory Cognition.' *Thinking in Sound: The Cognitive Psychology of Human Audition*. Ed. Stephen McAdams, and Emmanuel Bigand. Oxford: Oxford University Press,1993: 1—9.

Méchoulan, Eric. 'Immediacy and Forgetting.' *SubStance* 34.1(2005): 145—58.

'Nostalgia.' *Webster's Third New International Dictionary of the English Language Unabridged*. 1976.

'Philippe Petit's Feat [Archival Radiobroadcast].' *Sonic Memorial Project*. 16 May 2006: <http://sonicmemorial.org/public/archive.jsp>.

Phillips, Christopher. 'From Narcissus to Echo: The Voice as Metaphor and Material in Recent Art.' *Voices=Voces=Voix*: 8—31.

——. *Voices = Voces = Voix: Vito Acconi, Judith Barry, Genevi ve Cadieux, Janet Cardiff + George Bures Miller, Jochen Gerz, Gary Hill, Pierre Huyghe, Kristin Oppenheim, Moniek Toebosch*. Rotterdam: Witte de With Center for Contemporary Art, 1998.

'Robert Snyder and WTC Neighborhood History [Interview].' *Sonic Memorial Project*. 16 May 2006: <http://sonicmemorial.org/public/archive.jsp>.

Rosolato, Guy. 'The Voice: Between Boy and Language.' *Voices=Voces=Voix*: 106—16.

Schaub, Mirjam. *Janet Cardiff: The Walk Book*. Vienna: Thyssen-Bornemisza Art Contemporary in collaboration with Public Art Fund, New York, 2005.

Silverman, Kaja. *The Acoustic Mirror: The Female Voice in Psychoa-

nalysis and Cinema. Bloomington: Indiana University Press, 1988.

'Sonic Memorial Project.' *The Kitchen Sisters*. 2006. 30 May 2006: <www.Kitchen-sisters.org/sonic_memorial1.htm>.

'Sonic Memorial Project.' 2002—2004. 16 May 2006: <http://www.sonicmemo-rial.org/sonic/public/index.html>.

'Sonic Memorial Project: Radio Stories and Audio Artifacts from the History of the WTC.' NPR, 16 May 2006: <http://www.npr.org/programs/atc/features/2002/sonicmemorial/index.html>.

Sontag, Susan. *Regarding the Pain of Others*. New York: Farrar, Strauss & Giroux, 2003.

Taylor, Diana. *The Archive and the Repertoire: Performing Cultural Memory in the Americas*. Durham, NC: Duke University Press, 2003.

'Walking High Steel.' 3 July 2003. *Sonic Memorial Project*. 16 May 2006: <http://sonicmemorial.org/public/mohawk/mohawk.html>.

2. 记忆、纪念、表演：
1776 至 2001 年间的下曼哈顿

D.J. 霍普金斯、雪莱·奥尔

引言：城市中的两种漫步

上午 9 点刚过，我们离开了坐落在纽约城金融区威廉大街的一个普通旅馆。我们沿着狭窄的街道前行。笨重的砖石房子占据了各个街区，几乎挤占了人行道，这使我们经过的街道显得更为狭窄。我们排成一列蜿蜒前行，紧靠着松树大街沿路的砖石，从纽约证券交易所后面经过。过了几个街区，我们来到了三一教堂所属地方：一片开放的区域，包括一幢做礼拜用的新哥特式建筑和一块墓地，墓地上那些美丽而破裂的墓碑是曼哈顿最古老的公共展品之一。曼哈顿三一教堂中那些历史最为悠久的清晰墓碑可追溯到 1681 年，比墓地因之而命名的教堂的竣工还要早 15 年之多。三一教堂东边紧挨着下百老汇。由于后面雄伟的黑色金属门紧闭，教堂的院子让我们感觉到它是一块——即使只是一会儿——与行人、出租车和沿街小贩构成的喧闹相分离的场所。

D.J. 霍普金斯：
也许每天匆忙而过的律师和股票经纪人已经习惯了风化的墓碑，但这些古老而朴素的纪念碑引起了我的注意，并促使我驻足阅读在那些几个世纪以来因风化和污染而被侵蚀的表面上所能读到的。我走近的第一块碑石上这样写道：

这儿躺着的是
曼格·闵松的妻子
莎拉·闵松
于1773年10月9日去世
享年35岁

虽然只是那天我看的几块碑石中的一块，但这块墓碑特别能激起我的想象。英国殖民时期纽约市的一位妇女的生活是怎样的呢？而这一问题又明显地可以推出，殖民地时期一位妇女的死亡是怎样的？另外，哪些人在正常思维中会将他们的儿子命名为"曼格"（mangle在英语中亦有压碎、糟蹋的意思——译注）？虽然我对曼格·闵松一无所知，但我想莎拉一定经历了一场与一位比她大很多且令人讨厌的人结合的婚姻，这场婚姻是金融因素与家庭磨难的结合。（当你给孩子起了像"曼格"这样的名字时，这一切就发生了：许多年以后，无知的行人会作最坏的猜想。）我不知道莎拉为什么这么年轻就去世了。这个问题对我变得很重要，当然对莎拉，或许对曼格也同样如此。

回顾往事，当想起我是如何愣怔地站在华尔街附近的人行道上的时候，我并未忘记过铁栅栏所凝视着的一块有着几个世纪历史的墓碑，它属于一位妇女，死时35岁——这正是我那时的年纪。而且，随着岁月流逝，我也没有忘记这些墓碑也许拥有巨大的吸引力，这可以从我们在下曼哈顿的所作所为看出来：避开事务在三一教堂附近逗留并将所有旅游的自由时间花费在一块墓地。

雪莱·奥尔:

　　我们向北拐,经过了几个街区到达自由大街,在那里我惊讶地看到一片开放的区域。不是公园,也不是任何曼哈顿绿化空间的延伸,与这岛上的任何其他开放场地都不同。它不仅仅是"开放的",而更像是在城市区域中的一种缺失:网格中的空隙。在那个下午的散步中,没有明显的刻意,我来到这片熟悉的区域,一个因电视媒体无数次呈现而备受追捧的地方。但是,我仍然没有立刻认出来,因为对它的认知不是来自我的体验,因为我不住在纽约。现在看起来很明显,在那一刻的图像混乱中,我没有能够将我当时正看到的和我对纽约的认知、我大脑中关于这座城市的意象一致起来。慢慢地,我开始认出那些在网络、报纸,最后在书店广泛传播的图画上所能看到的这一区域。只有在这一刻,我才想起看我带的地图,以确定我的位置,并试图将我真实的在场与我感知的位置在地图上统一起来。只有那时,我才能将我正在看的与我已经看过的关于世贸大厦遗址的诸多映像对应起来。

行人的表演

　　在《表演与城市》中,本章有一个多元化的议题。文章一开始的奇闻异事为我们的探索粗略地确定了时空区域:仅仅是靠近下曼哈顿的少数几个街区。虽然我们将要关注的事件间隔时间超过 200 年,但它们发生在相同的离散地形,而且现在聪明的行人能够追溯那些以往事件的痕迹。我们在本章要探索的另一空间是由米歇尔·德塞图在其名著《城中漫步》中所定义的开放空间。除了为理解城市空间提供有影响的理论模型外,德塞图还以曼哈顿作为主要例子,当然他文章中的曼哈顿已经成为一座历史古城,只是重建的纽约市的一个部分。

　　虽然广泛使用隐喻(如"重写")来描述构成城市主要空间的历史轮廓,但本章的规划之一还是确认"表演"与城市体验、与德塞图文章中描述的城市故事的产生和阐释相关。数十年来,关于城市研究的讨论——以及被这些讨论所影响的跨学科工作——将城市描述成"易读的"城市"文本",其意思显而易见,以至于所有人都可以去"阅读"。最近,许多空间理论家和自称后现代的地理学家都努力反对这种"易读性"的主张,抵制亨利·列斐伏尔所谓的"智力的独断",认为它实在是太容易让步于"文本"和"文本性"了(62)。尽管德塞图不是"如上帝一样俯视"(92),而是从"底下"向上对城市作了这种后现代主义的再评估,《城中漫步》仍然依靠隐喻的写作和都市易读性,鉴于在人类地理学、空间理论和表演研究领域最近的批判工作,这种隐喻和易读性本身也应被再评估。我们的目标是思考在漫步的居民的日常生活中表演的角色以及表演对于都市空间和都市记忆的贡献。

城市不需要被构想成重写再现的。这种写作隐喻暗示着过去在很大程度上被现在抹去。我们的注意力,毋宁说聚焦于和存在于当下之中的城市的过去,爱德华·凯西称之为城市的"事件心理"维度(336)。凯西的新词意味着一种社会行为环境,它不仅在当下,并且随着时间的流逝依然可以定位;因为发生在那里的事件的历史在那单个的地点可以不断获得新的意义。事件心理意义不会被持续抹去或改写,相反,它们会保留并经常被复制。[1]

2004年,我们参加了丹尼尔·里伯斯金的一个演讲。这位广受赞誉的建筑师因设计了世界贸易中心遗址而赢得了"大规划师(Master Planner)"头衔。在演讲中,D. J.霍普金斯有机会向里伯斯金提问:"考虑到关于世界贸易中心遗址的诸多讨论都集中在它的纪念的方面,您能否谈一下建筑与记忆之间的联系?"里伯斯金毫不犹豫地作了回答,就好像答案是显而易见的:"建筑与记忆是同义的。"过了片刻,他又补充到:"建筑是'构筑的记忆'。就像书一样。"他的回答是一个引人入胜并富有诗意的构想。不过,书本需要被阅读,单独建筑本身什么都记不住。要深入了解里伯斯金的构想,就必须分解在对建筑记忆功能以及产生记忆的推进过程中的单个主体的表演。

---

[1] 要了解《表演存留》中关于这方面内容的更多论述,参见本书中第三章瑞贝卡·施耐德的文章。

沿着里伯斯金的线索,本章思考建筑空间,特别是那些具有纪念意义的建筑空间和记忆之间的联系。

我们以两个故事开始了这一思考。这两个故事虽然都植根于当下,但一个指引我们走向这个城市过去的历史,一个却迫使我们去考虑这个城市的未来。正是关于当代都市的思考促使德塞图在他著名的文章中写下这段被大量援引的话语:

> 被提升到世界贸易中心的峰巅,就等于被提升挣脱了这座城市的掌控。……作为曼哈顿的船首,1370英尺的高塔持续地虚构着神话用以吸引更多读者,使城市的复杂面变得清晰易读,把难懂的流动性固定在易读文本之中。
>
> (de Certeau:1984:92)

像 D. J. 霍普金斯在一篇关于特定场域的剧院和地图绘制的文章中所关注的那样,德塞图在文章中使用的比喻"依赖于现在成为都市余像(Urban Afterimage)的那些东西"(282 n15)。"9·11"以后,"城中漫步"被看作是世界贸易中心的纪念物。

在这段话中,德塞图表明,虽然从世贸中心顶端俯视这个城市给人清晰易读的感觉,但这种显而易见的易读性其实是一种虚构。用他的话说,一个站在 110 层楼上的人是一个"偷窥者","远远地"看着这个世界(92)。这样的距离造就了"知识的虚构",结果是都市偷窥者"只求一点而忽略了其余"(92)。由此,"城市文本"的术语包含了两层含义:对于都市易读性的虚构性理解以及观察者对于相信虚构为真实的渴望。

虽然是虚构的,但这些从城市"之上"获得的观念对于那些生活在城市中的人的生活的叙述而言,仍然具有相应的力量。布莱恩·雷诺兹和约瑟夫·菲兹派翠克把这种全景式的观点描述为,将关于现代地图的单一知识结构加于街道生活经历的多样性之上(66—7)。史蒂芬·哈内特则把德塞图的制图观念描述为"制图法的想象的行动",这种"制图法的想象的行动"寻求利用"暴君所断言的'真相'"(297,291)。但是"城中漫步"的要点是对全景敞视主义、福柯称之为"严格空间划分"的瓦解(195)。德塞图的徒步是一种写作,一种窃取文本性——作为一种操纵机制强加给城市——的物质性活动。徒步反倒可以创作出多样的空间故事,来反对哈内特的邪恶"暴君"的单一叙事。

个人徒步活动的"空间故事"被"写入记忆中而不是写入城市的文本中",通过这样的讨论,雷诺兹和菲兹派翠克总结了对德塞图空间理论研究的结论(80)。虽然我们也把记忆看作是认知性的城市制图的一个关键概念,但我们还是觉得"书写"不是描述这一活跃的、空间的、物质的活动最适合的动词。[1] 而且,我们想知道:这样的个体徒步行为会通过什么方式来获取其他人的空间故事呢?

纪念

无需提及是,在9月11日一切都发生了变化。但也许说一切"将会被"改变更适合。因为在9月11日的早上,由本杰明·富兰克林和约翰·亚当斯领导的国会代表团被授予权力去谈判以结束独立战争,这场战争甚至在战争没有开始之前就应该结束。富兰克林和亚当斯遇到了保皇党的代表。英国侵略军的指挥官们提出的首要条件就是抛弃独立宣言。而富兰克林和亚当斯确定的不可妥协的立场则是独立宣言必须确认。

那是一个很短的会议。

在1776年9月15日,一场旨在打击、压垮美军士气的野蛮的持续炮轰之后(18世纪的"震惊和敬畏"),英国军队在曼哈顿基普湾登陆,大约是今天第34大街所在的位置。华盛顿缺乏训练的军队在一片混乱中向哈林撤退。几乎没有遭到任何抵抗,英国人一个下午就进入了曼哈顿。那天晚上,一部分军官上岸通知,纽约城再次处于英国的控制之下。在战争结束之前,这座城市将一直处于被占领状态。

不到一个星期,在9月21日晚上,纽约市西南面发生了一起火灾并迅速蔓延。这个城市的许多地方都已经撤空,那些留下来的纽约市民被强迫去控制火焰。尽管华盛顿将军曾明确下令不能将纽约夷为平地,这场大火

---

[1] 参见霍普金斯,"描绘无地点的场所的地图",关于可以认知的地图描绘的详细思考,弗里德里希·贾米森,特定场域表演,以及城市空间。

起得还是很令人生疑。而这个城市的消防设备无一正常,无疑加深了这一怀疑。

大火沿着城市的西侧蔓延,吞噬了商业区,同样也吞噬了居民区。据一位当时在场的人所说,"场面的恐怖绝对是罄竹难书"。开放于1697年的三一教堂在几分钟之内完全烧毁,"大火像一座高耸的金字塔",正如一位目击者所描述的那样:"一个宏伟而又可怕的景象。"(Burrows and Wallace:241—2)大火从三一教堂向北蔓延,朝着圣保罗教堂的方向。当初的教堂今天依然矗立在教堂街和福尔顿街相交的角落,离世界贸易中心遗址很近——就在英军登陆地以南大约1英里的地方。当大火逼近圣保罗教堂时,在教堂和哈德逊河西岸之间出现了一个排成长龙以传水救火的队列。还没占领整座城市的英国人派兵上岸救火。虽然这场大火破坏了20%~25%的城市,但很少有人丧命,圣保罗教堂也得以保存。第二天,200名纽约市民因纵火嫌疑被英军逮捕。一位男性随即被处死,指控的罪名是他在失火的前一夜往一个水桶上打了一个洞。

下曼哈顿——在1776年,构成了纽约市的"全部"——建筑重要组成部分的毁灭,给这个初生的国家留下了持久的影响。1852年,三一教堂教区的居民决定纪念那些死于这场战争的人,并且决定在那个消失于大火的著名建筑物的遗址上修建纪念碑(Trinity:18)[1]。在埋葬莎拉·闵松的同一块墓地上,一个巨大的物体远远高出她的墓碑(见图2.1)。上面的文字是这样的:

  用以纪念值得崇奉的

  那些勇敢又优秀的人

  他们之所以牺牲并禁锢于这个城市

  是为了美国的独立(原文大写,故此处用粗体字表示——译注)

这一巨大且令人敬畏的建筑结构,三一教堂前的山形建筑看上去似乎有着复杂的焦虑。坚持着其神圣地位,坚持着其所代表的人的勇敢与优

---

[1] 实际上,三一教堂院子中很多石头都因1776年的大火而留下了烧焦的痕迹(Trinity:18)。

秀,以及坚持着大写的"美国独立"的意义,在意义上纪念碑是完全自足的。它带来一个"完整的"叙述:在石头上所讲述的一个单一故事。纪念碑提供了观察者需要知道的每一件事:不仅有信息,还有解说;不仅有数据,还有思想观念。这就是我们定义纪念碑的方式,我们提供的对纪念碑的这种理解,是与记忆的功能及其使用相反的。

图 2.1　下曼哈顿三一教堂墓地的"战士"纪念碑(1852)
摄影:D.J.霍普金斯

　　历史学家皮埃尔·诺拉曾在一篇文章中提出关于记忆与历史之间的关系的理论。这被当作许多研究的检验标准,其中包括约瑟夫·洛奇的《死亡之城》和戴安娜·泰勒的《档案和曲目》。诺拉的研究都集中在他所说的"记忆的场所"。就像诺拉定义的那样,"记忆的场所"是混合的形式,是"由记忆和历史竞争而形成的"地点(19)。在对诺拉的解读中,泰勒认为"记忆的场所"纯粹以档案的形式固定了历史意义(21-2),但诺拉自己坚持认为,这样的场所也依赖"表演的"成分。虽然诺拉承认"场所"是"基础性的[物质的]遗迹",但用诺拉的话说,这些场所因到场的游客表演的"仪式"而起作用(12)。同样用诺拉的话来说,只有通过表现与表演的这种混合,现代性的记忆的场所才能提供"一个可能需要被重新唤起的事物的无限制的曲目"(13)。尽管莎拉·闵松的墓穴为 D. J. 霍普金斯提供了思考一位将近 250 年前的女性的生活与死亡的机会,同样的地点也为他提供了机会去思考自己的生活与经历。他的参观使他能够判断莎拉与他之间的历史距离,同时发现他们之间令人惊讶的接近。但与此同时,莎拉·闵松的墓穴标记又是思考影响下曼哈顿的社会记忆和都市空间的催化剂。因此,作为一个记忆的场所,她的私人墓地标记使我们有机会进行公共的、政治的讨论[1]。对于另一位游客而言,"可能需要被重新唤起事物"或许是不同的,或许在那位游客和莎拉的简单墓穴标记之间形成其他的联系。

缺少能够让这样的场所起作用的空间混合,纪念碑就只是历史对象:一个预设了信息的迟钝的建筑档案。这正是美国独立纪念碑所处的状况。谈到它的简要历史的时候,我们什么也做不了。我们或许可以参观纪念碑并接受它的信息。或者,我们也许可以抵制。无所谓,纪念碑不需要我们的参与:它们静止的意义先于参观者的出现。

这是我们区别纪念碑和纪念仪式的基础:尽管诺拉和德塞图都没有使用这个词,但对于记忆的场所的运行、对于德塞图倡导的先锋性的徒步实践而言,表演是根本性的。

敬请理解

在下曼哈顿游历"世界贸易中心遗址",在它周围散步,(不出所料的)会对它产生从先前令人痴迷的电视新闻到随后相关阅读中所获得的完全不一样的感受。北、东、南三面边缘都被围了起来。南、北两面的一部分是封闭的人行道,每隔一段距离就有一扇小窗户嵌入木制的围圈——典型的建设中的区域。在某些特定的点上,这些有顶的人行道的高度被提升了,很明显是用作经由从 WTC 到泽西的新近重建的 PATH 铁路上下班的人的通道。西面也被围了起来,尽管西街是一条繁忙的大街,但行人并不能在此随意散步。

PATH 的火车站是我们在这里参观到的第二个令人惊讶的地方:火

---

[1] 感谢金姆·索尔伽在这方面的丰富的洞察力。

车站是如此的繁忙。尽管"世贸中心遗址"明显满目荒凉,但它仍然在人们的利用之中。考虑到关于这个地方的所有讨论和计划,该地目前的休眠状态让我们感到很惊奇:整个场所就是奇怪的参差不齐的碎石地,上面杂草丛生。我们不知道去期望什么或者会看到什么,但当我们待在那里时,我们清楚地意识到此次参观的特殊意义。这是一个变化中的场所。当然,这个地方与 2005 年秋季已经完全不一样。当我们思考发生在那里的事件、想着会出现什么样的建筑物时,我们已意识到这个地方的不断变动。

"世贸中心遗址"的东部边缘可以被视作它的"地标式建筑"。下曼哈顿发展公司的一个信息亭被放置在 PATH 车站入口附近,一根旗杆醒目地安置在约 20 英尺的被圈起来的区域里。很明显,这个地方已经成为一个参拜圣地,虽然我们参观它时它仅仅有一点点的地方能够接纳参观者。也许,每天匆忙而过的律师和股票经纪人对这个残砖碎壁及缓慢清理的巨大工地已经习以为常,但我们这些朝圣的旅行者正在思考那些仍然埋葬在这里的人。像我们一样的游客会停步逗留而不阻碍交通。许多人显然会在这儿停下并聚集,一些游客在此留下纪念,在围墙的金属杆子上写下黑色的标记,但更多的人则会安静地站着拍照,站在那里向外凝视。

虽然有一些信息海报在展示中,但在这个临时观景台无法获得任何关于"9·11"事件的重要信息。一些相对小一点的海报零散地挂在围墙上,提供有关这个地区历史的小栏报道。也许那些放置海报的人——每张海报提供少量信息,好像是时间轴上的一个点——试图将这个地方放置于历史的情境,以形成一段更为悠久的历史,可以追溯到 2001 年事件之前。我们并没有看到有人能忠实地从一个点出发对每一张海报依次看过来。到这里参观的人也许只是表示尊敬,也或许就是来看看这里什么样。他们看上去并没有被教育、通知或教导到这儿应该怎么样。当我们站那儿看着一张海报时,一个看上去无家可归的人从我们身边经过。他面向那个巨大的坑,过了一会儿,他说了句"它已成为一种象征"就离开了。

在观景台的围墙上,每隔一段距离就会放置一块貌似官方的指示牌,劝告到此的游客:"敬请理解,任何物品必须被清除。"这一指令清楚地表明在整个参观过程中,游客留下的任何情感象征物之后都将被官方人员移除或清扫。在这个礼貌的恳求中,我们可以看到两个主要的意思:(1) 试图留下这样的印象——在"安全"的保护伞之下,为了共同的利益,所有的外来物品必须从这一区域去除。(2) 试图引起关于这一场所的统一感受。这个信息说明,为了所有参观者的利益,任何个人的、个别的深情表达都必须被控制和遏制。当然,没有人希望有人被伤害,这也有涉及安全的内容,因为这个场所本身是一个提示。但是不断清除花束、祈愿物、纸和其他纪念品,意味着对于这个空间的视觉叙述的潜在扰乱也是对该空间自身的威胁。指示牌表明,游客的体验必须被统一,他们的体验会被编导、控制和遏制。编导和限制游客的渴望也出现在最新的"9·11"纪念计划中。

反省缺失

2005 年 6 月 19 日尼古拉·奥罗索夫在《纽约时报》发表文章,题目是"世贸中心遗址纪念,被委员会扼杀",指出:"设计者们被要求把它设计成既是一座纪念馆同时又是一块墓地——一块公共的纪念碑和一个可以私人悼念的地点。"纪念的双重功能需要对游客表现出不同类型的空间及不同类型表演。奥罗索夫所述的公共/私人的张力是设计者们所面临的复杂人物的重要组成部分。考虑到游客自身的记忆被唤起,考虑到游客自己决定参观的路线和时间,迈克尔·阿拉德最初胜出的设计侧重于私人的、个体的游客可以产生他们自己的体验。而最近的干预则使重点转向遗址纪念的公共方面,放在了提供对于发生在此的事件的官方体验及解释上面。强调这些公共的、纪念性的方面对游客而言,减少了他们对这一 21 世纪的"记忆场所"个人体验的表演机会。

迈克尔·阿拉德的设计——于 2003 年提交并由一个著名的评委小组于几个月之后选出纪念场地——是简单的。在这个名为"反省缺失"的设计中,在一个开放的种着一些松树的巨大广场上,原世贸中心双塔的地基被保留建成两个反射光线的水池。在广场一边的边缘,有一个宽阔的斜坡使游客能进入地下,看到水池的水和从水池上倾泻而下的光线(见图 2.2)。游客也可以看到在此丢失性命的死亡者名单。在这个地下层中围着两个水池绕行一圈后,在广场的另一边的边缘,游客可以通过另一个斜坡回到地面。阿拉德的设计还包括一幢"纪念中心"的建筑,以庇护广场免受繁忙西街的影响并提供了一个展览的场所。

图 2.2　迈克尔·阿拉德"反省缺失"地下部分的透视图

承蒙下曼哈顿发展公司的帮助

阿拉德的设计得到了遴选委员会的支持。但是,甚至在宣布获胜设计的前夕,委员会仍坚持必须进行一些重大的修改。委员会建议阿拉德与景观设计师合作,阿拉德选择了彼得·沃克。在沃克加入这个工作团队后,阿拉德的开放广场被设计种满落叶树木(见图 2.3)。委员会指出这些树木会为游客再次强调对生活的肯定。在这个调整中,我们看到了支配游客体验的企图。原稿中广场的开放性让游客可以产生自己对于遗址的特有反应。而后加的官方改动则杜绝了对于纪念"缺失"的可能反应。开放区域的宁静、朴实不能提供天生的反应。阿拉德的设计,加上沃克的田园风味的公园,被很好地接受了。不过公园的增加只是阿拉德设计中开放区域使用的第一步。

自遴选委员会发布通告之后,设计图发生了很大的变动,更多地考虑了合并其他元素。但是,正如奥罗索夫在他文章中明确表示的那样,纪念中心咨询委员会成员分别代表着不同构成部分,这些不同部分有着不同的议程和需要。只举一个例子:代表纽约市消防队员及其家属的小组公布了

图2.3 "反省缺失"的透视图,迈克尔·阿拉德与景观设计师彼得·沃克合作设计
洛杉矶平方设计研究室制作
建立在世贸中心原址上的"9·11"国家纪念博物馆提供

一个网址(现在已不复存在),在上面他们不赞成阿拉德按字母顺序排列所有那些死在世贸中心的人的名字的规划。网址的创立人坚决主张应该把这次攻击中牺牲的消防队员、警察和其他急救员与那些工作在或从旁边经过双塔的死难者分开排列。否则的话,他们辩论说,"缺失反省"的参观者将无法辨别哪些人是"受害者"、哪些人是"英雄"。引人注目的是,我们是通过网络搜索"纪念"术语而发现了这一网址:它的发起人从三一教堂的美国独立纪念碑那儿借用了这个主题,而且特别地谈及了纪念碑。

奥罗索夫认为迈克尔·阿拉德纪念馆设计在修改中失去了发展公司的设计者正在做的一个重要功能。奥罗索夫这样表达:经过两年半的修改,这个城市可能最终调整设计,一个适应游客短暂的注意力而不是对重大灾难认真思考的纪念馆。他断言,最新的方案"将允许参观者鱼贯而入、鱼贯而出,避免围着纪念池的漫步,破坏了阿拉德最初的设计意图"。对奥罗索夫而言,焦点从参观者进入纪念馆开始探索转向了强调这个毗邻纪念馆的博物馆功能的方案。看上去成为纪念馆设计概念焦点的缺失就好像已经被填满了。

事实上,纪念中心似乎正处在走向被压倒的途中。纪念馆的使命(这在下曼哈顿发展公司的网址可以看到)优先处理对于"这场攻击的每个死难者个体"的认识。控制参观者对于纪念馆的体验的念头"来自关于遗忘的自然渴望"(奥罗索夫)。不过,这个念头的结果改变了遗址的重点,即阿拉德之前注意的是每个试图反应缺失(阿拉德纪念馆设计标题中所显示的一种实践)的路人的个别表演;事实上,重心被放置于官方展示的教化内容。用一系列展览品和手工艺品填补世贸中心纪念馆的空白,修改稿坚持一个从特定方面对"9·11"事件进行确定的叙述,这样就必然冒着排挤个别理解的空间的风险。几乎很快就会没有可反省的缺失和空间了。

和张贴在世贸中心遗址的告示一样,纪念馆的规划向参观者提出了一个隐形恳求——"敬请理解"。这样的纪念馆会劝告参观者不加鉴别地接受它暗含故事的预定含义。由此,委员会的纪念馆打算消除表演、记忆和发明而代之以他们的地方象征、官方历史和辩论终止。不过这样的话也许可以用另一个词更好地表明"辩论终止"——"服从"。

档案文件与纪念碑

如果"反省缺失"的重点在于和纪念馆相关(诺拉将这种相关描述为"仪式"的关系)的参观者的表演而不是信息或官方陈述,那么参观者就可以在他们自己的叙述中起到更大的作用。意义的产生会更明显地取决于个别参观者/行人/表演者。

表演一般被认为是短暂的。就如佩吉·弗伦所定义的:"表演……因消失而成就其本身"(146)。在其文章《表演存留》中,瑞贝卡·施耐德认为弗伦关于表演的概念清楚地表达了流行的概念;表演一般"被认为是和记忆、档案文件对立的"(102)。施耐德最近的作品研究了档案空间与建构空间之间的联系以及表演在每个空间中所起的作用。施耐德总结说,表演不应被看作是会消失的东西,而(应)是一种实践,这种实践以"凌乱的、暴发的再现"为特征(103,着重号为引者所加)。这样一个关于表演被视为再现的理论观念对于重新评估德塞图十分重要。

虽然德塞图自己将文字限定于文本语言,但我们认为在城市中行走的活动与"读"和"写"之间只有隐喻的关联。哈奈特认为,对于德塞图而言,文本性是"读与写的伦理学"(286)。虽然是诗意的,但这一构想的确对德塞图的徒步概念给出了一个总结。从世贸中心110层楼全景角度而获得的文本性结论不仅来自假定的作家特有的行走方式,也来自都市行人的自然表演。这个城市小说般的文本通过与剧本十分相似的行人表演而被改写、占用,变得贫瘠,以及/或者被彻底忽视:不是简单的文本重述,而是自身新含义的创造。[1]

这样的表演不是通过档案文本,而是通过都市记忆及表演与过去相连。行人可以步入其他人曾走过的道路,虽然那些人的微叙事早就终结;行人可以不一定通过档案历史所给定的方式而是通过表演来感受都市交叠的伤痛,虽然这些伤痛之间相隔数个世纪。纪念馆依靠这种行人表演,对由个别主体因参观"记忆所系之处"而产生的非特定叙事做出反应。记忆的行人制造与行人的纪念碑体验不同,后者靠的是档案逻辑。档案逻辑可以提供一种一贯性,这种一贯性不能被表演"凌乱的、暴发的"运作(Schneider, 'Performance Remains': 102)所重现;不过,这种一贯性的必然结果就是趋向于整体的、单一的叙事性。

纪念的表演

本书中,施耐德在她自己所写的章节提出,城市纪念碑需要行人的互动:

> 具有一去不返或朝生暮死性质的表演综合体是否会无视那些看起来正消失的或陈腐的"活的"细节支撑大厦般的、纪念碑似的遗迹的方式呢?这种方式就是纪念碑和(活着的、陈腐的、普通的)路人深陷于一种相互建构的关系?
>
> (56)

施耐德关于纪念碑性质的理论为世贸遗址的开发提供了一个珍贵的

---

[1] 参见 W. B. 沃森在"戏剧、可表演性和表演"一文中关于文本和表演之间关系的讨论。

视角。用她的术语来表达我们的态度：纪念馆建造伴随着脑海里的这种互相建构的关系，而纪念碑的建造拒绝任何官方建筑与行人参观者之间的关系(Schneider's 'passerby')。

在其最有效、最开放的引起多种声音的意义上，"反省缺失"提供了一个创造异位移植空间的机会，这个空间为尤娜·乔杜里所说的"'特定空间'的重要力量及政治潜力"(5，着重号为原文所有)提供了一个储蓄。但是由委员会成员提出的整体叙述危及将纪念馆变成纪念碑。纪念碑是乌托邦，而正如福柯所主张的那样，乌托邦是一个令人难以忍受的"没有固定位置的地方"，那里只承认一个其所有居民都必须遵守的重要叙述(24)。但是在下曼哈顿设置好的地方，一块坚持一个故事的纪念碑是不能够实现它的乌托邦幻想的：总有人到来与它所说的故事发生矛盾。不像纪念馆——我们将它假设为这样一个地方，除了纪念馆创造者以外，对其他人的独立的、个体的追忆开放的地方——一块纪念碑假设了一段单一的历史。面对叙述的纪念碑性质，参观者也许不能提供他们自己的"正确"经历，这种情况使得一块纪念碑很容易因被宣告为"错误"而受到伤害。

在一篇讨论德塞图有关文化边界的逆逻辑观点的文章中，理查德·特迪曼总结说，单一的论述是自我挫败的。"我们有许多理由需要其他人"，特迪曼说：

> 因为通过真正尊重他人的知识而扩大我们自身知识掌握的机遇与必要，将个体与小组结合在一起的关系种类变得深化复杂……(19)

对世贸遗址的德塞图式的方法会假设一个根据"逆逻辑"原则安排的空间，"逆逻辑"是德塞图的一个术语，用以表述一种在考虑、想象其他人时与其自我认同的方式不一致的方法。虽然我们经常以种族、性别、宗教、国籍和地域等方式考虑其他人，但是与德塞图有关的其他是一种叙述的其他。[1] 阿拉德最初的设计是为参观者创造独立的叙述保留空间。尽管反省缺失对于参观者而言是一个明确的指示，但人们可以有多种多样的回

---

[1] 参见特迪曼 408—15；也参见德塞图："逆逻辑"。

应。人们不仅可以思考缺失的建筑物和纽约市民，也可以思考参观者与其他人的经历。

我们参观世贸遗址的那天，一棵倒下的巨大的西莫克树占据了圣保罗教堂的西院。这棵树被认为是承受了世贸中心东楼倒塌的冲击力而使得圣保罗教堂免受 9 月 11 日的破坏并得以保存。正如《纽约时报》的一篇文章所记录的，雕刻家史蒂夫·托宾负责为倒下的树创建一个细致的青铜像。这一巨大的雕像没有被放置在树倒下的圣保罗教堂，而是几个街区以南的三一教堂墓地，并因而成为纽约市"9·11"纪念的第一个完整、持久的纪念物(Kennedy)。

世贸中心纪念馆发生的变化是对施耐德所说的"档案文化"的陈述：施耐德指出"'档案'的希腊词根是执政官的房子"，因此，信息仓库的想法意味着"凌驾于记忆之上的特定社会力量的建筑物"('Performance Remains' 2001：103)。三一教堂的美国独立战争纪念碑迫切地想要努力证明它的建筑力量，以说服参观者，死于占领纽约的殖民者对于美国独立而言比一旁墓碑低矮的莎拉·闵松更为重要。同样，委员会重新设计世界贸易中心纪念馆，是为了努力坚持他们对于存储于这一地点的记忆的控制。他们强调，纪念碑代表了一段单一的、官方的历史，确保——尽管纪念碑也许是与"9·11"相关的信息的档案——它不会给参观者提供机会去形成他们自身与过去的联系。这样，具有讽刺意味的是，纪念馆所"不能"存储的也许就是记忆。

参考文献：

Burrows, Edwin G., and Mike Wallace. *Gotham*：*A History of New York City to 1898*. New York：Oxford University Press, 1999.

Casey, Edward S. *The Fate of Place*：*A Philosophical History*. Berkeley：University of California Press, 1997.

Certeau, Michel de. *The Practice of Everyday Life*. Trans. Steven Rendall. Los Angeles：University of California Press, 1984.

——. *Heterologies*：*Discourse on the Other*. Brian Massumi. Minneapolis：

University of Minnesota Press, 1985.

Chaudhuri, Una. *Staging Place: The Geography of Modern Drama*. Ann Arbor: University of Michigan Press, 1995.

Foucault, Michel. *Discipline and Punish: The Birth of the Prison*. Trans. Alan Sheridan. New York: Random House, 1995.

Hartnett, Stephen. 'Michel de Certeau's Critical Historiography and The Rhetoric of Maps.' *Philosophy and Rhetoric* 31: 4(Fall 1998): 283—302.

Hopkins, D. J. 'Mapping the Placeless Place: Performing Community in the Urban Spaces of Los Angeles.' *Modern Drama* 46. 2(Summer 2003): 261—84.

Kennedy, Randy. 'Uprooted in the Attacks, Now Planted in Bronze': *The New York Times* 6 July 2006. 20 January 2009: <http://www.nytimes.com/2005/07/06/arts/design/06chur.html?scp=2 & sq=Steve%20Tobin & st=cse#>.

Lefebvre, Henri. *The Production of Space*. Trans. Donald Nicholson-Smith. Oxford: Blackwell, 1991.

Libeskind, Daniel. Public Lecture. Graham Chapel at Washington University, St Louis, Missouri. 6 Dec. 2004.

Nora, pierre. 'Between Memory and History: *Les Lieux de Mémoire*.' *Trans*. Marc Roudebush. Representations 26 (Spring 1989): 7—25.

Ouroussoff, Nicolai. 'For the Ground Zero Memorial, Death by Committee.' *The New York Times*, 19 June 2005. 17 May 2008: <http://www.nytimes.com/2005/06/19/arts/design/19ouro.html?_r=2&oref=slogin&oref=slogin>.

Phelan, Peggy. *Unmarked: The Politics of Performance*. New York: Routledge, 1993.

Reynolds, Bryan, and Joseph Fitzpatrick. 'The Transversality of Michel de Certeau: Foucault's Panoptic Discourse and the Cartographic Impulse.' *Diacritics* 29. 3(Fall 1999): 63—80.

Roach, Joseph R. *Cities of the Dead: Circum-Atlantic Performance*. New York: Columbia University Press, 1996.

Schneider, Rebecca. 'Performance Remains.' *Performance Research* 6.2 (2001): 100—8.

——. 'Patricide and the Passerby.' Performance and City. Ed. D. J. Hopkins, Shelley Orr and Kim Solga. Basingstoke: Palgrave Macmillian, 2009: 51—67.

Taylor, Diana. *The Archive and the Repertoire: Performing Cultural Memory in the Americas*, Durham, NC: Duke University Press, 2003.

Terdiman, Richard. 'The Marginality of Michel de Certeau.' *South Atlantic Quarterly* 100.2(2002): 399—421.

Trinity Church in the City of New York. *Trinity Church*. Pamphlet. New York: Parish of Trinity Church, 1995.

Worthen, W. B. Drama, Performativity, and Performance.' *PMLA* 113 (Oct. 1998): 1093—107.

3. 杀父者与过路人

瑞贝卡·施耐德

> 街道上过往的面孔似乎……为纪念碑增添了既遥远又贴近的秘密。
>
> (de Certeau 1984：15)

注释：这一章最早以"杀父者的记忆和过路人"为题 2003 年发表在"学者与女权主义者在线"网站。当时，布什总统所称的"反恐怖主义战争"刚刚开始。出于本版论文校订的需要，我对那段日子进行了"故地重游"。布什政府对伊拉克的入侵在新闻广播中造就了这样的场景，新闻记者制造的形象"扎入"了那片土地，萨达姆侯赛因的雕像则在巴格达的公共广场上被推倒，荒谬的是，2003 年 5 月 1 日布什在亚伯拉罕林肯号航母上宣布了胜利和战争的结束。就是在这份虚假的战争结束声明发表完之后（这场战争从未正式宣布地"开始"，在正式宣布"结束"的时候依然置《日内瓦公约》于不顾仍在持续），很显然唯一结束的就是媒体上你所看见的战争场面。[1] 换句话说，带有讽刺意味的是：不论是纸媒还是电子媒体上你所看见的那些源源不断的战争画面在现

---

[1] 自从战争开始，美国政府禁止播放运送士兵棺材回国的画面。关于其他影像的相关规定参见 David Carr (2008)。Carr 写道，尽管是美国军队内部要求相关新闻报道，政府也会禁止报道伊拉克战败纪念仪式。

实中告诉我们反恐战争已经结束了,但是剧场中的战争,在伊拉克、阿富汗及巴勒斯坦这些战争剧场的地面上,战争仍在持续,并且像本文的重写活动那样持续下去。在某种意义上这篇文章在时间方面先于布什的关于战争结束的虚假声明,但我发现尽管有些故事已经有了一些年代,然而这些故事背后提出的问题,以及通过追溯战争日程表,分析其中一些细枝末节或不相关的细节,就会发现其实他们之间联系非常紧密。

这篇论文写作开始于1999年,准确地说是始于对1999年7月4日拍摄的一张照片的思索,当时我正要前往盖茨堡研究"战争重现者"的行为。当然1999年距离亚伯拉罕·林肯宣布内战结束已经很久了,但对于那些当日我在宾夕法尼亚州遇见的手持武器的"战争重现者"来说——有些人身上带着假做的伤痕,有些早已四肢蹒跚——战争中最后的事情,就是战争的"结束"。

这一章对我们所经历过的战争提供了一些尚未成熟但有很强针对性的观点——我们在荧幕上看见的战争都是新闻报道,有的真实而有的未必真实。战争戏弄了我们,我们也让战争不断重演。这一章中引用了米歇尔·德塞图的一些名言警句,这些警句暗示着,尽管我们仅仅将自己想象为路人,其实我们也算是与战争议程有牵连。有时候我们好像是在充分践行纳奥米·肖尔的《阅读细节》,本章想要重新构建一个强烈反对细节的环境。她想呈现的画面是以绝望的女性角度看到的细节为背景。尽管本文一再坚持强调路上行人的足迹只是摩天大楼的陪衬,以此减少所产生的抵触情绪。

纪念碑

一想到杀父文化我的脑海里就会出现一幅画面。杀父文化是一种植根于已故父亲们的文化——父亲们必须以死保证已故父亲们能够存留,是一种确保逝者存留、生者作为路人的文化。(见图3.1)

图 3.1　2001 年宾夕法尼亚，盖茨堡

照片：瑞贝卡·施耐德请求无名路人帮助拍摄

这幅画面是 1999 年的关于一幅雕塑作品的数码照，雕塑表现的是林肯提醒着一位现代父亲——或许是正在旅游的父亲——好好阅读盖茨堡演讲。一位路人与这些雕塑站在一起。雕塑和路人都矗立在宾夕法尼亚的盖茨堡的大楼外面部，那里是林肯在进行赫赫有名的盖茨堡演讲的前一夜撰写演讲稿的地方。我就是那个路人，静静地与雕塑站在一起，我的指头抚摸着雕塑下面的碑文。(我请求其他过路人用我的相机给我拍照，他们都非常友善地同意了。)当然，我并不是真正的"路过"，而是被这幅画面深深吸引了。但我确实是路过那里，就像此刻那里的路人并不是现在的我，或者说根本就不是我，因为我正在这里写作。在那个时间，甚至在现在，我都无法相信那个父亲的雕塑竟然穿着和我一样的球鞋，除了它是石头般的坚硬。当然你看着他们的时候，看起来却像纸张一般柔软。或者，组成一束穿过你的荧幕的光。谁知道这些球鞋的未来会发生什么？但一提到球鞋，我们脚下的纪念碑文上写道：故地重游。[1] 我在想，是谁故地

---

〔1〕 "故地重游"是 Seward Johnson, Jr 创作的雕塑，1991 年宾夕法尼亚的林肯助学基金会将它安置在盖茨堡广场。

重游？什么时候？

我发现，在本章插图照片中看起来好像是美国国旗从林肯雕塑的大礼帽旁缓缓降落，像变戏法一样。但那时国旗并未真的降落，而是在那条街道上高高飘扬。也许这就是沃尔特·本雅明所谓的"视觉潜意识"。沃尔特·本雅明在1931年的一篇文章中，描写了人的肉眼为何不能看穿对于任何风景的所有细节——哪怕是最普通常见的细节。"我们根本无法知道，"他写道，"当一个人走上街头穿过人行横道的那一瞬间发生了什么"。但照片就能"揭示秘密"（243）。换言之，当宾夕法尼亚一个孤独的车站货车司机在千禧年的前一年开车穿越人行道的时候，通过照片，我们就能捕捉到那一瞬间发生了什么，那正是美国总统在林肯号航空母舰上发表演讲宣告一场从未宣布开始的战争结束的四年之前。我们可以分析看出，秘密就在那一刻被揭穿了。实际上，对于本雅明而言，希望即在于：通过对照片中普通的、通常被忽视的、甚至是无法感知的细节的唯物主义解释分析，能够促生一种谈话治疗。

对于沃尔特·本雅明而言，摄影能够轻而易举地定格"某一瞬间"（能够像文件那样对文件分类和保存）对他并不重要，密切关注细节并进行分析演示才是至关重要的事情。沃尔特·本雅明的目的和兴趣不在于保留事物而在于希望以此进行演示分析。对一张照片的景点进行分析并不是说着迷于拍摄景点本身，他并不把景点作为"迷失"在无法复原的过去时刻这种状况来对待。毋宁说，表演的地点、使照片有意义的地点，在被图像摄入的那一刻开始就被置换了，并且在后来（的分析中）一再被重置——照片中的可被变动的地点将遇到那些对之给予详尽关注并仔细分析的观察者。这样，一种表演就会被捕捉并置入另一个场景，这时，这些单调乏味的细节就被及时地放大并延续，从而得到适当的解读。譬如在"故地重游"的照片中，纪念碑的固定不变和那些路人相互间彼此映衬的不经意的细节——实际上，很难说什么是"鲜活"，什么不是。但是照片里的纪念碑和路人不仅仅是因为彼此衬托而变得鲜活，而且也因为有了第三方——当下的过路人。读者或观察者是一种未来的路人，由此所包含的复杂关系，对沃尔特·本雅明和德塞图来说，是个"秘密"——或许是任何纪念物的相互依存关系的秘密;或者是穿越当代与过去同行的秘密;再或者,如果你乐意,去读读他们的相关论述。

给读者提个醒:这里我讨论纪念性问题的时候,有时是故意将纪念碑与以下术语混淆:"宏伟建筑"和"档案文献"。我感兴趣的是纪念碑建构与档案馆之间密切联系的方式(记住,纪念碑是作为记忆被树立起来,文献档案是历史的留存物)。正如雅克·勒高夫在探讨创造历史的西方文化模式时所写的:"历史由一部部文献组成,因为这些文献就是历史的遗产。"(xvii)按照这个公式,那些活着的,那些没有被归于文献记录的,消失的,未能留存的,这一切都不构成历史。照这样的逻辑,毋宁说,那些活着的也是"死了"的。然而,正是这些活着的事物才支撑并放大了我们的纪念工程。与这一逻辑相反,在此我倒是建议忘记那些活着的——把它描述为不停地重复消失,或者在活着的边缘封存于消失之中——以便忽略那些纪念碑石上的手、骨上的血肉。忘记活着的就是要使纪念的秘密保持沉默,这些秘密来自于路人的每一个纪念活动。忘记纪念的鲜活性让纪念得以穿越时间变得永恒,像纪念碑那样。纪念由鲜活的事物构成。路人是历史留存物的物质要素。

> 街道上过往的面孔似乎……为纪念碑增添了既遥远又贴近的秘密。

正像德塞图的这段话所暗示的,那些路过的"鲜活的"面孔断然支撑着档案文献和纪念碑,尽管纪念碑和档案馆的逻辑是将活着的描述为正在"消失的"。然而,正是这些活着的在进行着纪念的人的不断增加及反复的行动建构着秘密(相反,纪念碑明显不仅是孤寂的而且是不动的)。活着的人,途经纪念碑,也带走了他的秘密。因此,我主张再深度研究一下其他方面,将现场表演视为消失,这有助于区分纪念或是归为历史遗留物,忽略二者之间的相互作用(参见施耐德:"表演存留")。

雅克·德里达在《档案狂热》一书中写道,档案是"杀父的"——这是档案文化最基本的咒语:生者逝去才能使得档案留存有意义——对立于它所描述的每一个消逝。让人觉得不合逻辑的是,档案文化总是与"保存"的字眼儿交织在一起——将细节收集起来作为过往的证据。档案文化是一种像纪念那样的与细节相关的文化——收集并大量积累信息,对作为文本性的、物质性的以及可作为证据使用的历史文物等各种"存留"进行分类整理,决定哪些是历史的遗存哪些已经"消逝"。如果我们承认遗存与文献之间的关系,我们就可以将档案指认为碑石与肉体之间关系的裁决者,深陷于一种文化习惯,把肉体诠释成是超越碑石、超越文本的一种生命存在。

按照档案的逻辑来说,现场表演不会被遗留下来。更激进一点来说在"时间"上,表演最终不会留下任何物质痕迹,并因此而"消失"。在戏剧研究领域,理查·谢克纳和赫柏特·布劳等学者造就了戏剧的"瞬逝化"(Ephemeralization)效应。[1] 表演被定义为消失,在时间上的持续消逝,甚至刚出现就消失无踪,这种定义在过去 50 年里渐成气候。这一界定非常契合美术史的关照,行为艺术和装置艺术的兴起,在沉思的文本中理解表演的压力,此时表演和现场对客体身份或纪念碑铭形成挑战,似乎拒斥了档案特有的"可保留的"原物。但是,具有消失的或瞬逝化的特性的表演忽略了这些方式——在其中正在显现的消失或乏味"生活"细节支撑着纪念性的留存物——吗? 是这样一种方式,纪念碑和(包括精彩的、乏味的、普通的)路人在一种相互建构的关系中深深地纠缠在一起?

档案和父权制相联系——不仅因为在词源学上源自"执政官的房子"

---

[1] 1965 年 Richard Schechne 想把戏剧定义为持久性(情景剧)与短暂性(表演)之间的模糊概念,认为短暂性更具优势因为戏剧没有"原本"("戏剧":22,24)。这在探索表演研究的发展中是非常有影响力的一个界限。至少在探讨 20 世纪 80 年代的纽约大学示威运动中是非常有用的,同样也会影响到纽约大学以外的学术界。后来在纽约大学学院任职的 Marcia Siegel 1968 年写道:"舞蹈正处于消失的边缘,从实质上讲它的确在慢慢消失。"1974 年 Schechner 写道:"戏剧正在渐行渐远,表现为它的短暂性及即时性('临界':118)。"1985 年短暂性真正被应用到表演学中。Schechne 写道:"表演的原创作品在创作时就注定会消失。没有记录,没有改编,没有电影或录像带将他们记录并保存。表演艺术的研究者面临最主要的挑战是词汇的创作及处理戏剧短暂性及即时性的方法论。"(Between:SO)Peggy Phelan,纽约大学的一名副教授认为表演只有通过消失这一过程才能实现表演本身的意义。在同一学院的另一位有影响力的思想家 Barbara Kirshenblatt-Gimblett 则将所有被认为是现场即兴的行为都用短暂性这一术语表示。短暂性包含了所有日常活动中的行为,讲故事、日常舞蹈表演、演讲及各种表演形式。在 1996 年的一篇著名论文《蜉蝣证据:奇异行为简介》中,Jose Esteban Munoz(纽约大学表演研究院院长,2008 年重新修订了此文)颠覆了关于短暂性的说法,认为蜉蝣根本没有消失,仍是实质上的存在物。根据 Raymond William 的情感结构理论,Munoz 称痕迹、微光、残留物及小颗粒,这些所谓的短暂性是少数文化及批判者(出于需求或偏好)所采用的一种证据。这样说来,"短暂性"一词解释起来是有余地的。参见 Blau:94。

(the Archon's house),在逻辑上也同样如此。沦落为习俗意味着身体上的失败,表演的失败(在很多方面是与白人文化长期相联系的女权主义模仿的失败),对历史留存而言充斥着"父权法则"。德里达写到,没有人能比弗洛伊德表示得更清楚,文件档案是由父权和杀父双重动力驱动的。档案的驱动力被描述为"家长和父权的法则",对此,德里达写道:

> 定位自己以重复自己,转向仅仅在杀父行为中重新定位自己。这相当于阻止……杀父,以父亲之作为死去的父亲的名义。最好由兄长接掌管理。兄弟之间平等、自由。一种特定的、依然活跃的民主观念。
>
> (Derrida:95)

悖论在于,家长制的文化是杀父的——建立在"死去的"父亲的产物的基础上,杀死父亲以保护兄长的利益——这是档案文件文化最重要的基础。当然,这就是迈克尔·陶西希所说的公开的秘密,谁都知晓,但谁都不会说出来。我们不是杀父,今天的大多数美国人会说,我们是爱国者。是对?是错?也许可能是?这个父亲们与兄弟们的戏剧令人恐惧地通过纪念碑一遍又一遍地展示着、"表演"着。这个在纪念碑表演性的矗立与消退中所表现出来的"一遍又一遍",会给表演消失而遗迹、文件和客体物留存的观念带来挑战吗?我们能看到的是在父亲雕像之下或其旁边的仪式化行动或习惯性的行为,暗示着杀父的父权制度仍然"活着",并且暗示着,或许是反讽式地,通过杀父仪式再表演让死去的父亲归列为"仍然活着"(remain live)的一类。

单调乏味

在2001年9月11日之后的美国,在21世纪的第一个10年中,我们可以看到公民自由权在不断减弱,随之而来的,像双子塔那样,是美国政府以往那种部分伪装成合理的或互相尊重的国际关系的终结。布什政府的反恐战争把自身带入了未知境地,这场战争被说成是"防卫",越来越无法言说它是多么令人厌恶。缺少解决冲突的"其他方法",人们对此深表怀疑。

悲哀的是,尽管真相已经揭露,但事情仍像往常那样。历史上美国试图偷偷地与塔利班以及其他全球的或地方的武装暴力保持共谋,但是在"伊拉克自由行动"的事件中,掩盖变成了揭露。然而,这些所谓的揭露都很奇怪地把战争日程描述成了一种掩盖,像他们以前所做的那样。现在新闻记者已经和士兵"融为一体",战争的影像持续不断,好像在新闻中已经没有什么新闻了,就像美国联军控制下的"真实频道"所谓的"真实"一样。在2003年5月1日宣布战争胜利前的几个月,每天每时都可以看到死亡的"复活"——在客厅,在卧室,在厨房,在能看到电视或是连接便携数字视频设备接口的任何地方,这些节目与美国合作,像第四频道电视运作AV节目那样——内在的情绪被转换成外部的脉冲,内部的变成外部的。撇开这些转换的诡计不谈,人与电视内容之间的距离被瞬间拉近了:包括(电视节目中的)那些呼吸、碎石、沙尘。

基本上是,(在电视画面上)看到建筑物爆炸了,然后是身着沙漠卡其服(desert khaki)的士兵穿过废墟。就像我们平常(在电视中)看到的一样,士兵直线穿过,踢开前面的大门。门里面都是女人,按新闻编剧的编排,她们很"开心"——开心地"迎接美国解放者"。他们脸上的表情混杂着迷茫和希望,同时又有害羞和恐惧。我的脸上也流露出相同的表情——在电视网络的另一端。是我的眼球把门撞倒了吗?电视网遍布美国,播放着伊拉克的情况,与此同时在2001年到2004年间美国每辆汽车和卡车上都插着美国国旗。车载电视(为了照顾孩子而设置)体育节目的最新流行意味着"反恐战争"是可以移动的,从橄榄球比赛到教堂晚餐,从学术讲座到高尔夫比赛。

2003年3月中旬在曼哈顿的一家餐馆中,我听到两个隔间以外的女服务员对厨房喊道:"汉堡包和炸薯条"。过了一小会儿,一个经理或是厨师大声回喊道:"自由薯条!我们只提供自由薯条!"在这样称呼薯条的冲突场景中——薯条均匀地放在碗里、纸盒或盘子里,上面撒上盐,加上番茄酱——就是这样普通的食物摄入也成了当下的战场。然后由这个经理或是厨师拿出厨房。这就是演员阵容:经理,一个身穿着西装的大个子中年非洲裔美国人——是的,是经理而不是厨师——和女服务员,一个高挑的带着浓重皇后区口音的中年金发白人妇女,——我看不到两个隔间之外买薯条的顾客——但是,还有我,来自美国最小的州罗得岛的中年白人学者——现在是站在那里——在与这种就国际化的被赋予纪念意义的食物所做的关于国际形势的清晰言论进行着斗争。因为这点被赋予了特定意义的土豆我就要离开餐厅吗?我想知道为什么经理对战争这么热心。他在双子塔事件中失去亲人了吗?他的儿子或女儿在伊拉克吗?他愤怒地高喊"自由薯条",以至于我一下子从座位跳了起来。女服务员嘟囔着:"薯条,自由薯条,管他是什么呢。"然后她用经理无法听到的声音对我说:"坐下吧,亲爱的。"她招呼道,"我会把你的咖啡端来"。我坐了下来,喝下我的咖啡。

每天我们都在见证不朽与平庸之间的不断协调——在远远超越生命的雕塑或事件与经历的生命细流之间,这种协调让我们迅速地穿越了这种矛盾对立,它穿越我们的集体象征(纪念碑)和集体行动(战争)所构筑的更大的大厦,领航普通生活。在 20 世纪 70 年代和 80 年代[1]米歇尔·德塞图和纳奥米·肖尔认为,将我们的思考集中于平庸或零散的细节上,让我们讨论的地点远离纪念性的、权威性的或是特权性的地点,可以帮助解构或是反思我们的认知习惯,打开理解的新路径。把注意力集中于所经历的或是易忽略的事情上,而不是集中于保存下来的宏大对象上,这是一种关注的转换,他们认为这种关注在某种程度上是对主体描述、主体计划以及主体性事件(比如战争)的抵制。

我打算在某些细节上就米歇尔·德塞图广为流传的"城中漫步"论文的起始部分展开讨论。德塞图的这一论文很奇怪地以断句——不完整的句子开始:"从世贸中心 110 层楼看曼哈顿。"(91)开头被认为应该是一个片段,被削减的不完整的句子,这使我着迷。句子本身仅仅成了单词的排列,而没有进一步的继续——被"时期"(period)这一单词打断而结束。"从世贸中心 110 层楼看曼哈顿,时期。"但是我们继续读下去——越过第一句

---

[1] Michel de Certeau 的《日常生活实践》首次发表于 1974 年,1984 年被翻译成英文。Naomi Schor 的《细节阅读:美学与女性》出版于 1987 年。

就得到这样的视角：我们被给予了一个非常完整、流畅、美好的抒情描写（来自法语翻译）：

> 风起脚下迷茫，城市孤岛，海洋中的海洋，烟雾衬托着华尔街上的一座座摩天大厦，在格林威治下落，又在市中心的冠顶重新升起，悄悄地穿过中央公园，最终在哈莱姆远处逐渐消逝。
>
> （de Certeau 91）

这句话把我们带入了美丽的风景，而且带给我们一个承诺（透视性凝视的承诺），在我们视野尽头"之外"仍有广阔的天地（"在哈莱姆远处"）。但是第二句话的流畅性，它的非抒情性，因其不完整性而让人疑惑："从世贸中心110层楼看曼哈顿，时期。"在这页的结尾处将两句话沟连起来（删节了其中缺少活力的部分），德塞图称双子塔为"世界上最高的字母"，并且告诉我们说它们"在消费和生产两方面都建构了巨大的过度修辞"。翻到下一页，德塞图精心安排了著名的"伊卡利亚的坠落"，以便将读者带入到行人的脚步：

> 城市中的普通从业者生活在"底层"，低到我们看不到的程度。他们在城市中行走——体验城市的一种基本形式；他们是行人，"流动移民"，身着或薄或厚的由他们书写、自己却不能阅读的城市"文本"。……纵横交错的道路不能识别这些易读的诗句，在这些诗句中每个个体都是被其他人所标记的元素。……这些移动着的相互交叉的作品网构成了多种多样的故事，这些故事既没有作者也没有观众，成为空间改造痕迹的碎片：联系到记述，它保存着日常生活和其他一切东西。
>
> （de Certeau 93）

希望在于，如德塞图的著名论文所揭示的，在"日常生活"和"其他一切东西"的乏味细节和足迹中，并通过它们，我们可以在某种程度上打断纪念的日程，或者更好一点，理解"他们步调一致工作"的令人疯狂的方式。他们步调一致的方式是什么？日常生活的单调细节构建了整体，一点一滴地汇聚成整体，然而（按照普鲁斯和巴特的逻辑）这些细节同时也是一种缺陷，可能会刺穿它所支撑的整体的结构——通过这些穿刺点，结构整体能够被完全重组。在肖尔《细节阅读》一书中,把握整体,需要让细节不显眼,然后被"很快被遗忘"或是"女性主义化"地"遮蔽"。然而就是这每一种单调性——被描写成"乏味的"——构成了德塞图所谓的"咆哮的大海"——它既组成了大海,又是单独的任何一滴水,显著区别于它组合在一起所具有的纪念性特征(5)。

穿越空间

德塞图想要得到一种方法,让普通人的空间实践能够打破纪念碑的神话,或者至少让我们看到围绕并通过文本或活动而展开的纪念的细节,这些细节被描述成正在消失的东西。德塞图和肖尔曾经和本雅明一样提出过一个建议——通过把我们的分析精力重新聚焦在单调的细节层面,打乱这些细节的支配秩序。[1] 但是对于普通人而言,这种转换(在德塞图那里,是一种"空间的"转换)还意味着更多,这就是——"在戏剧中",阅读细节的"实践"——我们将注意力转向行动,转向"通过某种方式进行"的行动,在向行动的转换中,改变不仅是可能的,而且构成了揭示神话的条件(纪念碑的秘密)。这两本书出版 25 年后,关于在气势恢宏的纪念碑或是某一文本"整体"与或认同或反对的(或两种情况都有)细节展开之间的空间思考仍能掀起共鸣。

在《第三空间》中,1996 年出版的讨论亨利·列斐伏尔的《空间的生产》的著作,爱德华·索亚对很多学者运用德塞图的理论过分推崇地方性的倾向表示惋惜,这些理论坚持研究地方性的"地点",反对去探讨更加复杂的被现实活动谜化的"空间"。德塞图本人也更愿意说是"空间的改造"而不是"空间"。只阅读细节而忽视德塞图所提到的从高处看纪念碑的角度与路人从地面观看时的差异,这样做就会大大减少对作品本身的欣赏水平。与此不同,爱德华·索亚试图"为后现代主义城市批判研究中正在兴起的过度强调地方性的倾向加入一些刺激性的困惑,这种倾向……以遮蔽……

---

[1] 这是与后结构主义相关的一种方法学实践(尽管 Schor 迫切希望指出后结构主义是如何遗忘那些卑劣的女性化的细节,而推崇他提出的新颖的,充满男子气概及文学气息的原意)。

宏观空间为代价"。索亚将本书的研究定位于他在列斐伏尔"活的空间(lived space)"的观念中所发现的东西——活的空间,意味着,在纪念性、标志性建筑物和它们内在的或是微观空间的约定之间的连续不断的"动态"协调。这不是一种"或者……或者……"的阅读方式——一种"或者"是为平凡的女性化的路人而采取的或者是为单纯纪念性的大型建筑而采取的阅读方式——而是一种可以描述成索亚称为"既……又……"的方式。这全然相悖于他所设想的当代辩证法,继亨利·列斐伏尔之后,索亚借助"活的空间"的概念建构的一种空间辩证法——"三元辩证法"。在此我并不想渲染辩证法这一术语,也不想对爱德华·索亚的伟大构想提出批评(在此建议读者参阅 Halberstam[5—11])。但我想继续进行"加入一些刺激性的困惑"的努力,或者,更好的说法,是想把对当下路人与过去路人之间的空间关系的思考进一步推向深入,正是这一点为档案文化研究指明了方向。

值得提醒我们自己的是,在《空间的产生》的结论中的一段话:

> 空间正成为有特定目标引领的行动与斗争的主要支柱。它当然一直是值得拥有的资源和各种斗争策略施展的中介,但是现在它已经远非再局限于剧场、了无生趣的舞台或场景的行动。

亨利·列斐伏尔在1974年完成该著作(同年德塞图用法语出版了《日常生活实践》),他摒弃了"剧场"的概念——认为空间"远"非再局限于剧场。在历史的千年转换的时刻,从我们的角度看,表演研究的学术影响力,与关于表演和戏剧的各种奇怪的、女权主义的理论分析步调一致,这让我们去改进列斐伏尔的看法。取代他的关于"空间远非再局限于剧场"的说法,我们认为空间现在是容易阅读的对象,像剧场那样,在其中看似无聊的有趣行动被编排和上演着。这就是说,我们认为,是这种富有戏剧性特征的"经过"——过路人的经过、经过的(可纪念的)既往——才可能给我们对纪念性活动与日常生活之间纠结的协调"加入一些刺激性的困惑"。

> 街道上过往的面孔似乎……为纪念碑增添了既遥远又贴近的秘密。

情感——路人的缅怀情绪,碑体(以及建筑物)的"安置"(它被置于石头、沉积物或"沉淀物"中)——可能被看作是相互对立的,恰如活着的人被认为与他的生平记录、与化石性的或是有纪念意义的存留物之间有很明显的差异一样。富有感情的(女性化的)血肉之躯聚而又散,构筑了手势与语言汇流而成的连续段落的细节——实际上,这些正成为过去。而另一方面,建筑物则呈现出静态的、固定的和千篇一律的特性。但是德塞图写道,"街道上过往的面孔"环绕在纪念碑的四周,在纪念活动中"似乎为纪念碑增添了既遥远又亲近的神秘感",好像建筑物之所以有纪念性要归因于它所赋予的感情色彩——或者更确切地讲是来源于路人的感情——"好像"的秘密。

当然,谈到街道上过往的面孔,德塞图用"经过"一词指称"正在经过的路人",指称一种行为动作。这种动作就像安静的哨兵忘记了当下状况只顾跨步前行的动作一样。但是,我们也可以将这些面孔的"经过"——他们的足迹,他们的每日行走——归结为另一种类型的路过,它与女性化的情感相关联,并因此(按照档案文化中长期存在的逻辑)玷污了拟态学的领域——"为何经过"。经过的行为沉浸在日积月累的生活细节之中,经过的行为是为了寻求意识形态里没有给予的东西。这种常规意识形态由纪念碑、"公共空间"掌控者以及"公共面孔"(即街道上过往的面孔——译者)在同时进行着雕刻、塑型及测量。在德塞图的警句中,纪念碑的秘密与路人相关,而路人则不仅关系到保存纪念碑的秘密,也关系到要告知别人纪念碑秘密的保存这一事实,这就是说,这是一种日常表演的事件。纪念碑作为纪念物在经历,一种由路人的纪念行为不断确证着的经历,路人尽管经常经历却没有发现他们的行为事实上已经是一种习惯。

尽管是经过的细节构成了整体,却对整体构成了威胁。将注意力放在细节上——放在那些无名的路人身上,他们千差万别,汇成每天的人流——能够在某种程度上,如同德塞图所揭示的,"重构社交活动产生的场所",在雕塑创建人的形象、视角与路人的日常实践之间交换空间位置,路人的日常实践是以路过行为来编织其行走的空间。德塞图希望,通过展现那些普通人、那些细节是如何"使他们自己渗透到我们的技术之中",就能够"重构社交活动产生的场所"(5)。

在美国我对每天阅读《总统制鼻祖》的连载(无论是已经连载的还是正

在连载的)很感兴趣。我感兴趣的原因是"神秘"的鼻祖的角色既不能过于明显,也(由于熟知的原因)不能被过分的低估。纪念碑与父权主义相关。当然,在父权文化中一点也不奇怪——我也没必要一一引述那些论述过该问题的学者,如马尔科姆·麦尔斯和多琳·梅西——"特定的女性"与纪念碑不能混在一起(同女性与纪念碑的隐喻相反——正义,自由,非洲,美洲)(参见 Miles: 39-57)。如果纪念碑在历史上与父权主义相关,我们必须牢记:无数张无名的"过往面孔"在西方人的想象中都已经被明显地女性化了。[1] 毕竟,这是另外一种意义的"经过"——像参加化装舞会那样——对女性特质概念进行了过度的建构,无法辩读,根本性表里不一,把女性特质不分青红皂白地与模仿挂钩。在翻译德塞图的作品时"这种"意义的经过被添加到了翻译中,并且增添了德塞图本无意为之的一层复杂性。经过对"路人"这一术语的多重意义的深入探讨,我们可以梳理出这样的结论:正是由于把一种性别作为另一种性别而接受,"是路人在保留着纪念碑的秘密"。路人对于纪念碑文化至关重要,这给人们带来了更多的思考。

如果我之前讲过的那个有趣的炸薯条故事证明那些看似普通的细节却是协调及交换的场景,通过这样的场景抵触与共谋都可以被想象,那么,在布什政府战争中的"掩盖"策略,也同样让在纪念与平庸之间的共谋纠结关系变得更加清晰。这种纠结要求我们继续深入描述纪念碑及乏味细节之间的深度复杂关系。德塞图和肖尔主张的通过细节实现的解放远没有实现。单是想想关于眼下这场战争的那些华丽辞藻"实现伊拉克自由",这些词语表明历史上关于战争的纪念性的相关描述已经存在。但这一纪念性的工程的"实现"同样处处涵盖着细节的作用:"纪实电视"节目里每天都不停地播放着现实生活中的点点滴滴,"安插的"记者们不断发回关于前线士兵生活细节的报道。实际上,通过荧幕中那些纪实性故事我们是被给予了战争的最新消息——直到推倒萨达姆侯赛因的雕像。报道中还声称2003年4月9日伊拉克爆发了一场支持美国的起义,但明显是美国军方利

---

[1] 大众的恐惧(19世纪后期)也正是女性的恐惧,害怕本性失去控制,无法察觉性别差异,丧失个性和大众先前稳固的自我界限。

用媒体上演的一场好戏,用来煽动那些喜欢蜗居在家看电视的人的情绪。

2003年4月5号,在布朗大学举办的纪念纳奥米·肖尔的会议上,克里斯蒂·迈克唐纳尔德指出,在2011年"9·11"世贸中心恐怖袭击之后的一年,《纽约时报》刊登了题为"令人悲伤的肖像"文章,关于战地士兵火力封锁线的事迹收到了反面的回应(看到那些细节,苏珊每天早晨都会因此哭泣)。"安插的"记者们报道的那些事迹大多数都是关于生还的士兵的,但是,事情很快就变得清晰起来,伊拉克和阿富汗战争中死伤者的照片不会被列入"令人悲痛的肖像"中,因为害怕他们的批评。当然,我们既没有听说过那些在伊拉克和阿富汗战争中死亡者的名字也不知道事情的细节(参见Zinn)。《纽约时报》关于"9·11"受害者"遗像"的文章,曾经试着寻找每一位受害者的普通而又特殊的信息(Scott:ix)。每一幅肖像——下面注解着:"时间"是一个奇妙的适当词语用以描述一个人的看得见的存在,尤其是面部的画像或照片,这里用于打印的文本——都在挖掘并重述着死者的故事。X每天为妻子挤好牙膏;Y为了取悦侄子把面巾纸抛向空中;Z正在烹制鸡肉。正如詹妮·斯科特,一位负责前期报道的记者,就2002年公布的人物肖像文献而写下的,"我们所需要的是故事,是事迹,是那些微不足道却揭示了事情真相、表明一个人是如何活着的细节。……这些文件……很接近于快照——简洁而令人印象深刻,它们至少在理智上能够引起人们的情感冲动"(ix)。

正如南希·K.米勒2003年秋天在《差异》杂志上发表的一篇关于肖像的文章中所说的那样(看来他与我的看法一致),该书的出版使肖像"从转瞬即逝的报纸及千变万化的网络中""拯救"了出来,被"安放在精装本里"(112)。就是说,那些乏味的细节自身被带进了坟墓并立了墓碑,被"拯救"并被埋入档案之中。日常生活中的轶闻趣事就是这样被归驯和保存,混合成一首宏大的赞美之歌,以此来纪念美国的每一位受害者,不是纪念他们的丰功伟绩,而是他们的平常偶然经历的但经常被忽略的故事。当然,在2002年"肖像"以"精装版"问世的时候,尽管还有来自安插的记者的大量掩盖,但对令人悲痛的事实细节的掩盖已经减少了(也没有附带照片),尤其是在涉及美军或其他国家军队在中东的战死者时,更是如此。

与"令人悲伤的肖像"中采用的手法相类似,"9·11"之后的战争,通过不断看到或听到的故事刺激美国民族情绪而开始。电视画面提供的信息储备如此聚集拥塞,以至巨大的更具影响意义的计划(为跨国资本的利益而控制全球资源?)可能被美国民众所"忽略",而在情感上拘泥于像关注 X、Y、Z 的遭遇那样关注那些英勇善战的军人。这里,值得讨论的是,"沙漠风暴"的影响,在家里的电视屏幕中红色"现场直播"文字的下方所展现的引起情感共鸣的细节,对战争的进程既是一种支撑又是一种遮蔽。看着电视,面对"沙漠风暴"行动带来的困扰,一种迷茫、不安的情绪侵袭着我。仿佛荧幕前每天的生活都处于静止不变的状态——好像我们,作为故事的消费者和传奇的阅读者在页码或是各种电视及数字屏幕之间穿越着,已经变得像纪念碑般的僵硬——固定在那里,在我们的"设备"前一动不动,眼睛在凝视然而又视若无睹。在屏幕前,受制于这些轶闻趣事,很容易感觉到自己被置于不动的状态。睁眼瞎。我在想:这一幕幕形象,现在就是路人吗?那些被纪念的人依然存在吗?我脑海里又冒出了德塞图的那句话,反反复复不断萦绕在我心中,仿佛我自己一次次亲临激烈的战争场面,而且好像那些秘密在某种重意义上都显露无遗:

> 电视中过往的肖像似乎为美国大众增添了一些遥远而又亲近的神秘感,他们就像石像一般矗立在电视机前,触手可及却又遥不可及,登上一艘艘亚伯拉罕林肯号航母宣告一场场虚伪的胜利。

参考文献:

Benjamin, Walter. *One - Way Street and Other Writings*. London: New Left Books, 1979.

Blau, Herbert. *Take Up the Bodies: Theater at the Vanishing Point*. Urbana: University Of Illinois Press, 1982.

Carr, David. 'Not to See the Fallen is No Favor.' *New York Times* 28 May 2007.

11 June 2008: < http://www.nytimes.com/2007/05/28/business/

media/28carr. html? _r=1&scp=2&sq=%22not+to+see+the+fallen%22&st=nyt&oref=slogin>.

Cérteau, Michel de. *The Practice of Everyday Life*. Trans. Steven F. Rendall. Berkeley: University of California Press, 1984.

Derrida, Jacques. *Archive Fever: A Freudian Impression*. Chicago: University of Chicago Press, 1996.

Halberstam, Judith. *In a Queer Time and Place: Transgender Bodies, Subcultural Lives*. New York: New York University Press, 2005.

Huyssen, Andreas. *After the Great Divide: Modernism, Mas Culture, Postmodernism*. London: Macmillan, 1986.

Kirshenblatt-Gimblett, Barbara. *Destination. Culture: Tourism, Museums, and Heritage*. Berkeley: University of California Press, 1998.

Le Goff, Jacques. *History and Memory*. Trans. Steven Rendall and Elizabeth Claman. New York: Columbia University Press, 1992.

Lefebvre, Henri. *The Production of Space*. Oxford: Blackwell, 1991.

McDonald, Christie. 'Grieving in Portraits.' Lecture. The Lure of the Detail: A Conference in Honor of Naomi Schor. Pembroke Center, Brown University. 5 April 2003.

Miles, Malcolm. *Art, Space and the City: Public Art and Urban Futures*. New York: Routledge, 1997.

Miller, Nancy K. 'Portraits of Grief: Telling Details and the Testimony of Trauma.' *differences: A Journal of Feminist Cultural Studies* 14.3 (2003): 112—35.

Munoz, Jose Esteban. 'Ephemera as Evidence: Introductory Notes to Queer Acts.' *Women and Performance* 8.2(1996): 5—16.

Phelan, Peggy. *Unmarked: The Politics of Performance*. New York: Routledge, 1993.

Schechner, Richard. 'Theatre Criticism.' *The Tulane Drama Review* 9.3 (1965): 13—24.

——. 'A Critical Evaluation of Kirby's Criticism of Criticism.' *The Drama Review*: TDR 18.4(1974): 116—18.

——. *Between Theater and Anthropology*. Philadelphia: University of Pennsylvania Press, 1985.

Schneider, Rebecca. 'Performance Remains.' *Performance Research* 6.2 (2001): 100—8.

'Patricidal Memory and the Passerby.' *Scholar and Feminist Online* 2.1 (2003). 11 June 2008: < www. barnard. columbia. edu/sfonline/ps/index. htm>.

Scott, Janny. Introduction. Portraits 9/11/01: *The Collected Portraits of Grief' from The New York Times*. New York: Times Books/Henry Holt, 2002.

Schor, Naomi. *Reading in Detail: Aesthetics and the Feminine*. New York: Methuen, 1987.

Siegel, Marcia B. *At the Vanishing Point: A Critic Looks at Dance*. New York: Saturday Review Press, 1968.

Soja, Edward W. *Thirdspace: Journeys to Los Angeles and Other Real-and-Imagined Places*. Oxford: Blackwell, 1996.

Taussing, Michael. *Defacement: Public Secrecy and the Labor of the Negative*. Stanford: Stanford University Press, 1999.

Zinn, Howard. 'The Others.' *The Nation* 11 Feb. 2002: 16—20.

■ 第二部分　城市表演与文化政策

引　言

金姆·索尔伽

收集在第一部分的章节展示了,在本雅明、居伊·德波和德塞图之后,城市建构艺术是如何重新审视城市的行人的——不是作为城市叙述文本的作者,而是作为一个整体的实践者,致力于同城市历史、当代政治和公共悼念中的意识形态问题之间的辩证的、表演性的遭遇。接下来,收集在"城市表演与文化政策"中的章节进一步推进了这些观念,追问当他们的工作在政府话语中重叠出现的时候是什么构成了过路人、徒步表演者。这些政府话语有助于构建 21 世纪的城市。产生于"底层"的表演如何与"上层"的立法政策相衔接？是不是仍然可以通过"我们"和"他们"的这种对立模型来审视表演和政府文化政策之间的关系并获得丰富的成果？

里克·诺尔斯在第四章《多元文化文本,跨文化表演：当代多伦多的表演生态》一文中,探讨了草根阶层表演者是如何与联邦政府的多元文化主义的政策相结合的,以求开辟出一条道路,使得少数民族的表演能够被地方政府、主流戏剧研究机构和多伦多媒体所理解和代表。诺尔斯研究了过去三十多年加拿大在少数民族艺术团体上的托管的多元文化主义的强制后果,特别是在其缩减用于"民族"工作的资金、寻求把这一工作作为民俗的和教育的行动而不是作为批判性的和文化动力性的行动使之成为少数民族居住区的时候。然后,在描绘跨文化表演生态地图——通过官方话语的形式,同时也在反对官方话语——借此去改变多伦多"多元文化"的面貌的时候,他强调了几个非白人表演公司及其内部员工的案例。

在第五章中，我们从对多伦多的讨论返回到了对纽约的分析，瑞贝卡·卢格探讨了百老汇在2001年9月11日之后所扮演的角色，以及表演（既包括场所之内的也包括场所之外的）重构——在袭击发生之后的几周内，来自于白宫、朱利安尼的市政大厅以及主流媒体的、关于商业活动和发动战争的——各种命令的作用方式。卢格尤其关注"9·11"事件后的几天的沉默行动，比较了2001年初秋在百老汇通过演唱"上帝保佑美国"而完成的文化工作和两个由艺术家群体在时代广场组织的静默抗议活动。她通过对2004年共和党国家选举提名大会的解读得出了结论，即共和党为了自己的自我炫耀的景观而对受伤的纽约舞台的霸占，以及在街头和网络上的不愿意被占领的回应。

在本部分的最后一章，迈克尔·麦肯尼回顾了诺里斯对于多伦多表演生态的分析以及詹·哈维对于伦敦泰特现代美术馆涡轮大厅的解读（在本书的最后一部分）。在第6章，通过展现大伦敦管理局——致力于塑造和维持伦敦作为世界城市的地位——艺术和文化政策的镜头，麦肯尼考察了伦敦国际戏剧节和巴比肯艺术中心，两个伦敦最顶尖的表演研究机构。鉴于GLA(大伦敦管理局)激励地方艺术向世界文化的转变，麦肯尼思考了表演如何去想象、践行，并使"一个支持伦敦全球化、能够在全球城市的研究机构之内和之间自由活动的政治主体"成为可能(112)。在麦肯尼的分析中出现的"跨国市民"主体，引出了亟须解决的问题——这些问题在这部分的每一章中都有探索：在"官方的"城市和"表演的"城市相互摩擦、共享实践、为权威争斗的空间中，什么样的城市公民身份模式会出现呢？

4. 多元文化文本、跨文化表演：
当代多伦多的表演生态

里克·诺尔斯

在宣传材料里，多伦多城市经常做出两个显著的声明：成为世界上最具多元文化性的城市，以及在英语世界成为第三大最具活力的戏剧中心。本章审视了这些声明之间的关系，以及在加拿大官方多元文化政策下城市戏剧活动的定位。它清晰描述了多元文化的"文本"——加拿大多元文化的政治、文献和官方话语；反对跨文化的"表演"——草根阶层跨文化主义的复杂生态，这种草根阶层跨文化主义在城市中的许多跨文化戏剧公司表现出来，这些跨文化戏剧公司试图文化性地建构另一种类型的社区并穿越文化差异而达到融合。

这种文本和表演是二元对立的，当然，这样的文本也是有问题地模仿了对戏剧剧本的理解，因为"文本"需要在表演中（或是没有）"实现"，但我希望在三个方面将这种关系做出更为复杂的阐释。首先，通过 W. B. 沃森和罗伯特·韦曼的著作，我阅读了官方多元文化脚本[1]的城市表演，了解了文本和表演之间相互建构的关系。对于多元文化主义，正如对一个戏剧性的文本一样，"表演不是由文本所决定……它更强调一种在书写和空间、场所，以及给予意义的行为者之间的互动的、表演性的关系"（Worthen：

---

[1]"多元文化脚本"我指的是自 1971 年的白皮书将多元文化研究提升为政策以来的所有文件，包括 1988 法案，1996 年的评论和过去二十年发表的年度报告。

12)。在多伦多的跨文化表演,在与多元文化文本的关系上作为"一种表演性的力量,作为一种习俗化的力量,作为一个有其特定权力的文化实践"在起作用(Weimann:4—5),以各种独立运行的方式表现了官方多元文化主义的表演,是——以建构着其社会影响的各种方式——对文本的具体例示。

我将文本/表演这种二元关系复杂化的第二种方式是,把跨文化城市中草根阶层的表演作为一种异托邦的(福柯)对象、作为对立于官方脚本的乌托邦的版本来解读,定义为异托邦,用凯文·赫瑟林顿的话来说,作为"另一种秩序的空间"(vii)[1]。我同时也认为,官方的多元文化主义乌托邦本质上是唯心主义的,与异托邦实践的凌乱的唯物主义相对立。

最后,根据巴兹·柯肖的表演是一种生态系统的观念,我把当代的多伦多当作一个复杂得多文化表演生态来对待。柯肖描述了"在表演事件的构成元素与它的环境之间复杂的且不可避免的相互依赖",在表演环境中"一个元素的某种方式的极小变化,都会很快影响其他部分的改变"('Oh':36)。他还明确提出,物种的多样性是对生态系统健康状况的最好判断('Theatrical')。和异托邦一样,生态系统也一直处于动态的过程之中,在地方的和全球的环境的连接点上发生作用,并且在当代世界中,一直受到毫无限制的资本主义的威胁。

我的目的是要了解,性别的、种族的以及阶级的个体主体和多元文化城市中的社区认同是如何不是仅仅被反映进表演,或是由表演给予代言,而是"通过"表演来"建构"的。主体的这种过程性的、表演性的(重新)建构是如何与官方多元文化主义中的"种族的"社区联系起来的?在不断变化的融合中,这些表演性地建构的主体是如何互相影响的?它们是如何与对城市社会空间——这种城市社会空间把主导性的文化建构为像"种族的"文化圈那样的统一完整的、少数民族化的非欧洲文化——的主导性理解相联系的?自从多伦多剧院被作为学术研究对象后发生了很多事,但近二十年来最显著的发展或许是一个充满活力的相互依赖的跨文化表演的生态

---

[1] 我很感激乔安妮·汤普金斯将我的注意力吸引到赫瑟林顿。

的出现,这种跨文化表演穿越文化和规训,在城市舞台挑战白人中心的文化霸权,映射着在城市的街头巷尾看不到、听不到的文化多样性。一些公司,比如菲律宾人卡洛斯-布洛森剧团,致力于服务特定的文化社区。另外一些公司,比如非洲剧院院线、爱琴海剧院以及拉斯克艺术公司等,主要表演"家乡"文化的作品。其他的剧院,比如黑曜石剧团、b-电流演艺公司、福根亚洲加拿大剧院、红色天空艺术团和圣灵大地艺术团,等等,则"建构"了内部多样的(有时也是历史地冲突的)文化社区,诸如"非洲加拿大社区"、"亚洲加拿大社区"以及"原居民社区",发展并表演横跨不同文化的作品。

最后,诸如小屋剧场计划、现代演出公司以及女权主义的夜晚森林剧院等,具有更加广泛的跨文化的性质。这些公司中没有一家有自己独立的空间,每一家都依赖于会很快消失的租用空间或是与其合作的当地其他公司的场地。每家公司每年只演出一两部主要作品。然而大多数公司仍在新的演出季创作和发展新作品,比如《夏日工作室》,b-电流演艺公司的《摇滚·纸张·姊妹》,工厂剧院的跨文化作品《交叉气流》,以及非洲裔加拿大剧作家节上的作品,等等,其中有些作品已经开始在当地公司的资助季出现。

多元文化政策

加拿大的多元文化政策因其乌托邦式的想象和对于被边缘化的群体及个人的潜在利用价值而被广泛地接受,被边缘化的群体及个人希望借此获得充分的参与民主的机会。毫无疑问,相当多的特鲁多时代的理想主义紧紧抓住了世界上第一个国家指定的多元文化政策所指向的东西。事实上,2005年加拿大籍的加勒比社会学家塞西尔·福斯特受特鲁多的"理想主义的梦想"的启发设想了一个切实可行的国度,"在那里种族不产生任何影响"(ix)。但是在让理想主义者们了解乌托邦的价值的过程中,重要的是回想起历史的敌托邦[1],这种敌托邦——在把这些观念强行推广,推广到加拿大自1960年以来多元文化脚本的出现和发展的历史化进程的时候,

---

〔1〕 Dystopia:敌托邦,指非理想化的地方或局面,极糟糕的社会。——译注。

推广到对该脚本继续构成多伦多跨文化表演的物质条件的方式进行考量的时候——已经出现。

"双语框架内的多元文化"的联邦政策是总理皮埃尔·埃利奥特·特鲁多在1971年提出的,作为对"少数民族"就双语和二元文化皇家委员会的成立所表现的关切的回应[1]。该委员会任命于1963年,负责决定如何在平等的基础上以及在讲法语和英语"特许群体"之间去发展加拿大的国家关系,而对"其他民族群体"仅仅作第二位的考量。在这样的叙述中,"官方的多元文化主义"作为努力控制魁北克独立运动的后续思想出现了。在多伦多的艺术、教育以及戏剧共同体之内,这意味着艺术发展只资助法语或双语(英语-法语)的工作,而不包括来自"其他"文化的工作。

该委员会的第二个决定——这也是1971年政策的起源——是20世纪60年代加拿大的自由化移民政策。1962年的政策——在1967年的"移民法"中正式实施——开启了一个避开基于种族、国源或文化上歧视的理想主义系统。然而,改变政策的背后目的是,针对不断减少的劳动力状况为经济发展繁荣时期提供廉价的、容易监管的劳动力支撑。该政策产生了相应的效果,第一次为非欧洲移民打开了加拿大边界,这些非欧洲移民开始作为"看得见的少数"为人们所知,他们大量地定居于多伦多,那里的街道生活发生转变,跨文化交流的可能性大大增加。[2] 然后,可能会看到,那些产生了效果的政策需要通过移民政策之外其他方式的多样性的开发和"管理",尤其是种族的多样性而进入多元文化主义。

留在加拿大多元文化实践的蛛丝马迹中的第三个内容,其象征意义大于实际意义。如果仅仅是为了区分加拿大人和美国人,在加拿大1967年

---

[1] 本文引用的多元文化发展史的信息主要来自于伊思和加德纳,来自于阿布-拉班以及加布里亚:105—28,还有凯文斯、博德、毕比、布列塔,格温和赖茨。班妮奇发表了关于1971年政策的令人信服的论点,她认为政策产生于对"底层要求"的回应而不是产生于来自上层的为了应对社会正义、事业和种族问题,文化差异和宗教信仰以及所谓传统问题的思想,因此移民是种族的、文化的以及反映出传统/伦理共同体的问题。

[2] 参见班妮奇:30。《我们不同的城市》编辑者提供了关于移民的统计数据,过去25年有奖金50万移民,其中百分之四十三去了多伦多,这其中的一半是在国外出生,同时显示来自亚洲、拉丁美洲和非洲的移民数量有了显著增长。

的庆典之后去建构一个一个独特的民族认同,这是需要的。加拿大多元文化主义变成了一个广为传播的象征,多伦多变成了海报的海洋,以便建构加拿大的作为一种多样性"包容"的认同——政策的既定目标之一,但该目标有问题地把"多样性"定位为非本土加拿大人的——"其他"的东西,这些其他的东西体现了"真正"的加拿大人慷慨的容忍。

在1971年的"白皮书"清晰表达中,在1982年《人权与自由》宪章的阐释中,以及在写进比尔 C-9 号法律的那些段落中,多元文化政策脚本的关注点在于"保护"不同种族的"文化遗产"以及"在与国家处理加拿大官方语言方式的和谐中在整个加拿大促进多元文化主义"(Multiculturalism and Citizenship Canada: 13,15)。[1] 这种结合性的关注——对"其他"遗产的文化保护的关注和对在占统治地位的法语-英语特权群体之内的包容的关注——一直是多元文化脚本的最显著批判的基础。尼尔·比桑戴斯因其通过保护的修辞学使文化社区少数民族化而抨击它,抵制吸收其他文化,同时控制物质的和文化的资本的出入口,限制文化产品在民俗展览和多元文化节上展出。哈曼尼·班妮奇(125—50)批评了在脚本中由查尔斯·泰勒清晰阐释的关于"宽容"的自由主义,在这里,一个(白人的)自由主义的"我们"被看作是"宽容""别人",而不是共同融合为一种更具包容性的多元文化整体。斯妮佳·古纽指认了作为多样化"管理"的官僚工具的"政府多元文化主义"。她指出,政府多元文化主义已经被"自由主义多元论划定框架,在这里,文化差异被排列为一种无关政治的(非历史的和静态)民族附属物"(Gunew: 17),同时,在这里女人因被定位为漠视"民族"传统的人而丧失了代理权。[2] 班妮奇仔细研究了她所称的"资本主义国家鼓舞人心的多元主义"(1),因为它的容纳性遮蔽了"一种被放置在'可靠的'认同的文化-历史主义面具后面的隐蔽的阶级斗争"。她也批判了加拿大多元文化主义脚本的容纳性,"作为一种认识论的闭塞——这种认识论闭塞用种族性的意识形态结构移除了真实生活的主体,移除了他们的历史、文化和

---

[1] 引用条款 3(1)a 和 3(1)j 引自多元文化主义和加拿大城市公民"加拿大多元文化主义"法案:加拿大人指南,作为评书版的指引。
[2] 也参见班妮奇,尤其是 151—74。

社会关系"(11)——在发挥着作用,同时把各种社会和经济的不平等连同种族主义和性别暴力,不是归咎于系统性的种族主义和性别主义,而是归咎于不可捉摸的"文化差异"。西蒙·坎布瑞尔提供了一种对行为本身的详细解读,展现其内在的矛盾和倾向,这些矛盾和倾向由隐晦的种族主义和同化主义原则所推动,使少数民族的民族性朝向合法化以及商品化的方向发展(*Scandalous*: 96—106)——当不同的异国情调演出呈现在了为主导文化的观众服务的主流舞台上的时候,商品化在多伦多剧场之内展示了其自身。

对于这些或其他的评论来说,关于多元文化脚本的中心参考点——与此相对立,"可见的少数"的合并可以被界定——是宪章所规定的法语和英语(在多伦多地区)语言,[1]以及"作为所有社会经济和政治权利形式所环绕中心标志的稳固且居于支配地位的'白人中心主义'"(Gunew: 19)。最终,令人愤慨地,"1971的政策没有提及原住民,1988年的修正案明确地排除了他们"(Kamboureli, *Making*: 11),让多元文化主义和原住性之间的关系成为一个难题遗留至今,特别是在市中心,比如多伦多,有着格外显眼的离开保留区的"城市印第安"人口。实际上,只有那些在现在称为加拿大的地方真诚地宣称要"构建"身份的人,才在多元文化的脚本中,如同班妮奇所说,"已被归入注脚的地位"。

表演不同文化的脚本:资助

多元文化脚本的官方表演,作为官方话语中所刻画的"文本"的实现,证实了各种评论对它的关切。最具决定性的官方表演之一,即对艺术表演的资助,提供了代表性的例证,多伦多的多元文化表演的实践者为此被迫争取了数十年。正如社会学家彼德·李在1994年所阐述的,在多元文化主义实施后的最初二十年里,政策下的艺术资助对于"欧美的"和少数民族的艺术产生了分离的、不平等的支持结构。在整个70、80年代,来自"主要

---

[1] 古纽把"通过学习标准英语所建立的躯体技术"作为"一种抑制身体的病毒"进行了讨论。

是加拿大白人的高端艺术世界"(366)的艺术家们通过加拿大艺术委员会享有了正式系统的资助基金。同时,"新生的多元文化圈由加拿大官方的多元文化主义政策通过政府的直接资助和对在多元文化项目下的活动的控制——设计这些项目是为了促进在少数化的文化中使之遗产化的行动——维系着"(366)。

毫不奇怪,整个70、80年代通过联邦多元文化主义董事会分配的资金——对"被认可社区(即多元文化的)组织、团体所支持"的个人开放(qtd in Li: 87)——大多数主要用于非专业的"国家的和区域的多元文化节,这些多元文化节包括民俗舞蹈、民族戏剧表演以及手工艺品展览"(Li: 378)。简言之,通过艺术资金使用表演的多元文化主义让其他文化处在了静态、怀旧和体现种族历史的状况,使得主流文化的表现在欧美传统中得以繁荣。他们建立了"以与维持主导群体霸权相一致的形式和方式再生产少数民族的艺术、文化和遗产的体制框架"(369)。

正如玛伊泰·戈迈兹在1993年所表述的那样,这对于戏剧实践的影响是显而易见的。将她的研究置于对李所预测的官方政策的分析之内,戈迈兹研究了多伦多卡霍斯剧院的1993年"放飞"文化节。她发现,多元文化脚本推崇的普遍主义话语抵制在真实的、变化的以及将文化或正式差异实质性地和历史性地置于城市之内的行为中所体现出来的互动。剧院——建造出来就是为了实现剧本——强化了而不是瓦解了主导性的殖民主义赖以栖息的二元结构,书写着多样性而不是(也不包含)真正的差异。这个现象一直存在,就像多伦多大型的与多元文化脚本保持一致的"主流"公司,在它们的演出季用外来"民族"填满他们的"多样化的缝隙",而没有明显地改变他们的观众基础或观众的舒适度。

在多元文化主义董事会1991年被多元文化主义和公民部所取代的时候,艺术资助状况在20世纪90年代发生了改变。该部门在新总理(持多元文化主义立场)刚被初步任命尚不代表内阁的时候,于1993年被分为新的加拿大遗产部与公民和移民部。加拿大遗产部还进一步被赋予职责,不仅有多元文化主义的事务,而且还负责其他领域的事务,包括健康及业余运动、加拿大环境中的公园部分以及文化广播等。在1997—1998年,自由党政府基于已经削减的多元文化的资金应对所有加拿大人开放而不仅是"少数民族"的缘由,取消了对"少数民族"的资金资助,以此作为对新右翼改革党批评的回应。如保罗·普罗斯佩里所指出的那样,这项举措的其中一个后果就是,"作为过去一直受益于该资金的少数民族组织,由此只能逐个项目申请资金"(qtd in Abu-Laban and Gabriel:114—115)。

为来自于主流文化的个人和公司提供资金、同时通过多元文化津贴资助"少数民族"团体的二元系统并没有被破坏,来自不同文化背景的艺术家们,包括来自原住民的艺术家,开始获得(有限的)艺术基金。[1] 这种改变带来了表面上的提高,但并没有带来实质变化。加拿大遗产部继续为"被列为其他的"文化的项目直接提供资金资助,直接给他们的伪装民俗、文化管理及艺术表达提供特权。但这种情况随着对主流文化"遗产"项目的资金开放得以减弱。来自艺术委员会的资助,同时也使(资金的)重新排列旨在修补的不平等持续化了,因为伴随着重组而来的不仅是提供给"民族文化的"团体的核心基金的中止,还有现有项目资金实质上的冻结。由于预算削减和需求增加,如果没有政策明确规定的话,运营性的资金只提供给已经成立的公司。在多伦多这意味着,一小撮公司,其中大部分拥有自己安全的生产场所并且全部是"白人"的公司[2],仍可利用运营基金并控制剧院的戏剧季和其他公司赖以生存的共用或租赁的表演空间。与此同时,"其他的"公司必须从资金代理机构申请一次性项目,这些资金代理机构可以而且也宣称了在"多元文化"行动中的特权。"多元文化"公司因此要依赖于那些"特许"的盎格鲁公司(即具有欧美背景和传统的公司——译注),这些公司实际上给了警察允许哪些"少数种族"社区的表演可以登台的权力,他们更倾向于对大多数是中产阶级的盎格鲁观众没有威胁的作品。同时,"民族的"公司被迫为那一点点的一次性资金而互相竞争,潜在地威胁到了他们之间的团结。

最后,联邦政府在过去几十年里的多元文化表演借助了团体越来越多

---

〔1〕 在多伦多,这个主要来自于加拿大委员会、安大略艺术委员会以及多伦多艺术委员会。
〔2〕 我在这使用"白人"这个词,不是作为一个种族类别,而是指一种接近权利、特权和资金的机会。

地采用的乌托邦视角,正如政治家和银行家们,利用"多元文化主义意味着生意"的口号,寻求新的世界经济格局下的"内在全球化"的"竞争优势"。[1] 由此引发的关切——对那些对多元文化主义重塑社会公平的潜力感兴趣的人而言——与这样一些状况相关:在"富有成效的多样性"之上对经济的强调如何把注意力从反种族主义方面转移开来,它如何影响那些少数民族化的群体——他们的母国不提供类似的交易机会,它如何影响土著群体,以及它如何影响了阶级和性别的观念(Abu-Laban and Gabriel:117)。同时,在多伦多微妙的表演生态中,对发展者而言,城市的跨文化表演公司关键表演地点最近的损失增加了这些公司对于包括已建成的剧院在内的各种条件的依赖性。

跨文化实践

多伦多的跨文化实践者被迫与官方的多元文化脚本合作,因为后者直接构成了他们的客观现实。然而,幸运的是,这些脚本并不是简单地指令:政策和实践、文本和表演之间的构成性关系并不是单向的,而且表演有其自身独立的生成机制和实践形式。在多伦多的表演生态中,跨文化主义辩证地产生作用,重建官方脚本的社会影响。多伦多文化评论家马琳·诺贝斯·菲利普写道:

> 多元文化主义可能已经成为一些自由主义政治家用来实现多伦多权力平衡的花招,但是人们为了扭转他们可能并不感兴趣的政治优势所爆发出来的创造力和独创性永远不要被低估。

(Philip:38)

在这些人中,有一些人是剧场的工作人员,他们通过忽略他们曾经融入其中的民族风俗的方式来执行政府的文化脚本,以新的流散主体身份进行表演,并通过公开承认差异的方式建立新的团结体。艾拉·沙哈和罗伯特·斯塔姆称之为"互利和互惠的关系化"的联盟被建立了起来(359,着重

---

[1] 这些短语在重复1990年以来的政治话语,这里引用的是希拉芬斯通在1994年发表的系列演讲。

号为原文所有),以应对来自外部的排外行动和来自内部特定社区的补偿性的乡愁。这些联盟也同样把原居民作为中心重新融入加拿大多元文化的表演之中,同时坚持了他们民族身份中"原初"的地位。最终,这些公司,个别地和集体地,通过相互之间的合作以及创造式的筹款,展现了一种持续的让他们的作品进入城市舞台的能力,使得他们得以随即保存专业艺术"和'多元文化组织'",在对官方脚本排他性的二元论挑战中"作为"艺术家言说着他们特殊的文化地位。在这些公司间的联盟向国际化发展的同时,来自各个社区的戏剧工作者试图超越民族国家建立的广泛的流散网络。在多伦多的多元文化戏剧公司之内及其之间,采取了三个重叠性的行动作为对多元文化脚本的表演性重写:策略性的再挪用、流散的跨国主义和城市的同文化主义。[1]

策略性的再挪用

在经典的文本和形式通过差异被重写和重构的时候,人们最为熟知的这些策略中包括了由主流文化象征性资本的殖民行动造成的再挪用。因此诸如贾奈特·西尔的《哈林二重奏》这样的一部剧本——莎士比亚《奥赛罗》的前传,以表现奥赛罗的第一任黑人妻子比莉为主要特征,1997年在夜森林剧院首次上演——不但致力于对后殖民时代的帝国(主义)的"顶嘴",而且翻转了莎士比亚的将奥赛罗作为一个在压倒性的白人世界(和移植的欧洲文化)里的孤立形象的描述。西尔把地点放到了哈林,北美非洲裔文化的中心区,在这里莎士比亚反而是被孤立的和去中心化的,周围的书架上摆满了关于非洲神话和黑人心理的书籍,在剧中始终围绕的是来自黑人历史的中心时刻。

圣灵大地表演艺术团也在《首领之死》——他们对《尤利乌斯·恺撒》的改编本——中再挪用了莎士比亚的戏剧形象,该改编本在2005—2006年间得到了三次公开的专题研讨,2008年在多伦多的"坏时代兄弟"剧院和

---

[1] "intraculturalism"此处译为"同文化主义",指同一种文化之内的各种区分。"interculturalism"译为"跨文化主义",指的是不同文化之间的区别与联系。——译注

渥太华的国家艺术中心获得了满座的上座率。在《哈林二重奏》中西尔既要求又拒斥了莎士比亚——在离婚时分书橱时比莉这样说道:"莎士比亚的宝藏,但你可以拥有"(52)。然而,在《首领之死》中的预期的后殖民批判,被对文化权威的接受和莎士比亚的"普遍性"所取代,但同时也对那种权威"提出要求",并用作一种权利,用艺术导演伊维特·诺兰的话来说,"如果他们喜欢就说出来",充满着"语言就是力量"的自觉意识(Nolan,'Death': 2,着重号为引者所加)。《首领之死》出于自己的目的而运用了莎士比亚,通过莎士比亚后契约(有害的)思想进行分析,这种后契约思想自从殖民项目开始以来已经感染了原住民社区。专题研讨的目标之一就是提供训练,这种训练经常被土著演员拒绝;另一个目标是转移社区中内部背叛的痛楚,以及向公众揭露这些背叛的痛楚,把这些痛楚转移到莎士比亚的对那种在欧洲历史根子上的功能紊乱的揭露上来。但《首领之死》最主要的目标还是在多伦多从诸多被移除的民族中协调并表现一个土著社区。每次专题研讨都以在公司之内关于各种文化传统中仪式表演要素的协商开始。正如诺兰所说的:

> 当你把人们一起放在一间房间时,你以一个关于那些传统是什么以及他们从谁那里了解了他们自己这样的谈话来结束……当我们就《首领之死》这样的项目展开工作时,在任何时候,都会有8到15个土著艺术家在房间内……所有这些人都把他们的传统带到了这个房间……而且就像所说的那样,我们坐下来讨论,直到我们明白如何让每个人都接受。
>
> (Nolan:Personal Interview)

最终,"我们会建立自己的仪式",诺兰说道(Personal Interview)。在这里,圣灵大地表演艺术团尊重并吸取了传统表演形式而没有致力于多元化脚本保护的修辞方式很值得我们注意。这些是礼貌的又是创造和协商出来的仪式,被用于在原居民间锻造离散的城市认同。这样,《首领之死》的各种专题研讨在目的上是渐进的—异托邦的。按照诺兰的说法,希望在于,"如果我们能在这部戏里成功,那么也许在生活中我们也能成功"('Death': 4)。

第三种跨文化的再挪用方式的代表是摩登时代舞台公司的作品,它也体现了莎士比亚(哈姆雷特,1999,麦克白,2005)以及波斯文化的经典,但是该作品在它的艺术总监波斯/伊朗裔加拿大人索赫·帕尔撒的影响下却是东方和西方形式以及"另一类文化包容型的戏剧体验的创造"的混合(Modern Times: 6)。这种混合造就了绝对是现代主义的作品,但又伴随着再挪用的转折。他们2006年的作品《盛开的鲜花》——由阿根廷裔加拿大人韦尔代基亚·吉列尔莫编写、帕尔撒导演,多元文化的演职员团队标示了其特色——从对T.S.艾略特的《荒原》的改编开始。由于艾略特的身份而造成的版权许可问题,这部戏最终以受艾略特的现代主义史诗"激发灵感"的名义上演。和大多数摩登时代公司作的品一样,《盛开的鲜花》最有趣的莫过于它的现代主义自身的跨文化挪用,它对现代主义-资本主义的协调一致的物主身份的回避,以及它有差异表达(representing-with-a-difference)地消费"其他"文化的高涨胃口。最终,这部戏歪曲了艾略特的原作,作为众多片段中的一个,即显著地受到干扰的"我们"所支持的用以反对在野蛮的后启示世界里的"(我们的)破坏"的各种片段,在这个野蛮的后启示世界里该剧被设定于其中(Eliot: 50)。

流散的跨国主义

近年来,正像阿布·拉班和加布里埃尔所指出的,多元文化脚本逐渐向"销售多元化"方向转变,在为全球化服务中挪用多元文化主义。但是,他们也注意到了策略性的跨国主义在推进不同的全球化时所具有的空间,演示着另一种秩序的异托邦模型,指出了"争夺改变政策和引领新发展方向的权力的团体和个人"、"本身可能会成为——更新国家边界的——新的跨国网络和组织的一部分"的"演员"(22)。

这种类型的跨国主义最简单的戏剧表达,与保持和"本土"文化的联系相关。诸如非洲剧院院线、爱琴海剧院,以及拉斯克艺术公司等都是从各自的本土文化出发来创作剧本,尽管有一些激发乡愁的残留倾向,这些公司仍然在国际戏目单中被引入到多伦多的主要工作,促进加拿大的多元文化主义有效地跨国化,同时给城市带来新的表演形式。他们也激起了新型的流散意识,在这种意识下,他们表演性地建构的社区在他们各自的本土之内打破了民族国家的界限。正如爱琴海剧院的艺术导演罗玛·斯宾塞所谈到的她对牙买加戏剧——《堕落天使和魔鬼姘妇》,在多伦多的杂居区帕克戴尔上演——的复杂设置,"'加勒比'艺术只能'存在'于流散之处",也只在那里才能被接受(Spencer,着重号为原文所有)。

在多伦多的原居民的公司,比如红色天空艺术团、圣灵大地艺术团以及海龟女孩表演团等,尽管本土居民包括在官方的多元文化主义之内,尽管他们在全球资本领域中购买力非常狭小,并且尽管是在完全不同的流散语境内工作,[1]都证明了他们自己擅长于跟其他土著居民锻造跨国性的联系。自从 2000 年由艺术总监奥吉布瓦人桑德拉·兰德组建以来,红色天空艺术团在多伦多之外跟来自加拿大、美国、墨西哥、澳大利亚和蒙古的本土艺术家们进行过合作,将传统的本土艺术社团表演带上了世界表演舞台,或者说走到了世界艺术前沿。红色天空艺术团创作的既不是"观念戏剧——原汁原味"的本土表演(殖民主义占领前的那种纯粹状态),也不是旅行者的表演秀,而是当代舞蹈/戏剧作品,从各种地方文化中借鉴、发展和并蓄传统的本土表演形式。他们的作品在当地作为保留剧目轮演,并在加拿大和国际巡演,为原居民表演者提供了就业机会,以惊人的美丽和技巧的描述取代了种族主义旧习,战术性地利用(de Certeau:xix-xx,34-9)加拿大官方多元文化主义的虔诚,以便在全球范围内推动土著艺术的发展。

圣灵大地表演艺术团最近同样通过跟本土居民而不是国家政府合作的形式发展了全球化的话语,但是他们的话语是一种围绕着生产的工业化模式、通过作为"对外关系"的旅游进行的外交交换或是商业化的文化中的自由贸易的跨国主义。并非只是围绕单个的作品进行合作,圣灵大地艺术团的"荣耀剧场"计划包含了来自加拿大、澳大利亚、新西兰三个国家的本土公司长达三年的完整的巡回演出剧目(2006-08)。它涉及锻造战略联

---

[1] 伊维特·诺兰指出了多伦多的"印度流散区"代表了封闭而不是开放,正如分散各地的加拿大本土居民被迫进入到死气沉沉的城市地区——比如多伦多(个人访谈录)。

盟,"建立"——正如旅游项目所要做的——通过艺术形式进行的土著贸易路径,这种艺术形式回应了各个土著民族间建立联系之前的贸易方式和途径(Native Earth,'Honouring')。这个雄心勃勃的计划上演了诺兰本人的剧目《安妮梅的乐章》,剧作家大卫·米尔罗伊的回忆剧《风车宝宝》,以及萨摩亚剧作家马克丽塔·尤勒的文本和乐章的片段《赤素欣花香水》。这些公司里面包含了来自北美和南太平洋广大范围内的土著民族的演员和导演。

跟红色天空艺术团和圣灵大地艺术团一样,由贾尼·洛桑、莫妮克·莫佳卡和米歇尔·圣·约翰于2000年在多伦多成立的海龟女孩表演团,关注探索"一种过去、现在和未来的连续性",并从土著表演传统中发展出"非线性、多元素的戏剧形式"(Turtle Gals, Information)。而且也像红色天空艺术团和圣灵大地艺术团那样,他们的兴趣超越了国家的边界,在他们的例子中,融入到了美洲的土著人之中。海龟女孩表演团工作的形式是混合的,从演员自身的种族混血状况发展而来,这也作为他们工作和撰写自传提供了素材。当然,这是在最广泛意义上的自传:表演者身上流淌的融入了他们另外一个半球的祖先的记忆的血液,而跟后天人为划定的国家无关。

所有这一切——自传、混血、(另外的)半球、传统和当下,连同对本土文化记忆的根深蒂固的感觉一起——全都在海龟女孩表演团的杂糅了多种元素的复杂作品中表现了出来。《擦洗工程》这一作品是公司显著的标志和最直接的自我展示,处理着作者/演员自身的混血身份,他们内化的种族主义,以及他们"与种族灭绝者同处"的经历,就像被称之为"支持小组"的黑色幽默剧一样。但是正如奥吉布瓦学者吉尔卡特所指出的,它同时也在处理着"'所有'原居民的恢复、回忆、复兴和整合",不管这些居民现在的国家是什么。

城市的同文化主义

如果说红色天空艺术团、圣灵大地艺术团和海龟女孩表演团已经通过策略性的跨国主义从本土文化置身到全球主流文化,那么,在多伦多的戏剧公司已经发展出了一种来自底层的跨文化主义(intraculturalism-from-below)的合作,以便能够在多元文化脚本之内就合作走向进行不同的表演,朝向在1995年皇家银行主席约翰·克莱恩称为"内部全球化"(qtd in Abu-Laban and Gabriel 105)的方向发展——对加拿大而言,多元文化主义在移民社区的"本土"民族之内是作为市场利益要求来部署的。通过在城市构建异托邦空间的方式,这些公司可能会被认为是,在面对盛行的戏剧多元文化主义乌托邦话语的时候,作为对罗斯塔姆·巴如查为草根阶层所呼吁的戏剧"多元"文化主义的适应,这种戏剧多元文化主义在拥有个人魅力和雄厚资金的西方人的手里留下了权力,比如皮特·布鲁克、阿丽亚娜·姆努什金,以及欧亨尼奥·巴尔巴等等。

这里我沿用玛伊泰·戈迈兹的方式将巴如查的多元文化主义概念应用到加拿大,尤其是多伦多,作为一个"第二世界"定居/侵入者社会(Slemon),通过"来自底层"的跨文化主义进行思考,相对于主导文化的单一"策略"进行"战术性"的实践(de Certeau: xix-xx, 34-9;又参见 McClintock, Mufti,以及 Shohot; Moss)。

多伦多的跨文化表演生态以这样一种状况为根本特征,即在个人和公司之中在承认差异的前提下团结工作所形成的相互联系的复杂网络体系。伊维特·诺兰,圣灵大地艺术团的艺术导演,把这张网称之为"棕色预选会议",[1]并对这个网络的功能做了表述:

> 圣灵大地艺术团办公室[在2006年]由两个土著妇女组成,一个是黑人妇女,一个是亚裔妇女,我们将我们所有的社区都纳入到工作里面。在工作中我们总是选择"其他"文化。当我们选择导演、设计师、编剧的时候,总是选择"其他"文化背景的。尽管"维散吉查克"(一部戏剧——译注)(以跳舞开始)是一个由土著作家开发的土著节目,我们还是首先选择了"其他"编剧,土著编剧或者亚裔编剧或者个性编剧。所谓的"其他"意味着非白种人,

---

[1] 诺兰很清楚她不是把种族本质化,她所指的"棕色集团"公司比如"哺乳动物潜水反射"公司其实质是"白色",也许更可能是"其他的"。

并非来自主流文化,那些感觉自己是在主流文化之外的人。

(Personal Interview,着重号为原文所有)

当代多伦多市中心的地理面貌,有利于差异化的工作。城市规划师穆罕默德·卡迪尔汗和桑迪普·库马尔在 2006 年发现,中心城区是一块他们称之为"民族领地"的自由之地。城中心各种社区相互混杂。他们彼此融合,允许跨文化交流和跨文化的认同,而不是由官方多元文化主义预先设定。多伦多的跨文化戏剧公司的办公地点相互共存和共享资源,位于酒厂区和里士满西街 400 号(以前是工业公司办公室,现主要用作画廊和艺术公司办公室),以及在斯巴迪纳大道上的以前服装区的类似建筑里。这些公司也共享工作坊和表演场所,在诸如大会堂、工厂剧院、旧城墙剧院等等这些地方,都在皇后西街上或其附近,以及靠近斯巴迪纳大道和里士满大街写字楼的一些地方。当尼娜·李·阿基诺,富根亚洲加拿大戏剧公司的艺术总监,于 2006 年年底接手里士满希尔中心,用于为在多伦多北部郊区里士满希尔地区的主要是亚裔加拿大人进行艺术表演的时候,出于对聚居区的担忧她放弃了那些更有吸引力的尝试:她清楚地知道,该公司真正的顾客群位于中心城区的表演生态系统之中(Aquino)。同样,南亚裔的加拿大作家兼演员阿尼塔·马宗达的一人秀《鱼之眼》,该剧以多种多样的印度古典舞蹈为基础,也是为在中心城区表演而设计的。不仅如此,马宗达相信,它也进入了它的那些南亚裔加拿大人的流散社区,部分因为该剧不在官方多元文化主义规定的郊区聚居区演出(Majumdar)。该剧准确地触及了南亚裔加拿大观众,因为它抵制民俗的意象,目标是建立专业化的戏剧。《鱼之眼》在中心城区证明了自己,在这里它在本土文化社区中成功推出了自己,并且在这里它在像南亚裔加拿大社区这样的社区重建中开始扮演应有的角色。

圣灵大地艺术团的办公地点在酒厂区,紧邻夜森林的办公区,在《现代时报》办公室的正下方,距离富根亚洲加拿大戏剧公司和黑曜石剧团在市中心的办公室很近。在 2006 年夏天以前阿基诺是一个圣灵大地剧院办公室的工作人员,也是富根亚洲加拿大戏剧公司的艺术导演,卡霍斯剧团的长住编剧,卡洛斯-布罗森剧团 2007—2008 年剧目的导演,逆流乐团的艺术制作人，在工厂剧院发展的跨文化表演中她也担任了见习艺术导演。她并不是唯一这样工作的人。第二代华裔加拿大演员兼编剧凯拉·卢伦，和非洲裔加拿大人凯马力·鲍威尔一起，是《夏日工作室》以及城市中多样的充满活力的新剧目的艺术制作人。鲍威尔同时也是 b-电流演艺公司的《摇滚·纸张·姊妹》节目的制作人以及"坏时代兄弟"剧院的"艺术性感"节目的合伙制作人。贾奈特·西尔，非洲加拿大剧作家节的艺术导演，负责了剧作家莫妮克·莫佳卡的戏剧《公主的风中奇缘和蓝色斑点》的艺术制作。阿根廷裔加拿大人吉列尔莫·韦尔代基亚是"合伙人"公司的艺术导演，曾执导菲律宾裔的、拉美裔的、原居民的、南亚裔的以及朝鲜裔的加拿大人的戏剧，并作为作家与埃及裔加拿大人马库斯·尤瑟夫和伊朗裔加拿大人盖默亚·柴合作创作。在出席 2006 年富根亚洲加拿大戏剧公司的募捐活动的人中，有圣灵大地艺术团、黑曜石剧团、卡洛斯-布罗森剧团、拉斯克艺术公司、"合伙人"公司以及 b-电流演艺公司的艺术导演。类似的名单还很长。这些戏剧工作者不断回答班妮奇的建立团结的呼吁，面对种族主义、欧洲中心主义、民族中心主义和官方多元文化主义，打开"一个有助于在我们中间建构更广泛社区的空间"(158)。他们正在为另一种替代秩序创造一种异托邦空间，这种秩序既不是一成不变的、民俗化的，也不仅仅是象征性的，在其中新的社会认同和社会形式被表演性地从传统表演形式的严酷考验中，从当代戏剧实践的技术中，以及从协调真实的、社会性地普遍认可的、文化差异的日常工作中创造出来。

结论

在此我只引用了部分例子来说明官方多元文化主义脚本在当代多伦多的表演方式，以及这些表演如何改变了这座城市复杂的多元文化表演生态。关键的一点是，文中所讨论的公司以及其他机构，建立起来并不是仅仅为了实现作为规定、作为政府主体和戏剧公司表演的"主流"的多元文化主义脚本，它们也不是在对立的二元逻辑中简单地抵制它的指示或是因此把它的主导地位具体化。毋宁说，他们是以通过传统和当代的表演实践技术来策略性地表演脚本的方式以重构脚本和它的社会效应。通过贯通已知差异的策略性联合以及一种跨文化的表演超越,他们以渐进地异托邦的和将"世界上最具多元文化的城市"从底端向一个不断进化的替代秩序模式转移的方式,连续地重写、重构以及重演了多元文化主义。

参考文献:

Abu-Laban, Yasmeen, and Christina Gabriel. *Selling Diversity: Immigration, Multiculturalism, Employment Equity, and Globalization*. Peterborough, ON: Broadview, 2002.

Aquino, Nina Lee. Personal Interview. Distillery District, Toronto. 22 October 2006.

Bannerji, Himani. *The Dark Side of the Nation: Essays on Multicutluralism, Nationalism, and Gender*. Toronto: Canadian Scholars, 2000.

Berdichewsky, Bernardo. *Racism, Ethnicity and Multiculturalism*. Vancouver: Future, 1994.

Bharucha, Rustom. *Theatre and the World: Performance and the Politics of Culture*. London: Routledge, 1993.

——. *The Politics of Cultural Practice: Thinking Through Theatre in an Age of Globalization*. Hanover, NH: University Press of New England, 2000.

Bibby, Reginald W. *Mosaic Madness: The Poverty and Potential Life in Canada*. Toronto: Stoddart, 1990.

Bissoondath, Neil. *Selling Illusions: The Cult of Multiculturalism in Canada*. Toronto: Penguin, 1994.

Breton, Raymond. 'Multiculturalism and Canadian Nation Building.' *The Politics Of Gender, Ethnicity and Language in Canada*. Ed. Alan Cairns and Cynthia Williams. Toronto: University of Toronto Press, 1986: 27—66.

Carter, Jill. 'Writing, Righting, "Riting"-The Scrubbing Project: Re-Members a New "Nation" and Reconfigures Ancient Ties.' *alt. theatre: cultural diversity and the stage* 4.4(2006): 13—17.

Carter, Tom, Marc Vachon, John Biles, Erin Tolley, and Jim Zamprelli. Introduction. *Our Diverse Cities: Challenges and Opportunities*. Special issue, *Canadian Journal of Urban Research* 15.2 Supplement (2006): i—viii.

Certeau, Michel de. *The Practice of Everyday Life*. Trans. Stephen Randall. Berkeley: University of California Press,1998.

Eliot, T. S. 'The Wasteland.' *The Complete Plays and Poems* 1909—1950. New York: Harcourt, Brace & World,1971: 37—55.

Esses, Victoria M., and R. C. Gardner. 'Multiculturalism in Canada: Context and Current Status.' *Canadian Journal of Behavioural Science* 28.3 (19960: 145—60.

Foster, Cecil. *Where Race Does Not Matter*. Toronto: Penguin, 2005.

Foucault, Michel. 'Of Other Spaces.' *Diacritics* 16.1(1986): 22—7.

Gómez, Mayte [Marìa Theresa]. "Coming Together" in Lift Off'93: Intercultural Theatre in Toronto and Canadian Multiculturalism.' *Essays in Theatre/ tudes Thtrales* 13.1(1991): 45—60.

Gwyn, Richard. *Nationalism Without Walls: The Unbearable Lightness of Being Canadian*. Toronto: McClelland & Stewart,1995.

Gunew, Sneja. *Haunted Nations: The Colonial Dimensions of Multiculturalisms*. London: Routlege, 2004.

Hetherington, Kevin. *The Badlands of Modernity: Heterotopia and Social Ordering*. London: Routlege,1997.

Kamboureli, Smaro. Introduction. *Making a Difference: Canadian Multicultural Literature*. Ed. Smaro Kamboureli. Toronto: Oxford University Press, 1996. 1—16.

——. *Scandalous Bodies: Diasporic Liteature in English Canada*. Toronto: Oxford University Press, 2000.

Kershaw. Baz. 'Oh for Unruly Audiences! Or, Patterns of Participation in Twentieth-Century Theatre.' *Modern Drama* 42.2(1998): 133—54.

——. 'The Theatrical Bisophere and Ecologies of Performance.' *New*

Theatre Quarterly 16.2(2000): 122—30.

Li, Peter. 'A World Apart: The Multicultural World of Visible Minorities and the Art World of Canada.' *Canadian Review of Sociology and Anthropology* 31.4(1994): 365—91.

Majumdar, Anita. personal Interview. Epicure Café, Toronto. 7 March 2007.

McClintock, Anne, Aamir Mufti, and Ella Shohot, ed. *Dangerous Liaisons: Gender, Nation, and Postcolonial Perspectives*. Minneapolis: University of minnesota Press, 1997.

Modern Times Stage Company. *bloom*. By Guillermo Verdecchia, directed by Soheil Parsa. Program. 24 February—19 March 2006.

Moss, Laura. *Is Canada Postcolonial: Unsettling Canadian Literature*. Waterloo: Wilfrid Laurier University Press, 2003.

Multiculturalism and Citizenship Canada. *The Canadian Multiculturalism Act: A Guide for Canadians*. Ottawa: Minister of Supply and Service Canada, 1991.

Native Earth Performing Arts. *Honouring Theatre*. Program. Fall 2006.

Nolan, Yvette. 'Death of a Chief: An Interview with Yvette Nolan.' Interview with Sorouja Moll. Native Earth Performing Arts Office, Distillery District, Toronto. 12 March 2006. 7 July 2006: <http://www.canadianshakespeares.ca/i_ynolan2.cfm>.

——. Personal Interview. Native Earth Performing Arts Office, Distillery District Toronto. 29 June 2006.

Philip, Marlene NourbeSe. 'Signifying: Why the Media Have Fawned Over Bissoondath's Selling Illusions.' *Border/Lines* 36(1995): 4—11.

Qadeer, Mohammed, and Sandeep Kumar. 'Ethnic Enclaves and Social Cohesion.' *Our Diverse Cities: Challenges and Opportunities*. Special issue, *Canadian Journal of Urban Research*. 15.2 Supplement (2006): 1—17.

Reitz, J. G., and Raymond Breton. *The Illusion of Difference:*

Realities of Ethnicity in Canada and the United States. Toronto: C. D. Howe Institute, 1994.

Sears, Djanet. *Harlem Duet*. Winnipeg: Scirocco, 1997.

Shohat, Ella, and Robert Stam. *Unthinking Eurocentrism: Multiculturalism and the Media*. London: Routledge, 1994.

Slemon, Stephen. 'Resistance Theory for the Second World.' *Postcolonial Studies Reader*. Ed. Bill Ashcroft, Gareth Griffiths, and Helen Tiffin. London: Routledge, 1995: 104—10.

Spencer, Rhoma. Interview with Andy Barry. 'Metro Morning.' CBC Radio, Toronto. 23 May 2006.

Turtle Gals Performance Ensemble. Information Sheet. Turtle Gals Performance Ensemble office files.

——. *The Scrubbing Project*. Unpublished Playscript, 2005.

Weimann, Robert. *Aythor's Pen and Actor's Voice: Playing and Writing in Shakepeare's Theatre*. Ed. Helen Higbee and William West. Cambridge: Cambridge University Press, 2000.

Worthen, W. B. *Shakespeare and the Force of Modern Performance*. Cambridge: Cambridge University Press, 2003.

5. 目标达成：百老汇、
"9·11"、共和党国家选举提名大会

瑞贝卡·安妮·卢格

在2001年9月13日星期四的新闻发布会上,讨论了关于死亡和毁坏的残酷细节之后,纽约市长鲁迪·朱利安尼说道,如果人们真的想帮助纽约,他们应该去看一场百老汇演出(Souccar:1)。在那个星期四,华尔街重开之前的几天,百老汇剧院恢复了演出。美利坚一直在寻找答案,而且在世贸双塔倒下之后,唯一具有公信力的人就是市长了。作为一个坚韧的标志,而不是低级趣味的失误,朱利安尼首肯了百老汇的重新开放。顺便地,他呼吁表演要去配合百老汇制片人的财政需要,是制片人在按时支付工会的工资,而不管其是盈利还是亏损。

在朱利安尼的帮助下,百老汇成了纽约坚韧的象征。恢复演出很自然地被理解为"重申连续性"或"让一切常规化"(P. Marks: E1; Winship)。苏珊·斯特罗曼,电影《金牌制片人》(2001)和《联系》(1999)的导演,《今日美国》引用了她的话,"纽约就是百老汇,百老汇就是纽约",一个奇怪的二重中空等式,它试图描述百老汇的重获新生的地位,在很大程度上是作为这座城市的象征的(Gardner: 1E)。

很难细细回想那个悲痛的时刻,因为要回忆起这些,就必须艰难地穿行于目前的国际形势,这种形势已经证实这是一场恐怖袭击,同时也要艰难地穿行于对"9·11"事件的情绪性的描述,这样的描述在恐怖袭击的每

一个纪念日上已经让美国人的思想麻木了,尤其是在 2004 年的选举季。在本章的最后部分,我会回到那些被操纵的、感性表达的文化上来,这时我讨论了 2004 年的政治惯例(指 2004 年的大选,总统选举定期举行,是一种政治惯例——译注)的剧本,以及不可思议的戏剧视频表演"目标达成",我采用了攻击布什的标题作为本章的吸引点。本章涉及了"9·11"之后纽约公共领域的生产、再生产、合作,以及恢复这一切的奋斗。我将采取的风格开始于这样的时刻,这时非城市中心区的剧院的坚持不懈已经为人们所熟知。在 2001 年,我在约瑟夫·帕普公共剧院做戏剧编剧,该剧院在那一季给百老汇提供了两部戏:苏珊-洛里·帕克斯的《胜利者与失败者》和《自由的伊恩莱·斯特里奇》。在"9·11"事件之后,我和这个城市其他艺术人员及文化工作者一样,追问自己一些哲学和政治的问题,关于如何使艺术直面这场危机。在追问"9·11"之后艺术的地位的时候,我与"折叠长颈鹿"公司的吉姆·芬德莱的尖锐回应是一致的:"我不同意这样的论题:艺术幸存了、艺术克服了、艺术马上治疗了……对危机的'艺术回应'是非常跑题的,并不比地方电视新闻对那个在热气腾腾的狗屎中消失的消防员的哥哥的理发师的采访强(顺便说一句,我写到这儿的时候自己好像都闻到了狗屎味)。"(qtd in Grinwis et al.:4)然而,当我要应对作为一个戏剧编剧需要应对的各种绝望的时候,从自我利益的角度我也担心自己是否有能力继续支付房租,因为在"9·11"袭击发生以后主要的非盈利艺术机构都在裁员。

　　因为这个城市处处充斥着悲凉和恐慌,为市民竖立一个坚韧的象征就具有重大意义。百老汇显然是一个很好的选择,但也有很多其他的选择:例如从来不关闭的韩国熟食店,曾被标榜为纽约持久力的象征。但是百老汇日常的各种爱国协会完美地定位了它,拿起了象征胜利的衣钵。这些日常协会大部分时间是被忽视的。他们是迈克尔·比利希所称的"平实民族主义"的例子,他把这种"平实民族主义"描述为转喻式的运作,"不是作为伴随着狂热激情被有意识挥舞的旗帜,它是悬挂公共建筑之上不被注意的旗帜"(8)。在"9·11"之后的一些日子里,比利希的观念被戏剧化了,这时,这些没有被舞动的旗帜,像往常那样被忽视的和被意识形态地加载了的象征，在国家危机的时刻都被赋予了生机。他们的展现突然变得很显眼。为了加入这些日常象征，很多新拿来的旗帜在民族意向的流露中装饰着企业、汽车、服装以及家庭。[1] 时代广场上的天幕和广告牌都符合比利希的描述，这就是他们为什么帮助这个国家用胜利象征性地克服在很大程度上是象征性地构想出来的袭击。日常爱国协会附着在剧院建筑和社区已经有上百年的历史了，如今它已成为流行文化的一个朝圣地，尤其是作为舞台祭品扮演了推进20世纪美国民族主义主导传统的神话。

剧院里的沉默

在"9·11"之后仅仅几天就恢复演出，百老汇剧院成了创建新型戏剧仪式的基地。好几个晚上，百老汇演出了或是长时间的沉默，或是轮流地以特定声调唱爱国歌曲（Gardner：1E）。这首歌叫作"上帝保佑美国"。当参议员们唱着这首歌从国会大厦撤离的时候（拉着手，拥抱着），这首歌就已经作为美国社会的音乐象征（Lipson：W15）。在百老汇推出的作品中，这首由欧文·柏林在1918年为他的军旅剧《胡闹、胡闹、废话》而写的歌曲，在那一时刻被构想为演出的基调是非常完美的。当演职人员和观众在表演结束时开始一起演唱这首歌或者保持沉默的时候，情景是非常令人振奋的。戴安娜·泰勒写下了在恐怖袭击发生后的日子里，参观世贸遗址的人去寻求纪念逝者是如何被指控为呆滞的。在朱利安尼鼓励人们去观看百老汇演出的行为中，她看到一个"放逐和蒙蔽证人"的手势（qtd in Roman：96）。让那些目击者去剧院，给他们提供了一个不同的机会，去表演见证演出后沉默时刻的行为。鼓励人们去参与商业化运营的百老汇演出，不可否认是一种作为有形和无形的力量去推动资本主义健康持续发展的意图。但是去剧院带来的体验，无论演出地点多么商业化，仍然需要一个仪式能够在观众之间创建交流。在关于当前剧院中的体验的讨论中，赫

---

[1] 在2001年9月11日，沃尔玛卖出了116 000面国旗，而相比前一年2000年才卖了16 000。关于在袭击后国旗用具增值的智能检测以及沃尔玛在销售中扮演的角色，参见：詹妮弗·斯坎伦："你的国旗贴纸不会带你进天堂。"

伯特·布劳常被引用的贡献是,看到了作为表演活动的保证死亡的可能性;他谈到,现场表演的显著特征就是"演员就在你眼前死去"(134)。由于剧场外发生的事情,死亡已经在观众的心中,我想说,在剧院里人们之间相互联系的感受被显著提高了。演出后的沉默和唱歌,为人们创造着空间,以便能够从处在黑暗的剧场中这种状况去一起感受他们所经历的历史时刻,去体验团结的感觉。这种团结的基础涉及相关的分析,因为,和这一时期社会团结的其他表达相一致,比如在全国各地棒球场通行的沉默和致敬的时刻,这些演出后的沉默时刻成为百老汇与鹰派民族主义相协调的一个必要组成部分。[1]

我很遗憾在那些日子里一直没有去过百老汇。然而即使没有去过那里,也很显然地知道,在那时当人们被与电视隔离时,剧院提供了他们迫切想要的与他人一起的舒适。人们去百老汇是因为被呼吁应该去,是因为被给了门票。与平时相比,去的人甚至更多地选择了音乐剧,而不是直接的表演秀(Hofler:55)。这说明,在雷蒙德·威廉斯所描述的戏剧化社会的镜像中,观众并不想离开他们的起居室去看舞台上其他的"封闭的、灯火辉煌构造出来的房间"(8)。毋宁说,他们在不停地踢腿、又唱又舞的表演秀中找到了一种特别的舒适,壮观是肯定的,但在双子塔倒下之后更人性化一点,给人灾难电影感觉般的体验。故意天真,现在这些宗教仪式般的时刻已经变成了广告公司的素材:人们聚在一起感觉更好。在灾难发生后的日子里,这种迫切要求已经显现出来了,如果简单地说,就像是演员和观众在晚上的演出结束时走到了一起。

在通常情况下,戏剧激发了对我称之为"参与"的渴望,不仅指向德里达式的复杂的感觉,也涉及一种更加平凡的过滤的感觉或体验的集中。当下主体的理论基础是复杂的,支柱是很高的。德里达认为"戏剧于它自己的消失中诞生":戏剧激发了对于当下的渴望,然后承诺去充实渴望,这样的渴望它从来不能实现——或者只能暂时地实现,因为当下不可避免地会消失(233)。

---

[1] 米歇尔·巴特沃斯的"棒球教会"中的仪式:"9·11"之后压制民主的话语追溯了棒球场如何成了"好战的爱国主义的仪式化的车辆"(107)。

正如佩吉·费伦在与德里达谈话时提醒我们的:"戏剧不断地标示出它固有的永恒的消亡。"(Unmarked:115)对当下的感觉,对当下的渴望,当下永远不会完全满意,因为表演着的人们所都知道的;根据我们自己本土的定理:表演必须继续。就像是成瘾时难以抑制的渴望一样,对当下时刻的渴望在它们消退时又进一步增长了。正如多元的20世纪哲学批判所描述的,对当下的体验,无论是复杂感觉还是简单感觉,总是局部的,总是一种失败。然而,那个九月,对在剧场的其他人的物理接近,可能已经足以暂时捕捉在戏剧中的永恒的消失运动,简洁地满足观众和舞台上的人对当下的渴望。

在《表演的乌托邦》一书中,吉尔·杜兰研究了她所谓的"乌托邦式表演",那些"细碎而深奥的时刻,在其中表演以某种方式吸引观众的注意力,这种方式抬升观众稍稍高于当下,进入到一个充满希望感觉的可能世界,如果我们生活的每个时刻都具有情感上的富足与慷慨、审美的交融以及主体间强烈的情感交流,那么这样的世界就是可能的"(5)。"9·11"之后的谢幕沉默和歌曲是杜兰的乌托邦式表演可识别的近亲。杜兰认为在临时公众中创建的亲密,由一个共享的关于可能更好未来的希望使之特征化了,并且被进一步思考着、提升着,正如她所写的,"稍稍高于当下"。相比之下,演出后的沉默(正如其中一个演员向我所描述的)抓住了时间停止时的那种情绪弥漫的状态,一个进入尴尬的沉寂的时刻(Cumpsty)。这种时间暂停的感觉表明,这些沉默深深植根于当下,由人们在先前舞台展示的悲伤中体验,他们正在同直视一种共同的创伤所带来的感受进行着激烈的斗争。

在写到关于玛丽娜·阿布拉莫维奇的哑剧表演片段《海景房》时——这是一部艺术家作为对"9·11"的回应献给观众的作品,佩吉·费伦指出:"见证一个人没有看到什么(或许是不能)的条件,是我们现在正在进入的不管是什么时代的条件。无论我们把这个时期叫作'后现代主义之后的时代'还是'恐怖主义时代',这是一个以由衷地觉醒到生命的脆弱的和对超越了简单地理的、意识形态的和文化的临近性的彼此间联系更加普遍的感觉两个方面为根本特征的时代。"('Marina Abramovic':577)她的希望是,在这个提供见证的新时代中,鲜活的戏剧和表演为伦理对话提供一个重新唤起活力的竞技场,她指出,"以至这种对话的语言在很大程度上也是非言辞的"('Marina Abramovic': 577)。我把这些剧院里沉默的时刻标记为费伦描述的意义上的非言辞见证的早期事例。当然现在我们知道,随之而来的是一个战斗口号,所以很难记住在惊讶中寻找的预复仇时刻。演出后的歌曲可能更振奋人心,沉默不是叙事,除了向内不指向任何方向,在剧院之内并进入那些参与者的内在景观。

在演出后的沉默与颂歌中,剧院关于当下承诺的矛盾在于使在场的一切都与在袭击中失踪的人形成鲜明对比,那些失踪者的照片被贴在公共电话亭、建筑物的两侧,以及在中心城区曼哈顿几乎所有可以看到的垂直空间里。就像在其他灾难时期一样,在这一次,记忆又重回语言的根基,通过对死者的集体见证重构政治体制。约瑟夫·罗奇曾向我谈起,戏剧的时代错位,作为一个"古董"的形式,在时代广场大众媒体的闪击中,把这种情况作为现实的核心进行了尖锐的描绘。在极端后现代与古董并行的漩涡中,在国家危急之时,在纽约公共领域生产批评性对话的最前线,演出后的颂歌把百老汇剧院(以及宗教场所和政府大楼)的城市功能重新雕刻为公共记忆的持有者。这样一来,他们并列站在时代广场不停变换的电子屏前,向过往的行人控诉着恐怖主义"袭击美国"的事件,对过往者的视觉记忆进行着有效的殖民,更加积极地寻求对公共领域叙事的控制。

在广场上沉默

在这段时间,时代广场也被另一个沉默的戏剧性事件占据着,该事件由一个艺术家群体所创造,他们被在美国政府和媒体中普遍存在的报复情绪所激怒。这些艺术家,有一些是"拒绝和抵制"[1]组织的成员,决定以现场公共行动的方式用标语表达他们对未来的要求。在9月25日和10月5日,一种沉默的、抓人眼球的表演在剧院区域的人行道上展开(见图5.1)。一百多位艺术家云集,穿着黑色衣服,戴着防尘口罩,挂着在黑色背景上印

---

[1] "拒绝和抵制"组织成立于1987年,并发表了一个宣言,描述了集团的不恭的政治学:"针对里根主义者、种族主义者、性无能、电视布道者、准蓝博、战争策划者和美国称霸主义,我们说未来不是你的。因为我们看到一个不同的未来,我们将拒绝和抵制。"(成立宣言)

着白色印刷体字母的展板,上写"我们的悲伤不是要求战争"。整整一个小时,他们沉默地手挽着手,站在第42大街和第44大街之间的三角形人行道上,面对着过往的车辆,过往的车辆也放慢速度观看他们(Refuse and Resist 'Artists Performance')。

艺术家的行动是在与时代广场的征兵站对话,也是与征兵站的美国戏剧界最著名的爱国主义拥护者乔治·M.科汉的雕像对话。他们的抗议是对隐藏在科汉著名的优美歌曲《在那里》背后的冲动的一种动情修订,这首歌曾帮助了众多的战争时期在国外服役的美国人。表演人群沉默的长排也出色地设计了与上空巨型飞机的对话,与关于"对美国袭击"的报道和迅速崛起反恐战争的对话,以及与路过的观众、摩托车司机、附近的办公室人员以及从上方的玻璃窗向下看的人的对话。起娅·寇蓉,一位参与活动的戏剧家,描述了她的见闻:

今天,星期二,"9·11"之后的两周,是……第二个这样的展示……我们已经听说在军队招募中心三角地带的游行于开始之前被迫停止了,因为每次一小部分人聚集很快就会被警察驱散。我们不检验真理或夸大谣言,我们计划在5:55开始展示正好碰上它……我害怕直视大街上的人,所以一直抬头凝视。面朝东方,对着一个巨大的LED电子显示屏,然后读头条新闻,再次阅读。再一次。

在抗议有意识安排的地点四周的垂直环境里,媒体渗透在其中,它积极抵抗着围观的目光的力量,走上街道向路边的天空宣扬真理,在艺术家回头看的动作里,一遍又一遍地阅读标语,不同意艺术家们的展板上的说法,向行人的权威提出要求。

抗议者同样也在和定位为爱国主义坐标的百老汇对话。9月22日该行动最初在联合广场上演,艺术家在那里围绕着公园的祭台和纪念碑站成半圆。联合广场是一个充满激情的聚会场所,历史上曾是工人和其他种类的抗议活动的空间。艺术家们发现在那里得到了强烈的反响之后,"我们的悲伤不是要求战争"活动从住宅区转移到了城中心的时代广场。关于向城市中心转移正如寇蓉指出的:"联合广场是和平友好的,联合广场与时代广场没有任何关系。"从一个公共空间到另一个的路径是朝圣的路径,伴随的是艺术家作为使者从城市社区到资本主义的崇拜场所的转换。在他们独自向城市中心转移的时候,艺术家们敢于重申时代广场随时可以作为自由公共对话的聚会空间。

图 5.1 在媒体旋涡中的现场抗议,时代广场,2001 年秋
摄影:鲍伯·斯泰因

在一项艺术活动中,对沉默策略性地运用在时代广场的喧嚣中显得尤为有力。在纽约这个城市沉默是不寻常的,其本身的陌生感也加剧了沉默的效果。在袭击发生之后的这段时间里,纽约市对沉默有点熟悉了,因为曼哈顿第十四大街以下在袭击发生后都被关闭并沉默了好些日子——灾害管理的一种奇怪的平静信号。沉默也是 2003 年熄灯运动的显著标志,一篇博客描述为"根本不是安静而是没有声音的意识"(Sabater)。一年一度的定时沉默也被用于纽约的同性恋骄傲日,用来纪念那些死于艾滋病的人——简短而突然的寂静澄清了在人们世俗活动水平上通常被忽视的噪音。我总是想象,同性恋骄傲日的沉默为精神飞翔创造了空间,是对 ACTUP 的"沉默等于死亡"著名提醒反转的共鸣。2001 年 9 月下旬在时代广场的沉默集会,只有很少的人维持却也产生了相似的效果,为逝者创

造了空间。约瑟夫·罗奇把表演适应这个棘手而复杂的过程理论化为"代理行动":艺术家是沉默以及沉默化的群众的代理,群众同意他们的展示牌所宣称的,但他们也因此变得大胆而站出来作为逝者的代理。如同在剧院里沉默的那一刻,强化了当下作为缺失的记忆这种状况,呼唤出死者是要为悲痛确认一个空间,这种行动却被好战和复仇所玷污,正如罗奇所指出的,这种情况是分裂的,是情绪刺激带来的(2)。

美联社摄影师拍摄的抗议照片在网络上广为流传之后,时代广场抗议的影响已经超出了纽约市的范围。抗议的照片出现在了都柏林和雅典的新闻里(Refuse and Resist 'Artists Performance')。标牌上强烈的文字声明为对话负责叙述和解释。这些标志声称的"我们的悲伤"是普遍悲痛的一部分。服饰是哀悼的颜色,防尘口罩暗示接近灾难现场,就像在面具后面压抑住声音所暗示的一样。通过标语、服装和面具,艺术家对他们沉默的意义保持着强有力的控制,使之成为通向高尚道德的庄严路线。

在联合广场这个行动最先上演的地方,标语上的"我们"可能觉得已经包含观众了;很难知晓时代广场的路人是否觉得艺术家在为他们宣誓或为他们行动。表演的照片出现在全国各地的报纸上,从这个城市释放的烟雾信号使居民们悲痛无比。这场表演是一个实况转播,消息从纽约传到这个国家的其他地区乃至世界各地,用简洁和沉默简单地切割着新闻媒体强大的电子信息。事实上,表演被构想为具有高度的再现性特征,在再现的过程中它有助于关于媒体化时代"现场感"可能性的理论讨论的进一步深入。菲利普·奥斯兰德,这场争论的主要代表人物之一,否认关于现场具有唯一而持久的价值的观点。他持这样的观点尤其是希望现场表演可以为抵制主导性代表体制提供一个场所,他写道,他"非常强烈地怀疑是否有一种文化话语可以跳出资本主义意识形态和再生产的框架来定义媒介化文化"(40)。在我的解读中,时代广场的表演直接表现了合作和现场的思路:在观念上,抗议运用了现场的景观,沉默的场面,局外人的身体,去参与和实现——简单来说——对资本空间和再现性美学空间的控制。抗议活动通过在国家文化中心地区的表演获得了象征性的权力,国家文化中心地区的文化行为在这段时间中已经被冠以坚韧的爱国主义中心的美誉。

不同于时代广场的抗议——它的沉默是由明确的标语信息叙述来补充的,尽管悲伤也从中而来,但百老汇演出之后的沉默和颂歌的冲动并没有明确的主题。这些颂歌与沉默紧随着舞台上表演的故事,所以不仅与那些故事,也与作为沉默和颂歌发生地的剧院建筑产生了关系。与外面的行动中那种激烈争论的对话相反,演出后的沉默与作为沉默发生地的百老汇历史悠久的建筑之间的联系,给观众带来了更加友善的开拓性体验。

这些公共哀悼的时刻以及那些似乎是可能性的东西,都被彻底地预先关闭了。为把纽约公共领域变成表达的场所而进行的斗争,在几年之后,在2004年共和党国家选举提名大会期间爆发了,但是在剧院中的那种友善的悲痛行为在遭遇袭击之后很快就被人们所接受。对我们而言更好的是听从苏珊·桑塔格有争议的建议:"让我们以各种方式一起表达悲痛。但是我们不要一起愚蠢。"(28)然而,在一个时期里,追问艰难的问题却被积极地阻滞了,这时报复性的爱国主义和"无限正义"呈上升趋势。2001年9月24日《时代》杂志的封面故事报道了追悼会和守夜人,包括一张在伊利诺伊州人们晚上高举着蜡烛的照片。"一周之内当一切似乎有史以来第一次发生时",这篇文章称,"蜡烛成为一种战争的武器……对于我们其余的人来说,我们不是士兵,没有巡航导弹,但是我们有蜡烛,我们在周五晚上点燃它们,在哀悼的行动中,在战争的行动中。"(Gibbs:19)卡洛琳·基奇描述了全国印刷媒体是如何把见证"9·11"的行动作为国家葬礼的一部分而赋予其特征的,在《时代》杂志的故事里,国家葬礼被描述为"在悼念过程中编制报复的欲望"(218)。为更好地创建一个戏剧性的叙事,媒体不准确地描述了这些见证。相比之下,时代广场的抗议显得特别精明,拒绝在国家的情节剧中表演,而是用展板叙述抓住了对解释的控制权。

共和党国家选举提名大会不受欢迎

在2004年的共和党国家选举提名大会上,对纽约城公共空间的官方控制的呼声空前高涨,然而草根阶层,由互联网引导的骑自行车者和徒步者的政治联盟,遭到严重破坏,只能抓住某些特定类型公共话语的缰绳。

到那个夏天,不再有任何人告诫,"如果你想帮助纽约,你应该去看百老汇的演出",事实上,"帮助纽约"似乎根本不再有意义。取而代之的是在大会期间的一个修辞性的转换,宣称在"9·11"之后,"我们都是纽约人"(Carr:33),一个被成千上万的纽约人以生动的方式质疑的观念,他们在麦迪逊广场花园外面示威,高喊着:"没有我们的名字。"

共和党接管纽约以及对纽约的态度,其中一个最强势的说法被剧作家山姆·马克斯写了下来,他的讽刺短诗《目标达成》在大会之前被拍成了视频并在网络上广泛传播。当然,标题来自于布什的声名狼藉的照片,2003年5月1日在亚伯拉罕·林肯号航空母舰的甲板上,在一个巨大的横幅前,上面写着"目标达成",外强中干地提前向世人宣称在伊拉克的胜利。视频《目标达成》的特色是:一群沉迷于街舞的人,富裕的白人男孩们,穿着预科学校制服,游荡、消磨在城市的人行道上,讨论他们的生活方式。

达不溜[1]:哦我收到了备忘录混蛋。我关心什么他妈的关于一些家伙想劫持一些狗屎的备忘录。我才不他妈的理会。我那天有其他的狗屎事情要做。我不得不住。那天一个黑人在他的农场。你知道在牧场会怎样:悠闲。(问迪克)你,迪克告诉他们那天在农场是干什么的。

迪克:罗宾,黑鬼们。

小布什:那不是正确的。[2]

(S. Marks 'Mission Accomplished')

观看视频的体验是一种曙光乍现,因为备忘录和劫持的语言对这些年轻抑郁的暴徒而言是如此的不符合角色,以至需要一些时间来消化该视频的自负,这些青少年是乔治·沃克·布什、迪克·切尼和拉姆斯菲尔德,农场指的是克劳福德牧场,8月6日美国联邦调查局劫持备忘录,称自己为"黑鬼们",他们引以为傲的日常活动是抢劫,让牧场令人心惊胆寒。接下

---

[1] Dubya:美国人对小布什的戏称。——译注。
[2] 此处原文既不符合构词也不符合语法,甚至不构成完整的句子,影射布什说话发音不清楚,说话语无伦次。——译注。

来的片段是继续吹牛：

达不溜：(看着镜头)我们所有人都是真实的。如果你抓住我想(要)的一些狗屎,我他妈的带走它。不是吗？

拉米[1]：毫无疑问。

达不溜：(对拉姆斯菲尔德说),你去佛罗里达州发生了什么？

拉米：我们抓到了狗屎。

达不溜：伊拉克局势怎么样？

拉米：我们也抓住了那里的狗屎。

达不溜：现在我们要做什么呢？

拉米：我们要占领纽约。

达不溜：(对着镜头),这是对的婊子们——我们要占领你的城市。想想我他妈的一些死去的消防员。或是一些啼哭的婊子。你们都不想伊拉克的战争,那会阻止我吗？马上要死的人让我这样说。那就是**我的话**[2]。他妈的纽约。这个苹果不是那么大。

(达不溜在我们脸上出现。然后屏幕黑。)

(我们看到)：共和党国家选举提名大会。

纽约

你打算做什么？

(S. Marks 'Mission Accomplished')

视频片段内作者急躁的冲动演绎了共和党接管纽约的妄自尊大的高傲,它的讽刺反响让视频片段在网络上变成了一种狂热的打击。共和党利用纽约的象征权力为他们鹰派的结果服务,"目标达成"或是"他妈的纽约",正像人们已知的那样,视频对此的批评,其戏剧性力量远远超越了杂志的批评,用模仿和创新的戏剧力量实现令人欢闹的社会批判,把共和党对城市的篡夺类比为沉迷于街舞的十几岁少年的一个特权性的竹杠。它把达不溜(小布什)的"使命"重构为接管任何和所有的

---

[1] 指拉姆斯菲尔德。——译注
[2] 原文是大写,此处用粗体字表示,下同。——译注

抵抗的目标，但同时又戏剧性地削弱了他的要求。文本最后的挑衅——被放在了爱国主义的老鹰象征之上并伴随着国家颂歌的旋律——生动地预示了根本性的欺凌者的威胁，邀请纽约人去挽救他们的城市，推而广之，他们的国家。这一事例以可能会引起网络病毒的名义被调停，然而这和非常戏剧性的抗议是匹配的，并助长了在纽约大会期间的街头抗议活动。

在这超越了"9·11"本身的斗争背景中，没有关于百老汇最初定位的作为美国胜利的象征的记忆。共和党在城里宣传胜利是属于他们自己的，不会将它送人，尤其是不会送给百老汇。可以肯定，代表们观看了为他们所选的节目，其中包括3个迪士尼表演和5个其他的：《屋顶上的提琴手》(1964年，2004年复演)、《魅影》(1988)、《第42街》(1980年，2004年复演)、《美妙小镇》(1953年，2004年重演)和安德鲁·劳埃德·韦伯的《孟买之梦》(2004)。但在共和党会议这一周门票销售下跌了20%，上座率下降了18%(Sanger：A41)。

尽管大会被预测是可以提高城市经济的，但事实证明效果是相反的。正如在波士顿召开的民主党国家选举提名大会对波士顿本地业务来说是可怕的一周(Polgreen：A1)，纽约的剧院、餐馆和大多数其他相关的旅游行业都报告说在会议周期间收入严重下降(Shirley：E2)。百老汇的半价票售票下降了50%以上。舒伯特组织也表示，这一周是"灾难性的"(Grimes：6)。只有色情行业被报道称"稳健经营"(Grimes：6)。

百老汇是怎样从作为主要胜利符号的地位变成了现在的无足轻重？柯南奥布莱恩提供了最简单的答案，他开玩笑说："由于本周在纽约召开共和党大会，很多代表都去百老汇演出。当被问及时，共和党发言人说：'我们很多人都好奇同性恋是什么样子。'"托尼赢得提名表明，代表没有看到——《生产者》(2001)、《Q大道》(2003)和《发胶》(2002)——所有的特点都是把表演和/或同性恋角色扯到了一起(Rich：1)。经历了作为爱国象征的荣耀时刻之后，百老汇反而被认为是反美的。同年夏天，当布什从他的山地车上摔下来的时候，白宫发言人煞费苦心地——弗兰克·里谈到——"去解释，他的老板是在进行17英里的马拉松，而不是什么跛行少女的短途旅游"(1)。官方的说法是:"他喜欢全力以赴。完全可以说他并没有吹表演秀曲调的口哨。"(qtd in Rich: 1)因此和百老汇失宠的所在一致,普通的同性恋恐惧症,是男权主义所保护的公共领域选举的一个关键成分。

　　随着候选人之间关于同性恋婚姻的合法性激烈争论的进行,在大选之年可以看到一大波同性恋恐惧症的风潮。在社会主流观念中同性恋恐惧症的增长强化了百老汇从象征性荣誉衰落下来的其他原因。从一个角度来看,共和党对剧院不感兴趣可以看作是一个希望的信号,百老汇所提供的被认为是不合适的或是代表们不感兴趣的。然而,我认为,在2004年的选举季,商业剧院的神话编造并不单单是没有两个党派政治传统的强迫性修辞那样充分或是做得那样好,在这里,漫画书中的男权主义景观主宰着舞台。在民主党国家选举提名大会上的一位独立记者特别好地描述了这种效果:"四天来我听到发言者一个接一个地赞颂约翰·克里。随着他到来的那一刻不断临近……我比自己原先想象的更为兴奋想要看到[他]。当相机里终于显示他走下来经过人群的时候,我听到有人们在尖叫。过了好久,我才意识到尖叫的人是我自己。"(Huntington)这种场面将上述效果带给了你。甚至即使大会无论怎样来说都充斥着长时间的极度无聊,这些场景都会时刻被捕捉。在两党的大会中,现场性是由照相机制造出来的,按照奥斯兰德的论点,大众传媒的代表形式已经产生"现场性"的附带现象,即"历史地来看,现场实际上媒体化的效果"(51)。作为媒体高度建构的"现场"的躯体,候选人依次致敬,汇报责任。大会试图隐藏机械工人:舞台从后排升起,各种现场行动安排就绪,准备载歌载舞,在舞台下方一个高科技的多层级空间中,一个数百人的团队确保让整个过程像钟表那样精确进行,或者说力图做到那样。然而,在那年夏天令人惊讶的事情意想不到地发生了,就在克里接受在波士顿进行演讲之后,气球落下,撞了个乱七八糟。鲜亮的景观消失了,观众突然进入了一个著名的由赫伯特·布劳所描述的可能性的世界,在那里,错误或灾难是现场表演质量的标志。在这样的失败中,制片人唐·米斯切尔——他的运气很坏,被电视直播了,并差点因此中风——偶然地出现在音响系统中并通过CNN电视台向全国播放。

"滚开气球,滚开气球,耶稣基督!我们需要更多的气球。我想把所有的气球都拿开,该死的。滚开五彩纸屑。上帝!什么都没有落下!你们他妈的在干什么呢?"远远超过领导性的场景,这是那年夏天两个大会迄今为止最引人入胜的电视时刻。

另一种不同类型的舞台管理在共和党大会精心策划的展播期间在纽约到处发生。不受欢迎的无政府主义团体 RNC(共和党国家选举提名大会)是主要的清洗场所,在互联网和手提电话上提供着关于数百个自治的抗议行动的信息交换。不受欢迎的 RNC 所利用的分散化模型表明,它以网络为基础的反独裁主义变成了一种对现场事件进行舞台管理的策略,这一现场事件导向了显著不同的新的形式。抗议者运用了块茎式组织结构,这种组织结构经常挫败主导的逻辑,至少是时不时地让警察部门在全城狼狈不堪。富有亲和力的团体在广告牌上粘贴告示号召大家行动起来,小团体领袖人物的手机号码被放在各种与不受欢迎的 RNC 相联系的网页上。比如,一个称为"老鼠政治集团"的团体的海报,勉励人们下午 4 点半到时代广场露面,以提醒代表们"这些是我们的剧院,我们的街道,我们的城市"(见图 5.2)。这是一个依赖互联网并因此而高度媒介化了的组织,然而它对于主流的支持战争的对话而言同时又是一个现场的并因此而不可预测的回答。人们采取了高度戏剧化的行动:在代表们参加周六招待会的时候同性恋者在时代广场上演同性舌吻;"临界组织"组织了数百自行车骑行者来阻滞交通;艺术家们用纸板制作了 725 个棺材,上面覆盖着国旗,象征着那一时期在伊拉克失去了生命的美国人的数字。关于现场当下社区的抗议者有着相同的感觉,即双子塔倒下后共同的悲伤;他们是对当下的一种深奥的治理,以一种为公民积极地参与到成熟的公共领域服务中提供可见的戏剧手段的方式(进行的治理)。

运行在"目标达成"视频、不受欢迎的 RNC 和唐·米斯切尔以及他的失败的气球之间的一条共同的主线是,每一方都演示了,在我们的当代世界中集体积极表现的最佳机会是如何变成短暂的和临时的了。在演出后片刻的沉默和高唱"上帝保佑美国"的歌曲中,商业剧院进行了一段时间的

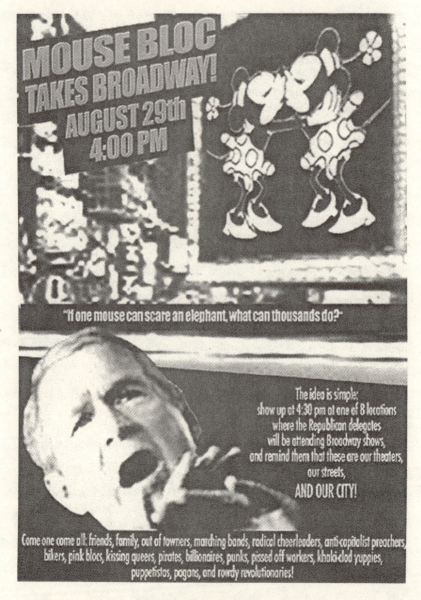

图 5.2　抗议共和党接管纽约城　2004 年 8 月

海报：莫莉·费尔

尝试，但是没有后续的批评性对话。高唱"上帝保佑美国"被用作治疗国家健忘症的润滑剂——一个对批判性对话要件的擦除，关于为什么袭击会发生、美国在世界上的地位、接下来应该发生什么的批判性对话。接下来所发生的可以作为发人警醒的警告来解读：当百老汇预先宣称它的作为爱国的购物场所的身份的时候，演出后的献礼时刻的承诺就被丢失了。在对这一承诺的损失描述中，我已经指出了剧院强大的创建社区的潜力，这一潜力必须不能被应用于保护的阴险寓言或是在承诺的利益中被交易以及臣服于巨大的市场。剧院创建社区以及介入政治对话的潜力，在街头剧场的行动中、在恐怖袭击之后的抗议中以及在对共和党国家选举提名大会的回应中得到了确认。沉默的使用是一个特别有力的戏剧工具。《目标达成》的视频，尽管是在媒体的形式中创造的，但也是对公共话语戏剧式的贡献。通过电子邮件彼此发送视频以及从博客上发现它，人们让这个视频获得了膜拜性的成功，这表明：当下，戏剧性的冲动也发现了在网络的重要领域中公众对话和辩论的当代政治声音。

参考文献：

Auslander, Philip. *Liveness: Performance in a Mediatied Culture*. London: Routledge, 1999.

Billing, Michael. *Banal Nationalism*. London: Sage, 1995.

Blau, Herbert. *Blooded Thought: Occasions of Theatre*. New York: Performing Arts Journal, 1982.

Butterworth, Michael L. 'Ritual in the "Church of Baseball": Suppressing the Discourse of Democracy after 9/11.' *Communication and Critical/Cultural Studies* 2.2(2005): 107—29.

Carr, David. 'New York Makes a Good Impression on Delegates.' *New York times* 5 September 2004: 1.33.

Corthron, Kia. 'On Art and Activism.' *@nd...A New Dramatists Publication*(Winter 2001): n.p.

Cumpsty, Michael. Personal interview. 3 November 2002.

Derrida, Jacques. *Writing and Difference*. Trans. Alan Bass. Chicago: University of Chicago Press, 1978.

Dolan, Jill. *Utopia in Performance*. Ann Arbor: University of Michigan

Press, 2005.

Gardner, Elysa. 'A New Stage for Broadway.' *USA Today* 28 September 2001: 1 E.

Gibbs, Nancy. 'Mourning in America.' *Time* 24 September 2001: 14—27.

Grimes, Christopher. 'Delegates Spurn the Lights of Broadway.' *Financial Times Limited* 3 September 2004: 6.

Grimes, Emmy, John J. Hanlon, Alice Rebecca Moore, Magda Romanska and Alexis Soloski, 'Up Front: American Theaters Reflect on the Events of September 11.' *Theater* 32.3(2002): 1—21.

Hofler, Robert. 'Holidays lift Broadway's spirits.' *Variety* 7 January 2002: 55.

Huntington, Ian. *Philadelphia Independent* September 2004: n. p.

Kitch, Carolyn, '"Mourning in America": Ritual, redemption and recovery in News narrative after September 11.' *Journalism Studies* 4. 2 (2003): 213—24.

Lipson, Karin. 'Terrorist Attacks: Song Gives Patriotism One Voice.' *Newsday* 16 September 2001: W15.

Marks, Peter. 'Voices Not Silenced, Feet Not Stilled; As They Return to Work, Artists Talk Performing in a Time of Tragedy.' *New York Times* 20 September 2001: E1.

Marks, Sam. 'Mission Accomplished.' Unpublished screenplay, 2004. Video at: <http://www.youtube.com/watch?v=TfW6rHf2THw>.

Mischer, Don. Live television discussion, *The Drudge Report*, CNN. <http://www.drudgereport.com/dnc86.htm>.

O'Brien, Conan. 'Laughs.' Daily News 1September 2004: 22.

Phelan, Peggy. *Unmarked: The Politics of Performance*. New York: Routledge, 1993.

——. 'Marina Abramovic: Witnessing Shadows.' *Theatre Journal* 56 (2004): 569—77.

Polgreen, Linda. 'City Lowering Its Sights for a Convention Boom.' *New York Times* 17 August 2004: A1.

Refuse and Resist. 'Founding Statement.' 1987. <http://www.refuseandresist.org/contact/statement.html>.

——. 'Artists Performance-Our Grief Is Not A Cry For War.' 2001. <http://www.refuseandresist.org/newresistance/092301grief.html>.

Rich, Frank. 'Mr. Bush Won't Be at the Tonys.' *The New York Times* 6 June 2004: Section 2: 1.

Roach, Joseph. *Cities of the Dead*. New York: Columbia University Press, 1996.

Roman, David, ed. 'A Forum on Theatre and Tragedy In the Wake of September 11, 2001.' *Theatre Journal* 54(2002): 95—138.

Sabater, Lisa. 'Blackout 2003; NYC Pitch Black.' 18 August 2003: <www.culturekitchen.com/archives/000295.html>.

Sanger, Elizabeth. 'Better Than Last Year.' *Newsday* 15 September 2004: A41.

Scanlon, Jennifer. 'Your Flag Decal Won't Get You Into Heaven Anymore: U.S. Consumers, Wal-Mart, and the Commodification of Patriotism.' *The Selling of 9/11*. Ed. Dana Heller. New York: St. Martin's, 2005.

Shirley, Don. 'Convention Is No Help to Broadway.' *Los Angeles Times* 4 September 2004: E2.

Sontag, Susan. 'Talk of the Town.' *The New Yorker* 24 September 2001: 28.

Souccar, Miriam Kreinin. 'Broadway's Bouncing Back With New Act.' *Crain's New York Business* 4 March 2002, 18.7: 1—3.

Williams, Raymond. *Drama in a Dramatised Society*. Cambridge: Cambridge University Press, 1975.

Winship, Frederick. 'Broadway Lights Up Again After Attack.' *United Press International* 13 September 2001: n.p.

6. 跨国公民表演：当代伦敦的文化生产、政府治理和公民权[1]

迈克尔·麦肯尼

> 近年来，伦敦已经上升到几乎可以肯定地说是世界顶级的商业中心……但是单纯的商业集中会让伦敦冒失去它借以成功的那种眼界的风险。其金融和商业服务行业在过去三十年内的急剧增长吸引了更广泛的资源。伦敦一直以来都处于世界贸易和文化的十字路口。其在金融上的成功正是建立在此基础上的。
>
> 肯·利文斯通，伦敦前市长
> (London Development Agency, A Cultural Audit: 2)

当2000年被选为伦敦市长的肯·利文斯通发表他的成功演讲时，他释放了辛辣的评论："十四年前当我这么说的时候曾被如此粗暴地打断过……"('Livingstone')。这句话的幽默，那些熟悉英国政治历史的人就会知道，来源于一个事实，即"红色的肯"曾于1986年成为大伦敦议会(GLC)的领导者，而这时大伦敦议会被玛格丽特·撒切尔的保守党政府废除。利文斯通的GLC行政活动一直在撒切尔政府中扮演民粹主义者和左翼的角色，他被选为市长，监督新成立的大伦敦管理局(GLA)，昭示了一个显著的政治回归。这也标志着缺席了将近十五年的大伦敦地方政府的回归。

但是如果利文斯通只是如同表面上看到的那样准备重拾十四年前的

---

[1] 感谢詹·哈维、路易莎·皮尔森，以及尼克·瑞多特对本文的完善所做的贡献。

中断,那么同一个老利文斯通现在领导着一个大为不同的伦敦。伦敦这些年最显著的变化之一就是成长为"地球上最全球化的世界城市"(London Development Agency, *A Cultural Audit*: 22),造成的结果就是财富在城市的集中以及不断扩大的社会经济不平等。[1] 在利文斯通获得如今的权力之前,GLC 的主要关注点在于改善"制造业和码头业的濒临崩溃"(Massey: 30)。如今,GLA 的经济战略家们最主要的挑战是维持伦敦作为"欧洲最重要的经济中心,从某种意义上来说,处于世界领先地位,只有纽约和东京能与之相媲美"(London Development Agency, *Sustaining*: 9)。虽然利文斯通在选举夜的说笑暗示着他将继续施行他之前的施政理念,但是本文开头的那段话表明,在办公室里,新任市长认识到这些年伦敦的经济形态已经发生了多么剧烈的改变。他也认识到,在更大的意义上,文化也是这种改变的一部分。

伦敦作为全球性的,或者说世界的城市的特征,现在在政治话语中是被引以为傲的。尽管学界可能会对这种表述的帝国主义基础提出批评,甚至是对源自伦敦市长办公室的出版物的匆匆一瞥,但伦敦发展署以及伦敦市(在其他城市之中)仍然强调这种状况,地方政府的政策制定基于这样一个假设,即伦敦是一个需要不断培育以增强其国际影响力的全球化的城市。[2] 因此,关于伦敦的争论,不涉及其作为全球性城市的地位,因为这种地位被认为是被理所当然的;相反的,伦敦面临的挑战是作为全球城市如何建构自身,以及如何处理这其中的矛盾与问题。

正是在政治-经济和地理的背景中,文化经常显得对当今伦敦很重要,尤其是表演显得特别重要。需要说明的是,在这里我的"文化"概念指称的是艺术的和惯例性的实践,这种实践承担着现代国家特定的意识形态工作。这意味着它既不是国家计划性的文化概念(在这其中,国家把文化组

---

[1] 伦敦发展局是伦敦市长的经济发展机构,负责制定伦敦经济发展策略,同时负责任务制定及其发布的研究。

[2] 关于该辩论的状况的有帮助的说明,参见 Massey: 35—49。哈姆内特追溯了"伦敦从'工业的'城市到'后工业的'城市转变,其经济不再由制造业主导,相反,主要是基于金融、商业服务和创造性的文化产业"(5),在 21—47 页上他对这一过程提供了有说服力的证明。

织为"命令型经济"的一部分),也不是"草根阶层"文化概念,"草根阶层"的文化产生于"底层",与国家相对立。毋宁说,如果在关系上并不总是和谐的话,文化更应该被视为共生的概念。表演,因此成为这一工作的特殊场所,它通过不同的方式呈现出来。

  然而,我在本章关注的不是文化与表演行业对伦敦经济的贡献,尽管它们无疑是有这样的贡献的:最近的量化研究已经表明,谈到在维持伦敦全球城市的经济地位过程中文化和表演产业所扮演的角色时,它们如何细致、明确地构筑了它们的贡献(city of london; freeman; ondon development agency, a cultural audit)。相反,我的关注与文化和表演在一个政治主体的想象中所扮演的角色相关,该政治主体与伦敦的全球性完全协调一致,他能够很容易地在全球城市的研究机构(不管它们是以国家中心设立的还是更广泛的民间机构)之内和之间自由活动。即使有一个广泛的共识即伦敦是一个全球性城市,但这并不一定表示城市的全球性公民也存在——政治经济的变化通常包括政治体制的重构。新的政治体制的轮廓是非常清晰的,或者说,一个人作为该政治体制中的一员该如何去按照他的公民身份去实践是非常明显的。这样的一个公民需要被构想出来,文化政策和表演机构是担负起这一意识形态工作的示范性的地方。

  本章思考了国家、文化和表演渴望去创造一个政治主体性的方式,我把这种政治主体性称为"公民的跨国性"。设想跨国主义的公民,我认为是造就伦敦全球性的努力组成部分。对跨国主义公民的渴望并不能只置于一个孤立的地方来理解,而要通过至少两个相关领域的交叉才能形成:通过地方政府的文化定位——作为理想方式协调伦敦人与以持续增长的国际金融为基础的经济的物质影响之间的一致性,以及通过最近的表演实例——尤其以和谐的方式沟通地方城市社会和全球城市社会的努力。我也将反省政治上的模棱两可,以及对达到公民跨国性公民身份的渴望并用表演和文化的手段来实现它所具有的重大意义。文化和表演在像伦敦这样的全球性城市中可能会提供很多,但是它们是否能够完成决策者、从业者和评论家所渴望的又是另外一回事。

地方政府、文化政策和治理

在伦敦虽然公民跨国主义的愿望是近来一个比较新的历史发展,但它仍然被视为在自由民主思想中的国家文化关系背景下以及在英国政治经济历史中是存在的。公民跨国主义既不是与自由民主的时代破裂的标志,也不是与长期的英国政治模式破裂的标志——它是产生于这两者之中的独特形式,而不是与他们的断裂;同样的,全球城市是现代城市化的特殊形式,而不是与城市化的背离。相反,公民跨国主义应被视为一种特殊的尝试——去重现在自由民主和英国的政治经济从古至今进程的主导话语,尽管是通过较之以前更为自觉的都市性的和表演性的政治主体想象。

大卫·劳埃德和保罗·托马斯关于文化和国家关系的启发性分析是理解跨国公民如何关涉西方自由民主政治思想史的非常有用的方法。劳埃德和托马斯引用了葛兰西的文化-国家连接关系的分析,认为文化和国家有着千丝万缕的联系,因为从现代观念看,这两者从诞生之初就历史性地连在一起。按照他们的观念,作为西方政治组织主要形式的代议制18世纪之前就已经包括了调节着"关于国家的观念"的文化——宽泛地说,是资产阶级自由民主的国家——并需要文化的机构和产品作为"教育的示范客体"(2)服务于"(那个)国家的公民与合法性的建构"(10)。

劳埃德和托马斯认为,自由民主国家的合法性基础是它的普遍性——它渴望代表所有的政治主体和团体并调解他们之间的冲突。因此,自由民主公民权利的一个关键愿望是政治主体能在政治社会及公民社会的机构之间和之中实现完美转换(4-5)。同样,主体全部潜力的发展——通过公民权利实现其"最佳自我"——只有通过放弃局部利益以及与国家之间的调和才是可能的;在公民社会和政治社会的机构之外,抵制国家代表普遍性的愿望是放纵的、难以管制的,无法实现公民权利的潜能。在实现这种主观"意向"以及解决物质矛盾的过程中,文化显得尤其重要:

> 国家为其合法化必须主张普遍性,即形成真正具有"代表性"的能力,同时允许自由发挥的竞争。然而尽管如此,在政治领域

中仍然可以发现"代表性"之中局部利益的表达。掩盖了更深刻矛盾的其中一个悖论在于,发明了政治的资产阶级时代同时也是这样一个时代,即在其中,政治——既是势不两立的利益集团的代表也是它们之间的较量——被假定为在国家机构的正式普遍性中被消除了。文化可以解决这个矛盾,不是通过消解它来解决,而是通过把它放置在一个现世方案之上来解决,在这个现世方案之中,主体在人的全部能力发展意义上被界定。

(lloyed and thomas:5)

这样,文化和国家有深刻的共生关系,但是与国家有着不同的运行方式。它的替代性的"现世方案"使文化成为特权集中地,想象在自由民主的不同历史时刻公民的可能状况。而作为文化理念和国家交叉点的一个重要部分,文化政策是索引想象力的关键地方。

在对公民跨国主义的想象中,文化政策的角色也应在最近的英国政治历史语境之内被看到。在历史上占主导地位的政治经济政体开始出现变动的时刻,英国尤其倾向于把利益向文化生产倾斜;此后,这一方面的现代例子包括"二战"后对艺术协会的国家补贴,以及在从20世纪70年代后半期至今的货币主义崛起中文化价值的日益市场化计算[1]。然而,这样的利益往往集中在民族国家的层次上。在联合王国中地方政府在艺术上的利益相对较小;比如说,不同于德国,英国地方政府是比较弱小的;再比如说,也不同于美国,公共艺术的资金绝大多数集中在国家的层面上。在英国,尽管地方政府也会补贴艺术,但是无论是相对于财政支持还是相对于民族国家出于特定执政利益需要而拓展的政策这种补贴历来都相形见绌。

然而,最近英国对公民跨国主义的构想在地方政府的层次上所承担的

---

〔1〕关于自20世纪70年代以来在英国的文化政策转变的分析以及其与政治经济改变的关系的分析,参见 Kershaw,以及 McKinnie。

⑤ 我知道在更大程度上这一战略的标题回应了皮埃尔·布迪厄的"文化资本"的概念。同时我也完全了解,无论这种使用是否是有目的的,人们可能认为,对文化政策的渴望就是通过计划去使文化为国家带来丰富的收益,同时也为艺术和公民社会制度带来好处。在这个意义上,文化是"被起作用"的,在某种意义上完全不同于布迪厄的直觉结论(尽管他可能比 GLA 更少地关注文化的国家影响)。

程度是值得注意的,尤其是在伦敦的情况。尽管文化生产地方补贴没有明显增加,但是已经出现了在伦敦城市规划组织内与文化生产更直接的融合。这种状况也更直接地把文化生产定位为——重构自身到达前所未知程度的,全球性的——城市战略的一部分,而作为这一部分,文化政策被用于培养能够在地方城市经济领域与跨国城市经济领域之间毫无障碍地完美流动的城市公民。

这里要说明两个关键的文本。第一个是《伦敦:文化之都》,在 2004 年由伦敦市长公布并被作为城市的文化战略通过。第二是《伦敦:一个文化的审计(2008 年)》,由伦敦发展局提供,用以"校准"伦敦与世界其他四个城市的文化活动:纽约、东京、上海、巴黎。《文化之都》提供了关于在培育伦敦城市的理想上文化所扮演角色的蓝图。事实上,它的副标题——"认识一个世界级城市的潜力"——回应了劳埃德和托马斯的发展城市公民的"人的全部能力"的文化表征。《一个文化的审计》,转而强调市场,而不是公民的伦敦跨国主义的心理效价。

作为伦敦市长的文化战略,《文化之都》响应了大伦敦管理局 1999 年的法定要求。然而法律责任是最小的行动,只需市长根据文化战略组的建议行事,制定与伦敦的文化产业相关的政策(s 376[5])。《文化之都》无疑拥有联合王国过去十多年的大多数文化政策的政治经济逻辑:"为了有效地提供文化,它必须被计划为支撑伦敦的更广泛的基础设施的一部分。这意味着将文化放置于经济政策、土地使用计划和交通发展计划的大背景下。"(30)但是它也和对作为一种手段的文化更宽泛的感觉相关。比如,作为一种手段去有效协调伦敦文化多样性的密度:如果一个人能够在西方的年末和中国的新年(《文化之都》的两个例子)参与到剧院表演中,那么他在实践确定性的城市公民身份。这种协调伦敦多样性的能力是协调跨国性城市社会习俗制度的能力的先决条件:文化习俗和事件具有广泛相似性,在伦敦参与到文化活动中暗示了在一个由其他全球城市的公民构成其主要人口的公民跨国网络中的成员身份(71)。《文化之都》也开始去勾勒何谓市民经济,文化是这种市民经济的关键:"文化是行使权力的一种重要工具。以社区为基础的群体文化行动为人们提供机会去决定自己的议程,鼓励积极的公民关系。"(114)像"老套市民"——和那些无家可归的人一起工作——这样的戏剧公司的活动,在市民经济中扮演着领导角色而被认同,把大量的志愿者聚集在一起,提供较好的照顾和社区"安全的"(117)行动(比如运动训练、老年人服务、青年俱乐部,以及其他相关项目),这些行动通常在市场经济中是被遮蔽的,但是伦敦的市民健康依赖于它。参与这样的市民经济,进而构成了参与诸如伦敦奥运会这样的国际性事件的基础———一个人可以担当后者是因为他知道如何去"做"前者。

《一个文化的审计》以对跨国公民市场特征的强调补充了《文化之都》中的公民转换。正如前文指出的,跨国公民主体被想象为一个全球城市的公民而不是一个国家的公民(7)。但是,在这种情况下,文化政策将公民设想为跨国企业家,一个因拥有"似乎是无限的创新能力"而跻身世界精英群体的人(7)。全球城市为了这种文化企业家在不断地竞争,因此伦敦的"文化供应"对于"该城市在全球市场中追求高素质人才方面的竞争优势有着重大影响"(9)。文化企业家也在创意产业中工作,这种创意产业以各种方式构成了理想的城市跨国服务经济(30),以那些同样吸引跨国企业家的特征使之特色化了:创新的、拥有无限活力和能力的(这里再一次和人的全面潜能的实现相呼应)、城市的(跨国企业家于全球城市间的转移,而非国家间),以及对全球资本和德政双重服从的(作为工业的构成部分,创意产业是不寻常的,至少在英国的背景下,在某种程度上它是一般企业、个人企业和国有企业的混合)。

文化审计是这个富有想象力的过程中必不可少组成部分。审计使公民跨国主义可视化,但或许更重要的是带来对未来的渴望。审计是让公民能够被地方政府治理的先决条件;国家在治理前必须先确证它的主体;同样的,审计也是让这个全球城市能够和其他全球城市相比较的先决条件。但作为"校准"的文件,《一个文化的审计》之所以突出,不仅是因为它确认了文化工作者和在城市跨国经济中已经"呈现"出来的活动,更因为它把这些工作者和活动作为城市跨国经济的典范、作为"它旨在培养"的理想的经济型公民进行了定位。在《一个文化的审计》中,记录现存经济活动和编辑处理全球城市的城市企业主义的愿景设想之间有一个连续的滑动,在这种城市企业主义中,文化使得伦敦自身成为超越民族国家界限的全球城市政治的一员,而且使得伦敦在全球城市中更具发展潜力。这不仅仅是关于伦敦当前文化经济的审计,更是关于作为国家发展方向的跨国公民未来的审计。

表演和公民跨国主义

这种对公民跨国主义的公民转换和市场转换的关注同样也可以在表演机构中看到。如果文化政策是地方政府想象公民跨国主义的示范空间,那么表演机构可以说就是生产公民跨国理念的示范文化场所。在伦敦表演生态中有两个机构占据不同的场所,但它们在一年内又互相建构并从那时开始定期合作,这两个机构是:利福特公司(前身为伦敦国际戏剧节)和巴比肯艺术中心。利福特公司是一个小型表演公司,成立于1981年,经常协同社区组织举办伦敦两年一次的艺术节和各种不同的艺术盛事(见图6.1)。近年来,利福特公司已经把重点放在伦敦东区,这里是伦敦的一部分,以大规模城市重建计划(包括2012年奥运会的筹备工作)和文化多样性为特色,但同时也受到巨大的社会经济的挑战(该地区包括了一些英国最贫穷的地区的邮政编码)。巴比肯艺术中心1982年开业,是一个完全不同规模的机构。它是英国最大的多功能艺术机构,包括戏剧、音乐、舞蹈、视觉艺术、电影和教育。它伴有展览和会议设施,位于巨大而复杂的伦敦城中城内(伦敦的金融中心,俗称"城市")。中心只是包括了餐馆、商店和超过2000个住宅单位的拜占庭传统形式建筑的一部分(关于巴比肯历史及其独特建筑,参见 Heahtcote)。重要的是,巴比肯艺术中心由"伦敦城市公司"所拥有,这使它成为英国最大的民间艺术中心。

图 6.1 "利福特"空间，2008 年
摄影：迈克尔·麦肯尼

利福特公司作为一个国际前卫表演的主场开始崭露头角，它现在的工作越来越多地涉及伦敦社区发展组织合作的各种形式，并且造就了试图促进关于地方和国际公民社会的公民性辩论系列活动。利福特项目的两个实例阐述了这些特征：2007 年举办的一个社区艺术活动《吃掉伦敦》和"利福特"空间（最初为利福特新议会）项目，该项目作为利福特艺术节的一部分在 2008 年夏天开放，打算环游伦敦，并在随后几年国际化。《吃掉伦敦》由美食艺术家爱利西亚·瑞奥斯和建筑师芭芭拉·奥茨共同策划。他们的"城市吞噬"项目——包括曾经在墨尔本和马德里举行的活动——涉及城市居民对他们所居城市的可食用的大规模模型的建造和消费。来自伦敦南部和东部第五行政区 14 个社会团体的 200 多人参与了《吃掉伦敦》，其中包括诸如格林威治越南妇女团体、残疾人学习团体"怒族生活"以及萨博亚洲长者日间护理中心等组织。各个组负责烹饪和装配伦敦城市环境的副本，通常是使用来自其成员文化背景的食物。比如，格林威治越南妇女团体用春卷和香菜建造了一个帝国战争博物馆，用亚洲甜点建成了自己的

白金汉宫模型。然后这些地标被组装在伦敦的特拉法加广场的一个60平方米的食用地图上,供创造者和游客消费。

瑞奥斯认为"城市吞噬"活动调动了现有社区设施,用以创造公民身份的新形式,在城市中把地方和全球连接起来[1]。在这种思维方式中,食物是伦敦全球性的标志以及有效协调其全球性的方式;她声称,可食用"城市"的活动,展示了"'外国'现在是怎样的以及它们每个人是如何相联系的"(183)。作为食用表演艺术的一部分,我认为,《吃掉伦敦》尤其表现了公民跨国主义的视角。这有几个原因:首先,用食物建造国家机构的副本,旨在使那些否则会被禁止的建造活动(所模仿的对象)变得让人易于接受;无论在现实的意义上还是在建构的意义上,春卷构造的帝国战争博物馆,对于那些建造它并食用它的伦敦人而言,比其原本更可口和更易消化。第二,联系到国家声望和帝国征服的历史,在特拉法加广场展示这些副本,为伦敦人的利用而挪用了城市的一部分,因为伦敦人通常不是这种历史叙述的构成部分(或者仅仅是在目前,当谈到他们是殖民地居民的时候才会涉及伦敦人)。第三,无论是在其生产方式中还是在其造就的烹饪地形学中,最终的伦敦地图显示了伦敦文化多样性的理想图景。它把城市表现为不断累加的、可通航的——地图,这样的地图把多样的组件组装成一个整体,整体优越于任何单个的构成部分,就像烹饪的"伦敦 A"、"伦敦 B"一直到"伦敦 Z",把它们组织成为一个作为主体的伦敦人易于理解的地形图。第四,咽下这个构想的伦敦暗示着和这个城市的高度亲密关系,这又一次在现实和建构之间架起了桥梁:通过吞咽——即能量注入,这种能量注入造就具有丰富关系的公民——城市变成了主体的一部分。

"利福特"空间项目颠倒了这种模式。如果说《吃掉伦敦》项目刺激了伦敦的全球性,以便为伦敦人创造出一幅全球性的地图,那么"利福特"空间项目则希望建设一个从伦敦到更大范围的理想公民空间。"利福特"空间是一个移动的场所,可在公共空间临时搭建的居所,用于举办表演、辩

---

[1] 瑞奥斯同时使用了"urbanophagy"和"urbanphagy"这两种说法去描述她的可食用的城市活动。我在这里用前一个表达,是因为她本人更广泛地使用了这一表达。

论、会议、社交聚会等活动。该建筑结构由 AOC 建筑公司基于对伦敦东部到东南部的个人和社会团体的广泛咨询而设计,并计划在该城市区域的所有地方都有所展现,也在 2012 年奥运会举办期间的国际活动中展示。

建筑结构旨为在在 2012 年奥运会期间及其他时间,为本地及全球公民提供一个平台去探讨对他们很重要的问题。"利福特"空间将是一个全新的空间,在那里来自世界各地的艺术家和伦敦人能够相遇分享故事,交流知识,预演未来。

尽管这种渴望——同时强调地方和全球公民的交流辩论——和公民跨国主义相一致,但或许更具特色的是其空间的表达。"利福特"空间调动了戏剧中长期存在的西方理想目标作为一种慎重的公民制度,在其中戏剧为——同时供应了要采用的正式化的交流惯例——政治辩论提供了空间,这种政治辩论向国家言说而不是由国家主导。[1] 但是不同于其他普遍地应用于表演研究的城市范例——这种表演研究被理解为主要是向地方的或者国家的政体言说(比如古代雅典的酒神节,中世纪欧洲的民间盛会,现代民族国家的戏剧,或当代城市的各界声音,等等)——"利福特"空间项目的深思熟虑的领域意在变成跨国性的,并且这种跨国性已经成了该项目从一开始就被想象的那种方式一部分:当 AOC 作为该项目发展过程一部分创造了"利福特"空间数字化表达的时候,这些不仅仅包括"利福特"空间在伦敦斯特拉福德(举例而言)的肖像,同时也包括了"利福特"空间在墨西哥城和"戈壁"(Gobi)沙漠的肖像。"利福特"空间项目,通过一个流动的建筑结构,一个公民跨国的演示,体现了实例化(用具体例子说明——译注)的主张。

相应地,巴比肯艺术中心是一个在跨国经济地理学之内的公民表演空间(见图 6.2)。正如英格兰银行的行长摩维因·金所评论的:"(巴比肯是)世界上唯一坐落在金融中心心脏地带的艺术中心。城市和巴比肯之间的紧密关系让它们相得益彰。"(Barbican: 11)城市市民的惠顾给巴比肯带

---

[1] 实际上,从"利福特新议会"到"利福特空间"这种名称的改变表明了对保留表演空间相关机构的自治性的渴望。这种改变的发生是因为利福特所咨询的社区代表对于"新"和"议会"这两个术语有障碍。我很感激路易莎·皮尔森和我分享了这个信息。

来的好处是显而易见的:巴比肯受到地方政府一定程度的财政支持,而这在英国的其他地方是前所未闻的。事实上,地方政府的这种补贴程度意味着,不同于英国其他主要艺术机构,巴比肯艺术中心直到现在才得到英格兰艺术理事会的支持(这是一笔支持巴比肯非主流工作的较为适中的财政补贴)。巴比肯的存在给城市带来的好处至少有两方面:巴比肯有助于吸引国际精英阶层的成员——金融家——以及,通过其大胆的建筑和世界性艺术节目,它不断地重述创造性和冒险性的理念,其金融服务经济显然依赖于这种理念(而且这种理念可以理解为使金融成为后福特产业的示范形式的根本特质)。此外,巴比肯用"刺激(Bite)"(原文如此)提供了英国唯一的国际表演的持续项目(而且非常突出的是,在曾经是巴比肯主要租户的皇家莎士比亚公司这个国际性戏剧机构于 2002 年离开中心之前,该计划就得到了全面的发展)。在巴比肯艺术中心成立 25 周年纪念报告中,一位伦敦金融城的官员评论道:

图 6.2　巴比肯艺术中心,以伦敦城为背景
摄影:迈克尔·麦肯尼

　　巴比肯,凭借其对国际水准的艺术的强大努力,带来了全球

各地的天才艺术供观众欣赏。和这个城市一样，它不畏尝试、风险和偶尔在一心一意地追求成功中的某些错误。和城市一样，它已经日益壮大。正如日益发展的伦敦市早已经成为并确保了在国际商业金融中第一的地位，在这个星球上任何地方都是最佳艺术管理团队的组织下，巴比肯艺术中心已经一步一步地与这个城市相匹配。目前城市的大多数工作人员都受聘于国际业务，通常是跨国性的公司，对于从事着国际化事务的国际化工人而言，这对作为一个国际化场所的城市公信力增加的作用不可估量，这种国际化事务是我们所拥有的一个具有全球视野的世界著名资源。

(Barbican：10)

巴比肯被伦敦金融城显性地定位为对全球金融之都的文化补充，在城市潜力方面，两者都有助于吸引国际商务人士和培养经济类型公民，正是他们维持了伦敦在全球金融城市中的领先地位。

批判的和政治的暗示

近来的表演研究强调了城市的表演效能以及帮助想象公民身份新形式的可能性。但是这种想象的过程并不是没有并发症的。在这一部分，我想简要地回应在表演研究中所造成的一些挑战。引用一个突出的例子，吉尔·杜兰认为，戏剧提供了一个论坛，在其中"人们把自己建构成为公民"，并且戏剧也可能"示范参与式民主的公民参与"(90)。保罗·麦克翰姆提出了一个关于城市表演对公民价值的补充例子，他认为，它"能够使公民发明——通过记忆、想象和渴望——关于他们自己和他们与城市景观关系的新观念"(158)。他声称，城市表演期望"促进和提升在城邦和其人民之间的伙伴关系"，并提供使这种同盟关系成为可能的"共享的城市空间"(158)。甚至对表演和公民身份之间关系的一种更慎重的处理——这种关系由达林·奥唐奈尔提出——被接受为在城市表演和公民参与之间的一种不言自明的强力同盟(22)。当然，这一工作拓宽了一种现代思想的悠久传统，这种现代思想在一种相互肯定的关系中审视戏剧和公民身份。(比

如,在弗里德里希·舒勒、亚力克斯·德·托奎维尔、珀思·麦克凯耶以及圣约翰·厄维因的作品中)

尽管我不想忽视这些批评性贡献对于理解表演潜在政治效能的价值,但是本文所讨论的文化政策和表演机构暗示着,他们的理想主义也需要由批判的和政治的怀疑论所平衡。在更广泛的意义上来说,我认为,最近的表演批判主义的工作,尤其是关于城市表演的批判主义工作造就了一种风险,即把公民身份浪漫化以及削减把公民作为典范的政治和戏剧主体意义的风险。在根本的意义上,公民身份包括在一个政体中的成员身份以及践行在这个成员身份基础上应承担权利和义务的能力。现代法律的公民身份总是被民族国家武断决定(一个人是一个公民,比如说,联合王国的公民),但是戏剧的公民身份却常常更多地以社群的方式所构想,或者与民族国家的方式截然不同,或者站在其对立面上(正如上文引用的批评所指出的那样,尽管侧重点有所不同)[1]。事实上,本文所讨论的公民的跨国实践可能解释了构想戏剧的公民身份这种方式的优点:文化政策治理正向地方迁移这一事实暗示着,在英国民族国家对戏剧公民的束缚正在减少;利福特可能是全球城市的公民社会制度的代表,在其中公民被建构,并且通过它公民的建构得以循环;而巴比肯的公民效能则通过一种经济氛围得以实现,这种经济氛围在一个地方——跨国的轴线上运转着。由此,跨国公民的表演作为戏剧的公民身份的下一个逻辑阶段就可以被看到。即使这样的下一阶段尚未完全实现,对它的渴望却无疑是存在的,文化政策和表演机构是这种清晰表达的关键环节。

然而,并发症在于,跨国的公民身份的戏剧式的推动(可能是无意识的)参与到了更宽广的政治经济的撤退之中,远离只有国家可以保证的公民身份的社会因素(至少在这个历史性时刻)。T. H. 马歇尔在他的关于公民身份的经典分析中认为,它涉及了三个主要类型的权利:公民的、政治的、社会的(8)。公民的权利形式"由个人自由所必需的权利构成——人身

---

[1] 福克斯认为,公民身份的概念倾向结合"国家基础"和"社会基础"两个方面。就前者而言,"公民身份建基于足够强大从而能够构建'关于国家的强力断言'的权利",而后者,"多样的社群主义者的公民身份概念建基于公民的或政治的社区中的成员身份"。

自由,言论、思想和信仰的自由,拥有财产和签订有效合同的权利,以及要求公正的权利"(8)。政治的权利形式涉及"参与政治权力行使的权利",通常通过议事机构比如国会或其他政府集会来表现(8)。社会的权利形式包括"所有社会资源的分享,并根据社会中的普遍水准以公民的生存形态生活"的权利,通过社会福利机构行使财富再分配的权利(8)。马歇尔认为,只有通过社会因素(19世纪晚期在欧洲随着社会福利计划历史性地出现,第二次世界大战后在福利国家更加全面地形成)的发展,公民身份才能最大限度地实现。

在当代伦敦,公民跨国文化和表演强调公民身份的市场的(民间)和审慎的(政治)元素。就其本身而言未必是显著的,但是在这样一个历史时期它就变得非常重要了,这时民族国家正从它所扮演的作为社会的公民身份的保证人的角色中撤退,正如英国自20世纪70年代中期以来所出现的情况一样。

民族国家在促进社会的公民身份方面显得尤为重要,因为无论它会导致怎样的矛盾情绪,它是最终的唯一现有的能在普遍基础上重新分配资源的设置。利福特和巴比肯对公民跨国主义的渴望就是在对这种撤退对症下药,但它们也可能不得不承担起意识形态"重担"的要素,正是这种要素使之成为可能。这是因为,公民跨国主义是公民身份的弱形式,这种弱形式使公平的分配更加难以达到。

正如乔纳森·福克斯所指出的,在实践中"跨国公民身份提出了难以满足的要求",因为构成了这种新政体的跨国公民社区——戏剧的或其他形式的——难以通过它去行使社会权利(194)。他认为:

> 当我们期待跨国公共领域的公民身份的时候,由此产生的问题之一是,主张权利并不等同于获得公民身份。大多数主张都不是能强制执行的,这些主张强调了在"享有权利的权利"引起广泛共鸣的概念和这些权利的真正获得之间的巨大差别……行事像一个公民和"是一个公民"是不同的。如果这种区别是有意义的,那么跨国公民社会的大多数人都远远达不到跨国公民身份。
>
> (fox:176)

公民跨国的文化和表演陷入了这样的鸿沟。它们提供了理想的氛围,在其中"表现得像"一个公民（并学习如何做到这样），但是，就当前的构成而言，更应该提供限定的手段去"成为"一个公民，至少在马歇尔所认同的充分的社会意义上是这样的。进一步而言，它们重述的这种公民身份的类型，看起来不太像新而广阔的一种，而更像是对一种有限的资产阶级的公民身份概念的回归，这种概念在18、19世纪居统治地位，在其中公民的和政治的权利是先验显赫的。城市文化和表演或许确实可以使我们成为公民，但是它们提供的公民身份的类型，可以最大限度地断言，挑战了戏剧的进步性的政治潜力。

结论

全球城市是焦虑的场所。这种焦虑的原因之一是，城市本身无法控制使它们成为全球城市的那些政治的、社会的和经济的力量。由此，文化和表演，成为驾驭这种焦虑的方式。但是即使我们接受了维持一个全球城市是可取的这样的观点，这也并不自然地就意味着，我们知道如何去构想或践行——被认为是紧随着达到全球城市的状况而来的——全球城市的公民身份的形式：公民跨国主义仍然需要被想象。尽管杜兰希望二重地从康德式美学来恢复表演——公民身份，但是本文所讨论的文化政策和表演机构表明，这种传承很难完全否定。公民跨国主义的逻辑是非常康德式的（也颇具一点葛兰西式的）：在当代伦敦的文化政策和表演机构渴望去解决在其他地方很难得到解决的张力。总体来说，他们寻求用具体例子说明一个城市主体，该主体同时是一个金融家和一个社会主义者，一个地方性的爱国者和一个全球性的移居者。无论在这一历史时刻这种公民身份类型是否是真正可能的——无论它最终是否像所希望的那样——都完全是另一回事。这种详述能否在表演中达到顶峰根本并不清楚，如果能够做到的话，那么这可能并不是人们所渴望的那种。

参考文献：

Barbican Centre. *Barbican at 25*. London: Barbican Centre, 2007.

City of London. *VivaCity! The Economic Impact of the City Arts Cluster*. London: City of London, 2006.

Dolan, Jill. *Utopia in Performance: Finding Hope at the Theater*. Ann Arbor: University of Michigan Press, 2005.

Ervine, St John. *The Organised Theatre: A Plea in Civics*. New York: Macmillan, 1924.

Freeman, Alan. *London's Creative Sector: 2007 Update*. London: Greater London Authority, 2007.

Greater London Authority Act, 1999, C. 29.

Fox, Jonathan. "Unpacking 'Transnational Citizenship.'" *Annual Review of Political Science* 8(2005): 171—201.

Hamnett, Chris. *Unequal City: London in the Global Arena*. London: Routledge, 2003.

Heathcote, David. *Barbican: Penthouse Over the City*. Chichester: Wiley-Academy, 2004.

Kershaw, Baz. 'Discouraging Democracy: British Theatres and Economics 1979—1999'. *Theatre Journal* 51.3 (1999): 267—83.

Lift. 'What is the Lift?' 14 May 2008: <http://www.liftfest.org.uk/thelift/introduction/further_information/post/index.html>.

'Livingstone to Heal and Unite.' guardian.co.uk 5 May 2000. 13 April 2008: <http://www.guardian.co.uk/politics/2000/may/05/londonmayor.london6>.

Lloyd, David, and Paul Thomas. *Culture and the State*. London: Routledge, 1998.

London Development Agency. *Sustaining Success: Developing London's Economy, Economic Development Strategy*. London: London Development Agency, 2005.

——. *London: A Cultural Audit*. London: London Development Agency, 2008.

MacKaye, Peter. *The Civic Theatre In Relation to the Redemption of Leisure*. New York: Mitchell Kennerley, 1912.

Makeham, Paul, 'Performing the City.' *Theatre Research International* 30.2 (2005): 150—60.

Marshall, T. H. *Citizenship and Social Class*. London: Pluto, 1992.

Massey, Doreen. *World City*. Cambridge: Polity, 2007.

Mayor of London. *London: Cultural Capital*. London: Greater London Authority, 2004.

McKinnie, Michael. 'A Sympathy for Art: The Sentimental Economies of New Labour's Arts Policy' *Blairism and the War of Persuasion: Labaur's Passive Revolution*. Ed. Deborah Lynn Steinberg and Richard Johnson. London: Laurence & Wishart, 2004: 186—203.

O'Donnell, Darren. *Social Acupuncture: A Guide to Suicide, Performance, and Utopia*. Toronto: Coach Mouse Books, 2006.

Ríos, Alicia. 'Eat Art and Communities: From Oxford to Melbourne'. *Moving Worlds* 6.2 (2006): 177—86.

Schiller, Friedrich von. 'The Stage Considered as a Moral Institution.' *Sources of Dramatic Theory*. Vol. 2. Ed. Michael Sidnell. Cambridge: Cambridge University Press, 1994: 153—62.

Tocqueville, Alexis De. 'Some Observations on the Drama Amongst Democratic Nations.' *The Theory of the Modern Stage*. Ed. Eric Bentley. London: Penguin, 1992: 479—84.

第三部分　相互表演：建构社区

引　言

雪莱·奥尔

城市形象在居民的想象中产生。不管他们构想的是世界文化的形象还是掠夺犯罪的形象，有关一个场所的观念可能非常强大且具有说服力。但是，城市当然不单单存在于想象之中。当对一个城市的描述与它的物质生活状况不一致时，又会发生什么呢？有关场所的观念以哪些方式遮盖、中和了，或是相反地，夸大、渲染了它的实际状况呢？本部分三章中的每一章都将深入剖析这些有待考量的不同城市所具有的观念：纽约，德克萨斯的奥斯汀，加拿大的勒吉那；以及贝尔格莱德。这些章节分析广泛分布于不同城市及不同时间点的各种观点，但它们都把建构社区的过程置于最显著的位置。

玛里斯·施威泽在第七章《幸存的城市：新闻代理人、宣传噱头和城市女性身体的奇观》中，对19世纪末20世纪初在纽约为追求明星形象由新闻代理人所进行的精细管理提供了一种详细解读。施威泽的章节揭示了一个在新闻稿中建构出来的昏厥的女英雄形象，她为了能够继续排练和表演，要在似乎是城市固有的危险中生存同时设法保持她的女性特质。城市在这个女演员作为"城市幸存者"的建构及其最终的商业化讲述的过程中扮演了一个闪光角色。

金姆·索尔伽在第八章《〈迷情伴装〉与同性恋城市的景观》中，遭遇了一个人们普遍持有的观念，即"唯一好的同性恋是城市的同性恋"(152)。在她的案例中，通过研究一个由佩吉·肖和洛伊斯·魏芙表演的名为"迷情侣装"的老戏在 2005 年的重演——背景原设在曼哈顿的下东区,却在德克萨斯的奥斯汀上演——索尔伽挑战了激发当代同性恋地理学的理论假设,即城市作为性自由的场所和实验,并不是其他任何地方都可见的。她通过剖析她们衣橱里的东西(包括本义的和隐喻的),审视肖和魏芙如何重构城市与乡村在建构同性恋身份中的关系。

第九章,《全球性的晒像:模糊街区项目与城市间的自画像》是一则图文故事,把我们带到一个地方,那是加拿大萨斯喀彻温省的勒吉那的安静街道,与塞尔维亚的贝尔格莱德和黑山共和国熙熙攘攘的城市街道交叉出现。作为一项由凯瑟琳·艾文、雷切莉·诺尔斯和劳拉·列文领导的倡议,"模糊街区"项目是一系列工作室,在那里,来自勒吉那、贝尔格莱德、赫尔辛基和多伦多的优秀艺术学生创作了简短的影像系列,这些影像系列力求使他们置身于自己家乡的城市,并与他们搭档的城市的那些人联系。这个过程因共享的模糊街区网站而得到推进,在那里这个网上社区成员发布他们的系列影像,分析他们国际同行的城市自画像,并通过一系列影像交谈直接回应。因为在"模糊街区"项目创作的影像是个人的,而且强调电影制作者或表演者的体验,他们跨越了数千英里创建社区的同时,也挑战了被普遍持有的这些城市的观念。

实际上,这部分的三章都具有同一特征,就是关注通过表演者的体验创建的社区,在城市景观中重构社区。

7. 城市幸存：新闻代理人、宣传噱头和城市女性身体奇观

玛里斯·施威泽

  1911年8月，美国出版商乔治·辛克莱出版了一份颇有玩笑意味的目录，里面包含现代女演员"可能很中意"的十个"已经制造好了的"新闻故事。在那个时候，新闻写作正放弃编造令人咋舌的噱头而转向更可靠的新闻故事，辛克莱曝光了出版界工作的"潜规则"，为出版业的受众提供了一种更美妙的快感。这些假新闻故事包括："结婚的故事"，故事里，____小姐（辛克莱特意留了空格给那些迫切想要赢得关注的演员来填自己的名字）和瑞吉·百克斯莱德订了婚，成了"百万财产继承人"；"政府高官故事"，在里面，____小姐摇身一变成了政府高官的女儿；"溺水获救故事"，其中，____小姐在早上"投身大西洋"游泳的时候险些溺死；"舞台遇险故事"，在里面，____小姐在舞台上被人用美工刀捅伤；还有一篇颇招非议的"失窃的钻石故事"，其中，____小姐价值超过一万美元的珍贵珠宝在公寓被窃了(Sinclair: 368—72)。

  在这些夸张又荒谬的故事里，辛克莱"车祸的故事"更因其对城市生活的强烈描写而尤为突出，在这个故事中，____小姐在晚上兜风的时候在"中央公园西路"与一辆出租车狠狠地迎头相撞。警察迅速赶到现场，把她的两名司机从"残骸"中拽出，又发现这名"年轻貌美"的女演员在后座上已呈"昏迷状态"。尽管受了重创，她还是努力用"几乎听不到的声音呻吟着说，"她(是)____小姐，著名演员，马上要在大卫·戴德海德的作品'僻静的小

巷(The Back Alley)'中扮演'Euphronia Smellingsalts'的角色"(Sinclair：368)。回到酒店后,她告诉站在下面的记者说,这场灾难不会阻止她参加明天的排练,也不会影响她的主角戏份。她的司机可能不在了,但她还活着。"

辛克莱的"车祸的故事"让人震惊又充满了黑色幽默,但在讽刺外表下更多的却是更微妙的信息。他对女演员的司机死状和对女演员昏迷的可爱模样的描写,提醒读者在公共场合等待着女性身体的那些危险,尤其是深夜高速行驶的汽车里的女性身体以及在"僻静的小巷"里表演的女性身体。勇对一切挫折,____小姐挺过了车祸,只是损失了两个男随从。救了她的,不是她的勇敢和机智,而是她的社会地位和潜在的女性魅力。她不是拯救自己命运的英雄,而是受惠于英勇男人的幸运者。

____小姐的故事相当耳熟。实际上,20世纪早期的那些最成功和最广为人知的故事都是围绕着这些因与男性社交关系而受益的女演员们。为什么呢？是什么驱使着出版界总是把女演员描绘成案件受害者或者恶性死亡事件的幸存者呢？这些噱头又在文化上起到了什么作用呢？接下来,我将说明,这样的描绘体现了对现代都市生活及女性社会地位的深层忧虑。正如电影历史学家本杰明·辛格尔(Benjamin Singer)指出的,20世纪初期的生活像是一种"早排卵"现象。面对着过多的噪音、持续变化的视觉环境,以及随时死亡的威胁,新来者必须得学会熟悉充斥着马车、马、自行车、汽车以及成千上万行人的街道,以防自己受伤甚至死掉。有着敏锐嗅觉的漫画家描画出各种死亡惨象：人们被电车碾过,孩童从高楼上坠下或者失足掉进气窗。城市会为那些对她的秘密深谙于心的人提供奇遇和机会,也会给那些不甚了解她的人送去危险和死亡。

通过展示男女演员面对城市最大挑战时的脆弱——尽管可以在某种程度上克服——新闻代理人资本化地利用了城市居民的焦虑,包括对公共耻辱、劫持、袭击以及由机器和汽车带来的死亡等等的担忧。只要仔细观察并且有那么一点小运气的话,他们暗示着,普通男女可能做着同样的事情。然而,如辛克莱讽刺性的"已经制造好了的"系列故事所展示的,新闻代理人的噱头经常发出复杂的信息,庆祝女演员成功的同时暗示女性侵入公共空间并没有对男性霸权形成重大威胁。

停止发布黄色新闻和伪事件！

到19世纪70年代，新闻代理已是一个既定的职业，但是直到十年之后，随着大量发行的报纸的崛起，它才成为戏剧行业中不可缺少的部分(Frich: 87; Landro: 99-100; Schweitzer 'Singing': 90-1)。在19世纪80年代，相互竞争的出版商约瑟夫·普利策和威廉·伦道夫·赫斯特认识到了发行量和广告费之间的重要关联，并开始了对报纸业务的改革，比如降低价格以及积极寻找包括中产阶级家庭主妇和新移民在内的新读者。他们的新品牌"黄色新闻"以这些为特色：特色大胆的标题，耸人听闻的新闻故事，浅显易懂的文章和专栏，生动的插图和照片，以及致力于商业、体育和女性的"利益"的特殊部分(Trachtenberg: 124)。只用一分钱，数以百万计的城市居民——新来者和"本土"出生的美国人——学习了解了最新的技术创新、最新的巴黎时尚和最大的百货销售；在这个过程中，他们获得了必要的工具去了解原本混乱的世界和周围的城市(Baker and Brentano; Taylor "Launching": 76; Trachtenberg: 124-8)。

报纸在作为城市旅行者旅行指南的同时，它们也用其不断承诺的"新"反映了非常不稳定的现代城市生活。正如历史学家艾伦·特拉亨伯格强调的："世界在'信息'层面越是可知，在'经验'层面就越是遥远和不透明。越是更多的人需要报纸去感知世界，报纸就越是更少地以昨天的方式满足这种需要，而是更多地满足了震惊和对奇观的感知需要。"(125)通过阅读而不是亲身经历新闻事件激发了读者们对耸人听闻故事的欲望，不过它也使读者们的真实生活经验远离纸上报道的那种生活。报社编辑们发布骇人听闻的关于暴力谋杀、可怕事故、冲动杀人等报告和献上个人的不幸和悲剧作为一种"信息娱乐片"来回应正在增长的对奇观的渴求。在这一时期，像内尔·布莱这样的女记者们也用大胆的越轨行为制造头条新闻，这些行为考验了阶级限制和性别规范。在1887年，受"纽约世界"报社的安排，布莱被派到布莱克威尔岛上的一个精神病院度过了10天时间，这个精神病院住着一些纽约城中最穷的人。她的作品《在精神病院的 10 天》震惊了读者,为布莱赢得了作为一个勇敢的全心奉献的记者声誉(Lutes)。

剧院经理同样满足公众的胃口。本杰明·辛格尔指出了在对荒诞犯罪的新闻报道和"流血与暴力"的舞台剧之间的一个有趣关系,他们都有类似的背景,阅读他们都像是对工业化的回应(Melodrama: 149—88)。由于男人和女人都对机器对人体的影响作用感到紧张——被工厂机器肢解的威胁,失控的汽车,还有其他的现代发明——走进剧院观看表演,面对并最终战胜机器是一种受欢迎的逃避[1]。然后,像日报那样,在 20 世纪初,商业剧院的部分吸引力在于它能够在一种可控的、常常是幽默的框架内代表城市的呼声。文化历史学家彼得·贝利如此评论,"在世纪之末,城市的舞台已经规范化,成为日常生活的主要场所","音乐剧特别将它的行动设置在商店、百货商场、酒店和展览场所——'娱乐和展示的社会空间'"(Bailey: 11—12)。虽然有结构和组织上的变化,现代娱乐喜欢杂耍、音乐喜剧,强调新颖、多样和新城市节拍的快速"步伐"的模仿。观众能够大笑,参与他们周围的世界,同时获得一种视觉通道,进入一定的社区和民族,可能是他们一般不会遇到的民族(Kibler; Snyder; Taylor Inventing)。坐在昏暗的礼堂,他们享受着在新的、不同的甚至是危险的情况下的内心的刺激,没有任何实际身体伤害的风险[2]。

如果说报纸和商业剧院通过把城市环境描绘为某种"可知的"事物来帮助缓解现代焦虑,男女演员则回答了在现代世界中"如何"去行动的问题,变成了困惑的都市人的向导——公共符号可以为了他们自身特定的目的而被使用和操控(McArthur: x, 164, 188)。在成千上万的文章和广告中,舞台表演者在如何主导从政治到化妆品等各种事情方面提供了建议。"亲爱的美国公众对'新闻'很渴望,特别是对戏剧和球员的'新闻'",以前的新闻代理转变了,戏剧评论家沃尔特·查理德·伊顿在 1907 年解释说,"通过新闻理解易懂的故事,聪明的、古怪或荒唐的。它可以原谅一切,除

---

[1] 在约翰·卡森之后,凯茜·佩丝和劳伦·拉宾诺维茨关于游乐园项目也持类似观点。
[2] 这种"动员型虚拟观众"形式引领了早期电影。参见弗里德伯格。

了迟钝,毕竟,这是一个不可饶恕的罪恶。报纸都知道这个,并且迎合它。新闻代理机构知道这个,并且迎合报纸。我们步入了如此的一个循环:是先有鸡呢还是先有蛋"(173)。伊顿对新闻反馈环的描述——新闻代理机构回应了报纸,报纸回应了读者,读者回应新闻——强调了在报纸发行量的发展和名人文化的出现两者之间的互相联系。的确,正如理查德·什克尔认为的那样,在19世纪后期的"信息大爆发","产生了简化标志物的需要——这标志通常是人物,有时是事物——使一个论题、一个理想、一个渴望具体化、人格化"(28)[1]。在他们舞台角色和舞台下的生活中,戏剧演员都要处理一系列现实问题,包括离婚,不忠,财产不安全,浪漫,事业,家庭压力,等等。这些男女处理这些问题驾轻就熟,不仅仅要协调这些挑战而且要设法生活得激动人心,这样轻车熟路、大胆创新的生活足以鼓励那些指望从明星身上寻求建议的普通人(McArthur:x,164,188)。

与报纸和商业剧院不断发展的作为城市旅行指南的功能相一致,新闻代理人努力把戏剧演员描绘成能够激起新兴的名人崇拜的有见识的文雅人。尽管商业剧院长期以来一直支持一个明星系统,但最著名的演员已经对他们舞台上下的生活保持了严格的区分。也有少数著名的例外,比如像莎拉·伯恩哈特一类凭借舞台表演而被熟知和崇拜的演员,他们的私生活仍然保持着隐私。但在19世纪90年代初,舞台演员呈现为更为可见的公共的存在,而他们的公共和私人生活的分离传统崩溃消失了[2]。报纸杂志出版发表诸如《户外的安妮·罗素》、《舞台演员在家里最喜欢的东西》,或者《我们熟知的女演员茱莉亚·马洛》这类标题的文章,给戏迷们一种印象,认为他们了解这些在舞台上所饰演的人物背后的真实的演员 ("Annie":6;Kobbé:7—8;Laughlin:13,76;"Stage":576—9)。演员们在这个时期也开始在纽约的社交圈中更加活跃,和他们的粉丝真正亲近。在深夜的饭店和卡巴莱夜总会,歌舞杂耍的头领、合唱团的女歌手和社会精英交往,和有钱人调情、喝酒、抽烟,大致展现了一种更有表现力的生活

---

[1] 关于名人文化,也参见罗杰克和图纳。
[2] 这一转变预期了电影明星制度的发展,参见查理德·德科多瓦。

方式(Erenberg)。

这种"公共人物的原版维度和公共维度"的混合代表了名人文化历史上的一个关键性的转折点。正如文化理论家 P. 大卫·马歇尔所说,名人是一种"特别地超越了明星的现象",在其中它考虑了"表演(文本的)……同公共人格的日常生活(超越文本的)表现之间的相互作用"(6—7)。由于剧作家的介入,那些才能疏浅但富有吸引力以及拥有有趣的个人经历的演员们找到了他们上报纸的方法。新闻机构发表演员们在城市夜生活中和参加"每天"活动的照片与故事。一个特别雄心勃勃的代理人做得如此之多,以至于单就他的一名年轻女当事人的表演的事务就拍摄了超过260张的照片:

> ……正和她的洋娃娃玩耍(所有年轻女演员都收集和摆弄洋娃娃),正在她的花园里工作,正在划船,正行驶单帆船,正在写她的自传,在家读书,正在咨询她的裙子裁缝,正在给她的助理交代事情,正走进她的豪华轿车,正走入舞台大门,正在烤牛肉,正在给她的小弟弟补袜子,正骑着她的爱马,正在打高尔夫,正在看一场棒球赛。
>
> ("Autobiography": 68)

之后这名代理人安排"通过在美国和加拿大1 400家连锁日报和周报"将这些照片分配了出去。他后来承认,尽管这些照片完全是伪造的,但还是提升了他的当事人的形象,让"这位年轻的女士像女演员般著名"。这些照片最引人注意的地方是,它们提供了一种把这位女演员作为现代女性进行细心协调地描绘的方式——一方面把她描绘为有活力爱冒险的形象(骑马,打高尔夫,看棒球赛),另一方面同时把她描绘成有爱心又温柔的形象(摆弄洋娃娃,咨询她的裙子裁缝,缝补她弟弟的袜子)。通过这个照片系列,媒体代理人突出强调了这名女演员精湛技艺的同时塑造了一个符合保守读者口味的、现代的、活跃的美国女性形象。这位女演员毫无疑问是爱冒险的,但她又保持了许多传统女性的关键性特质。

报纸编辑很欢迎新闻代理人的经常极端的古怪举动,他们中很多人自己曾经就是记者,并且为发展新星和振兴过气的明星提供平台(Glenn:43—7;Schweitzer 'Singing':90—1)。但他们可能很难请到。在 20 世纪早期之前,以往的新闻代理人一直依靠个人关系来获得他们所需的材料,"当他高兴地带着一个'新人'出现的时候,他(发现)他之前的记者兄弟锐利地、相当怀疑地看着他"。编辑们之前"为免费广告开设了专栏……那时游戏是新的",现在则拒绝那些"中庸"的故事或是简单地重写的老套路(Pendexter:217—18)。然后,挑战在于寻找正确事物来吸引那些习惯于奇观与刺激的读者的稳定胃口。"在新闻工作中,成功的秘诀在于创造力",一个前新闻代理人在 1904 年写道:"道德家有时会鄙夷虚伪和谎言;但是另一方面,值得指出的是,在仅仅文字记载的世界历史中,似乎并没有什么是伟大的。"('Theatrical Press':196)威廉·普瑞伊顿重申,最好的故事是那些具有一定"奇异性、时间性或显著特征"的故事,这些特征将他们与其他沉闷的、乏味的陈述区分开来(167)[1]。

为了迎合公众对社会名流绯闻奇事的需求,新闻代理人上演了丹尼尔·布尔斯廷的赫赫有名的所谓的"伪事件"——精心策划但没有任何"真实"新闻价值的事件,然而却能迎合公众对一些"聪明的、古怪或荒唐的"事情的需求(iii,2—9,11—12)[2]。"我能凭空捏造新闻,我也确实这么做过",1904 年一个新闻代理人如此说道,"但是我喜欢和享受的是创造带来一个真实事件的条件,然后在我的指挥下尽我所能地来描述事件"('Theatrical Press':196)。许多伪事件通过聚焦女性艺人的功绩与不幸遭遇来提供对现代城市生活的隐晦或者不明确的评论。事实上,当新闻代理人像为女人工作那样来为男人工作时,他们最大的成就似乎是对女明星的伪新闻的捏造(*Eugene* O'Neill)。这种明显的性别差异,其中一个原因就是,在造成戏剧事件公众化的人当中女性占据了大部分比例(Butsch:394)。到 1900 年,女性在剧院观众占大多数,那些戏剧批判家谴责了这一现象,他们害怕美国剧院的"女性化"会抑制本土的(男性的)戏剧家的发

---

[1] 也参见 Pendexter:218;'Theatrical Press':196。
[2] 在引用布尔斯廷时,我很感激文森特·兰德罗把新闻代理人的噱头视为伪事件的鉴定(兰德罗:96)。

展。然而,尽管如此,一只眼睛盯在票房上的商业经理们依然继续围绕女性观众进行演出,并影响着女性观众对戏服奇异魅力的要求('American Girl's': 673;'Lackaye': 6)[1]。这些经理们通过推动女演员成为明星,策划一些新的剧本来彰显她们的个人魅力,雇佣新闻代理人来确保她们在全美国的成功等等各种方式,进一步鼓动了舞台的女性化。尽管像克尔·贝洛、查理德·曼斯菲尔德、约翰·德鲁等这样一些男演员有着较大的影响力,但他们仍然不能与诸如艾瑟尔·巴利摩尔、莫德·亚当斯等那些吸引了大批女性粉丝的女演员们相媲美(Clarke: 68; Ford: 546—660; Marra: 117—19)。

新闻代理人通过把他们的客户描绘成引领潮流的现代女性来帮助塑造解放的女演员形象,那么,我们如何理解他们也明显倾向于把女演员同时描绘成一个城市灾难的受害者或者说最有可能的受害者?当我们考虑到女性在这时进入公共生活的时候,一个可能的答案就出现了。到19世纪初,各个阶级的女性都把他们自己变成了公共的景观,到街道去抗议简陋的工作设施,在街角因为投票激烈争论,穿着招摇的衣服,表现得非常大胆,要不然就是静坐抗议(Enstad; Finnegan; Glenn)。保守的评论家认为女性的这些行为不正常,很荒谬,像个男人一样,他们深深地忧虑,这些女性冒着在公共场合受羞辱的危险去追求她们的政治权利,而不是做家务照顾老公和孩子。平衡决定着国家的未来(Smith-Rosenberg)。商业从一个非常不同的完全市场化的角度来看待公共女性的问题。从19世纪中期开始,百货公司、商业剧院、冰淇淋店还有其他公共娱乐场所,已经积极促进了女性中心区域或地区的发展,其中最引人注目的是贯穿从第14大街到第23大街的百老汇大道,这条街被人们称作"女人街"(Butch: 377, 390)[2]。意识到他们的成功要归功于中产阶级女性的资助,包括政权论者和不断发展的重大事件的活动者,商业家们不愿意剥夺女性的权利或者批评她们的政治观点。相反,商店的老板,戏剧的制作者,还有其他许多商

---

[1] 对这一现象更广泛的讨论,参见我的即将出版的书:《在百老汇大街上奔跑:戏剧,时尚和美国文化》(宾夕法尼亚州立大学出版社)。

[2] 关于这些发展,也参见艾贝尔森、博耶、利奇。

业娱乐活动者都想要通过引导她们的消费把女性的运动——推而广之,她们对政治事件的参与——限制在城市里(Rabinovitz)[1]。

在所有女性的身体被这些努力所限制的同时,现代性的重压对于女艺人来说也异乎寻常地加剧,尤其是那些成千上万的合唱团女孩,就像齐格菲尔德·福利斯讽刺剧中所说的那样,她们仅仅是一种商品。她们主要靠的是外表而不是才能,这些女性逐步丧失社会性和个性(Glenn：155－187；Mizejewski)。当然,明星比这些女孩和小演员享有更多的自由,但是,这些女性也发现自己越来越束缚于她们新闻代理人的强化追求名人新闻的阴谋。接下来对四种在1900年至1908年间上演的公共噱头的分析说明了新闻代理人用来处理女演员的可见的、公开的身体的一些策略。前两个例子,可以说是在那个时代两个最有名的噱头,描述的是外国女演员逃离城市无情能量的抗争。第三个讲述的是神秘舞者勒·多米诺·卢格在执行一项有趣而大胆越轨的救援任务。最后一个噱头围绕着贝莎·卡莱尔,一个之前毫无名气的合唱团女孩,她在穿着新裙子走过一条街后一举成名。在每一个噱头中,都很突出女性的身体,但以明显不同的方式,显示对城市生活的恐惧在何种程度上被映射到并通过女性表演者的身体来表达。

包装女性身体——销售现代女性

在1902年,新闻代理人A.托克森·沃姆因他详细为英国女星帕特里克·坎贝尔夫人准备的噱头,而在同行中获得了声誉(Beatrice Stella Cornwallis-West)。在后来被世人称为"鞣制革插曲"的事件中,沃姆买了几千英镑的鞣制革丢在西42大街国家歌剧院的前面,坎贝尔当时正在那里演出。第二天早上,各大新闻都报道了坎贝尔脆弱的艺术个性不能忍受外面街上的噪音,她的经纪人已经向曼哈顿自治政府求助。经过一阵讨论,政府同意让剧院铺鞣制革来减轻外面的城市噪音。纽约报纸因报道这一事件销量急剧增加,开始宣传他们自己的故事,下面是纽约晚报的一些摘录：

---

[1] 关于女性都市观影的讨论参见弗里德伯格、帕森斯、沃尔夫。

汽车接近时,摩托车开始减速,停在街道中,忍住没有鸣笛。

以乞讨和哭泣求生的坏脾气的小男孩也没有出声。

意大利的街头手风琴师被警告不要再往"第西二十九大街"更北去了。滑车上孩子的哭声也被止疼药阻滞了。

甚至连德隆警察局的探员也穿了胶鞋。

巡逻队员们都在小声地交谈。

在大都会和罗斯莫尔咖啡馆泡吧的人,在喝鸡尾酒和松子酒时都压低了嗓音。

一切都是静止的,一切都是静悄悄的。

(qtd in Campbell:174—5)[1]

对于20世纪曼哈顿音响范围的生动(夸张的)的描述,表明鞣制革这一小插曲中的智慧在于它给一个普通问题所提供的极端解决方案。沃姆呼吁那些对于城市拥挤万分沮丧的人们,鼓励他们去欣赏坎贝尔依靠她的明星效应来让城市安静下来的能力,而非要求纽约市民去同情那个丢了无价珠宝的女演员。

尽管描绘了坎贝尔的成功,沃姆也暗示说她缺乏"独自"应对城市生活的能力。很明显的是,坎贝尔从来没有在她自己的个人宣传中出现过。真正说来,她的成功在于她的缺场。在她的自传中,坎贝尔写到她自己之前完全不知道宣传中的任何事情;沃姆只是告诉过她,"如果有人说到'鞣制革',你就当什么都不知道"。当她问沃姆为什么要谈鞣制革时,他愉快地回答说,"我想你最好还是不要知道的好"(Campbell:167)。躲在门后面,远离暴民,并且处在新闻代理人的圈外——与游行中的参政者或是街头劳动者领袖形成鲜明的对照——坎贝尔作为城市"中"的胜利者出现了,但这仅仅是因为她与之保持着距离。

坎贝尔对她自己在纽约的时光的描述为沃姆的说法提供了论据,他的说法可能并非远离事实。在她的自传中,坎贝尔回忆了"纽约的喧嚣——匆忙的人流,高楼大厦,奇怪肤色的人:意大利人、俄罗斯人、中国

---

[1] 也参见皮特:220—3。

人——世界各地的各种各样的人——电梯的噪音,黑人小男孩,男服务生的鼻音和街道上汽车的噪音——我并非不友好,但对我来说它是魔鬼般的"(Campbell:167)。坎贝尔消极的、带有种族歧视色彩的评论证实了沃姆公共噱头的潜在意思,也就是说她还没有准备好纽约的生活并且渴望逃离这里。她在城市的切身体验或许也让她在看待这座城市的时候带上了有色眼镜。在她抵达之后没多久,坎贝尔就从那个附近经常有建筑工人引爆炸药来炸掉坚硬石块为地铁修建让路的旅馆搬走了,她希望找到一个能远离那种持续噪声的"圣地"。"24 小时之后",坎布尔回忆道,"那个旅馆被炸成了碎片——就像漫画中那样,许多无头尸体正在奔跑着搜寻他们的头、带有眼睛的头也在搜寻他们的肢体……鼻子、耳朵、手指散落了一地……我猜想,那些在企业中享有股份的人是为了让公众高兴起来"(167)。在这一实例中,坎布尔离开这一"魔鬼般的"城市喧嚣的迫切需求救了她一命。

紧随着沃姆的"鞣制革"小插曲的成功,业界的新闻代理人在他们的噱头中转向了逃避现实主题,暗示饱受压力的城市居民尤其是妇女在家里寻求慰藉(Eaton:169;Landro:103;Peters:220)。在 1904 年,纽约日报报道了一个由长岛的送奶工人提出的起诉安娜·赫尔德的奇怪案件。安娜·赫尔德是一个以她优美的身材以及含情脉脉的大眼睛出名的纤细的法国歌手。据那个不满的送奶工人说,安娜·赫尔德拒绝支付每天从他那里得到的"40 加仑"牛奶的费用[1]。追星族对这一要求感到十分困惑:她要这么多牛奶做什么?在几天的猜测之后,消息终于传来,赫尔德用牛奶是来洗澡的。尽管这个故事明显是假的,但是赫尔德裸体浸在牛奶里洗浴的富有美感的画面足以让人信服(见图 7.1)。事实上,赫尔德在牛奶里洗浴的引人遐想的照片,完全是由无数的报刊和艺术家的想象魔法般召唤出来的,这让这个故事更加显得扑朔迷离(Eaton:165-6;Landro:102)。

---

〔1〕 关于安娜使用的牛奶量从 2 加仑变到 40 加仑的报道,参见 Eatob:165 和 Pendexter:223。

第三部分 相互表演:建构社区 / **133**

"Anna Held's bathing in milk"

图 7.1 安娜·赫尔德的牛奶浴宣传噱头是由新闻代理人梅尔维尔·斯托尔兹策划的,象征着色情的女性身体在家里的安全氛围。在这幅由沃伦·罗克韦尔创作的漫画里,安娜被描绘为一个大眼睛,一头卷发的洋娃娃,但这只在图中前方舔食打翻牛奶的黑色的猫,显示了女演员的天真表情的虚假,特别提醒观众注视埋在浴缸中的身体。

来源:Channing Pollock, *The Footlights Fore and Aft*. Boston: R. G. Badger, c. 1911: 55.

  但是这一噱头并没有以送奶工人的有关目的来结束。在有趣的结尾部分,赫尔德她自己出面(只是在文本中),说她水嫩白皙的皮肤要归功于牛奶浴的神奇效果[1]。将她自己置身于传统的对于女性的谈论中,赫尔德(或者是她的新闻代理人梅尔维尔·斯托尔兹)邀请了其他女性和她一起远离城市生活的喧嚣与压力——以及给送奶工人付钱的事实——进入一个奢侈的、性感的、无须担心经济的世界。就像坎贝尔那样,赫尔德也没有在她自己的故事中出面,但的确从她圣洁的家中发表了言论,拒绝直接应对处理国内的责任或是现实生活的实践[2]。此外,像坎贝尔那样,她也

---

[1] 对这个宣传噱头的另一种解读,参见:Mizejewski:41-64。
[2] 关于"真正的女性特质",参见为威尔特:224-50。

以一个现代女性、一个外国女性的身份出现了，其目的在于通过消费确保她自身的快乐。突出的是，斯托尔兹似乎是利用了她法国人的特点来放大在性方面的具体性，或许是暗示着她缺乏她那些美国对手们的坚毅。

同对待外国人的方式相反，新闻代理人把美国女演员描述为独立的，具有冒险精神，这或许在她们出国的时候更为明显，美国女冒险家的陈规旧习是普遍存在的(Gablin)。当美国开始在国际舞台上显示力量的时候，在这一阶段，新闻代理人同时鼓励并修改傲慢的美国女性的文化旧习。比如说，当舞蹈家勒·多米诺·卢格(美国芭蕾舞演员Mlle Dazie面具下的伪装，一个法国名字)在1906年旅行到英国，她的美国新闻代理人把她描述成一个热诚、健康的女性，有过人的身体素质。在八月份，伦敦报纸上报道了她在海德公园勇敢地解救了一个溺水小男孩的事。据说，她在下午的排练后正在步行回家，这时她看到了在水中挣扎的"小男孩"。丝毫没有考虑自身安全，她"潜入水中去救他出来"，仍然是穿着她排练时的衣服。之后，在来自《早晨领导者》记者的采访中，她解释道男孩挣扎着"并抱住了我的脖子，尽管他攀在我的后背上，我还是把他拖到了河堤边"。她承认这个小插曲让她"有些僵硬疼痛，但是除此之外就没有什么了"(Mlle Dazie：10)。

勒·多米诺的噱头是对乔治·辛克莱的"溺水获救故事"的模仿和聪明的加工。勒·多米诺这个英雄不需要男性来救她，并且她的身体并不被动，尽管在营救之后"有些疼痛和僵硬"。勒·多米诺的噱头预言了在20世纪第二个10年流行起来的冒险连载小说，这样的小说通常是围绕女主人公发现自己处于险境，从受伤和死亡中侥幸逃脱展开的(Singer Melodrama：221－62；Stamp：123－53)。但是不像后来电影中的女演员那样，经过长时间训练，使粉丝对于她们自己完成全部特技印象深刻，勒·多米诺的英勇事迹完全是捏造的。因此，许多这样的"勇敢援救"的故事无疑标志着对于传统女明星特点的背离。最后，勒·多米诺的大胆越轨行为并没有推翻公众生活中对于女性的常规假设。就像坎贝尔和赫尔德，除了她演出的时候，她并没有在公众面前出现过。即使她出现了，她的伪装——另一个可能的诡计——会使她变得没有特色并且没有什么威胁性。

大多数当代评论把"鞣制革"和"牛奶浴"这种技巧当作20世纪早期新

闻代理人工作的亮点。但是在短短几年内,新闻代理人开始重新思考他们同女明星的关系以及他们精心策划的公共舆论的效果(Durstine:101－2;pendexter:217;Richardson:39;Schader:33)。在1907年,前新闻代理人沃尔特·普瑞·伊顿试着通过揭露许多新闻代理人的"诡计"来远离这个职业。六年后,"一个戏剧新闻代理人的自传"的匿名作者以一种相似的轻蔑口吻描写了新闻代理人的工作。像是魔术师揭露他们的秘密一样,这些作者讨论着这一职业的背后工作,揭露最成功的被人称赞的噱头的背后机制。随着对报纸版面更大的竞争和对"冰冷坚固的事实"的着重强调,这些代理人强调说他们再也不能执着于幻想,取而代之的是"不得不挖掘出新闻或者像是新闻的东西",如果他们还想在报纸上放上自己的故事的话(Pendexter:217;Richardson:39;Schader:33)。

在取代夸张的技巧向更为"现实的"策略改变时,新闻代理人也重新检视他们对于女性身体的描述。与安娜·赫尔德和帕特里克·坎贝尔夫人的依赖于遮掩女演员身体的宣传技巧相反,许多新的技巧突出了女性的身体,迫使演员积极参与。这些技巧经常通过描述在传统男性空间或职业中的女性来持续影响当代的性别焦虑。例如,在1907年,A.托克森·沃姆——"舒伯特兄弟"公司的公共事务部负责人,派合唱团的几个女孩,穿着海报中那样的打扮,在街头发传单来给公司产品做广告。接下来一年,一个巴黎的海报公司做了同样的事,让沃姆推测舒伯特组织正在走向国际化('Paris Women')。然而尽管这种技巧可能引起对于女性的社会发展的关注,增加公众参与,但是它似乎更强烈地关注着女孩们的性吸引力,暗示着女孩海报张贴主意虽然可爱有趣,但也有几分荒诞。

同新闻代理人的进一步合作给女演员提出了新的要求,要求她们兑现不断增长的账单。在1916年,演员鲁思·谢普利指出,尽管新闻代理人通过强调她最好的方面(换句话说,她的"好容颜、魅力,或是时髦的着装")帮助她建立了声誉,演员自己是唯一一个不得不维护这个声誉的人。"他向世人宣称说你是舞台上穿着最棒的女人,这使你在余下的生活中不断地买衣服来维护这个声誉,让你一直生活在贫困的状态",她悲伤地解释着(515)。尽管新闻代理人的工作包括"围绕"演员来编造故事,但是确保在台上台下扮演的角色和她在被推销给公众时的形象相一致,却是演员的责任。

正如谢普利的评论所暗示的,许多最为成功的新技巧,资本化地利用了公众对时装设计潮流逐渐增长的迷恋,对这样一种发展趋势的迷恋,成为像合唱团女子贝莎·卡莱尔那样的苗条有吸引力的女人。在1908年5月,卡莱尔穿着紧身礼服——巴黎沙龙上的紧身新款,走在芝加哥的州立大街上[1]。几分钟内,《纽约时报》报道说,"1万多人争夺着、推挤着"围住了女演员,迫使她退到了珠宝店的安全区域('Girl in Directoire Gown')。据《纽约时报》所说,卡莱尔用旧的睡衣博得了500美元赌注,但是《芝加哥星期日论坛》之后透露,整个事件是一场高度设计好的噱头,是乔·韦伯为其作品《风流寡妇》而同他的男性合作者共同安排的。

在州立大街,芝加哥主要的商业街道上上演的这出噱头里,韦伯有效地混入了穿着睡衣的卡莱尔,暗示着她就是另一件待售的商品。无论什么时候,当人群太靠近时,韦伯的商业经理罗伯特·E.斯通,就会以安全保卫及宣传指导的双重名义,护送卡莱尔进入到附近的商店和百货公司——为中产阶级的女性特意设计的确保舒适和安全的消费场所——直到能够安全地再次出现。当斯通最终确认睡衣和女孩(卡莱尔)已经达到了激发消费欲望的效果的时候,他带着演员返回到"殖民大剧院",那里报纸摄影师正等着为她拍照('Mad Rush')。作为她的付出,卡莱尔出现在了《芝加哥论坛》的封面上,但这样的宣传并没有让她成为明星。相反,城市的日报把卡莱尔的故事描述成了性的危险的故事,一个关于可能发生在一个女人身上的可怕事情的现代寓言,而她自己造成了这些。

但是关于这一事件还有另一种解读方式,仅仅想把卡莱尔看作是一个无助的受害者,一个男性商业利益的工具。尽管她可能无法掌控她所接受的条款,卡莱尔的技巧恰恰证明了时装对于女性来说是多么的强大,能让她在人群之中凸显出来。在沿着州立大街行走的过程中,如果只是试验性地愚弄传统准则,对这些准则的遵从或拒斥指示着一个女性应在何时、应

---

[1] 《在百老汇大街上奔跑》将提供对紧身衣风格更广泛的讨论。也参见施威泽"美国时尚"。

在哪里或应以怎样的方式在城市出现,那么,合唱团的女孩获胜了。事实上,女演员的时装宣传技巧或许已经为被政治性地鼓动了的女性提供了重要的模板。整个20世纪第二个十年,"全美妇女参政协会"的成员经常用时尚来反驳常规描述中把选举人说成是丑陋、粗俗、有男子气的情况。穿着时装参加游行和抗议,这些妇女借用女演员们的着装战略来发展她们的政治目的(Finnegan: 90)。相似的,在1909年,纽约罢工的女性工人带着时尚的无檐帽、穿着高跟鞋出现在了警戒线上,把她们自己打造成反对劳动中非人性化方面的"淑女"(Enstad: 84—118)。

所以尽管我们也许会质疑贝莎·卡莱尔沿着州立大街行走所带来的政治效力,但是她勇敢的行为吸引了人们去关注女演员对于鼓舞政治改变的潜力。正如已经清楚看到的,公众女性,改变时代的女演员有着独特的地位去表达女权思想,去挑战被认可的女性的传统定义(Buszek: 69—141;Glenn;Kibler)。通过她们台上台下的表现,她们渐渐地推动了妇女权利的维护并且示范了出现在公共场合的新方式,尽管这种方式常常受到新闻广告员的侵犯。

参考文献:

Abelson, Elaine. *When Ladies Go-Thieving: Middle-Class Shoplifters in the Victoria Department Store*. Oxford: Oxford University Press, 1989.

'The American Girl's Damaging Influence on the Drama.' *Current Literature* 43(1907): 673

'Annie Russell Out-of-Doors'. *The Ladies' Home Journal* May 1903: 6.

'The Autobiography of a Theatrical Press Agent.' *The American Magazine* April 1913: 66—70; May 1913: 78—87; June 1913: 70—7.

Bailey, Peter. 'Theaters of Entertainment/Space of Modernity: Rethinking the British Popular Stage, 1890—1914.' *Nineteenth Century Theatre* 20 (1997): 11—12.

Baker, Nicholson, and Margaret Brentano. *The Word on Sunday: Graphic Art in Joseph Pulitzer's Newspaper*. New York: Doubleday, 2005.

Boorstin, Daniel J. *The Image*. New York: Harper & Row, 1961.

Boyer, Christine M. *Manhattan Manners: Architecture and Style, 1850—1900*. New York: Rizzoli, 1985.

Buszek, Maria Elena. *Pin-Up Grrrls: Feminism, Sexuality, Popular Culture*. Durham, NC: Duke University Press, 2006.

Butsch, Richard. 'Bowery B' hoys and Matinee Ladies: Ladies: Re-Gendering of Nineteenth Century American Theater Audience.' *American Quarterly* 46.3(1994): 374—405.

Campbell, Mrs Patrick (Beatrice Stella Cornwallis-West). *My Life and Some Letters*. Toronto: The Ryerson Press, 1922.

Clarke, Margaret. 'The Pin-Money Club: A Picture of Ethel Barrymore for Every Pin-Money Club Girl.' *Woman's Home Companion* October 1910: 68.

deCordova, Richard. 'The Emergence of the Star System in America.' *Wide angle* 6.4(1985): 4—13.

——. *Picture Personalities: The Emergence of the Star System in America*. Champaign: University of Illinois press, 1990.

Durstine, Roy S. 'The Up-to-date Press Agent at Work.' *Printer's Ink* 9 March 1916: 101—2.

Eaton, Walter Prichard. 'Footlight Fiction.' *American Magazine* 65 (1907): 164—73.

Enstad, Nan. *Ladies of Labor, Girl of Adventure: Working Women, Popular Culture, And Labor Politics at the turn of the Twentieth Century*. New York: Columbia University Press, 1999.

Erenberg, Lewis A. *Steppin' Out: New York Nightlife and the Transformation of American Culture*. Chicago: University of Chicago Press, 1981.

The Eugene O'Neill Newsletter. vii.3(1983). 27 June 2006: <http://www.eoneill.com/Library/newsletter/vii-3/vii-3c.htm.>.

Finnegan, Margaret. *Selling Suffrage: Consumer Culture & Votes for*

Women. New York: Columbia University Press, 1999.

Ford, James L. 'The Ethel Barrymore Following.' *Appleton's* November 1908: 546—660.

Frick, John. *New York's First Theatrical Center: The Rialto at Union Square*. Ann Arbor: UMI Research Press, 1985.

Friedberg, Anne. *Window Shopping: Cinema and the Postmodern*. Berkeley: University of California Press, 1993.

Gablin, Jane S. *American Women in Gilded Age London: Expatriates Rediscovered*. Gainesville: University Press of Florida, 2006.

'Girl in Directoire Gown.' *The New York Times* 24 May 1908: pt. 2, 1.

Glenn, Susan A. *Female Spectacle: The Theatrical Roots of Modern Feminism*. Cambridge, MA: Harvard University Press, 2000.

Kibler, M. Alison. *Rank Ladies: Gender and Cultural Hierarchy in American Vaudeville*. Chapel Hill: University of North Carolina Press, 1999.

Kobbé, Gustav. 'The Actress We Know as Julia Marlowe.' *The Ladies' Home Journal* February 1903: 7—8.

'Lackaye Blames the Women: Declares They are Responsible for the Degenerating of the Stage.' *The New York Times* 23 February 1910: 6.

Landro, Vincent. 'Faking It: The Press Agent and Celebrity Illusion in Early Twentieth Century American Theatre.' *Theatre History Studies* 22 (2002): 95—113.

Laughlin, Clara E. 'Back of the Footlights with "Juliet": What a Day Means to Julia Marlowe Behind the Scenes.' *Ladies' Home Journal* May 1907: 13, 76.

Leach, William R. *Land of Desire: Merchants, Power, and the Rise of a New American Culture*. New York: Pantheon Books, 1993.

Lutes, Jean Marie. 'Into the Madhouse with Nellie Bly: Girl Stunt Reporting in Late Nineteenth-Century America.' *American Quarterly* 54. 2 (2002): 217—53.

'Mad Rush to See Directoire Gown.' *The Chicago Sunday Tribune* 24 May 1908.

Mlle Dazie. Vol. 147. Robinson Locke Collection, Billy Rose Theatre Collection, New York Public Library for the Performing Arts, Astor, Lenox, Tilden Foundations.

Marra, Kim. *Strange Duets: Impresarios and Actresses in the American Theater, 1865—1914*. Iowa City: University of Iowa Press, 2006.

Marshall, P. David, ed. 'Editor's Introduction.' *The Celebrity Culture Reader*. London: Routledge, 2006.

McArthur, Benjamin. *Actors an d American Culture, 1880—1920*. Philadelphia: Temple University Press, 1984.

Mizejewski, Linda. *Ziegfeld Girl: Image and Icon in American Culture*. Durham, NC: Duke University Press, 1999.

'Paris Women Who Are Bill-Posters.' Clipping with handwritten note. Box 99A Wor-Wy, Nov.-Dec. 1908, Correspondence 1908—1910, Shubert Archives.

Parsons, Deborah L. *Streetwalking the Metropolis: Women, the City, and Modernity*. Oxford: Oxford University Press, 2000.

Pendexter, Hugh. 'On the Trail of the Press Agent.' *The Green Book Album* January 1910: 217—24.

Peters, Margot. *Mrs. Pat: The Life of Mrs. Patrick Campbell*. New York: Alfred A. Knopf, 1984.

Peiss, Kathy. *Cheap Amusements: Working Women and Leisure in Turn of the Century New York*. Philadelphia: Temple University Press, 1989.

Rabinovitz, Lauren. *For the Love of Pleasure: Women, Movies, and Culture in Turn-of-the-Century Chicago*. New Brunswick: Rutgers University Press, 1998.

Richardson, Leander. 'Where are the Press Agents of Yesteryear?' *Vanity Fair* October 1914: 39.

Rojek, Chris. *Celebrity*. London: Reaktion Books, 2001.

Schader, Fred. 'The Real Press Agent.' *Variety* December 1914: 33.

Schickel, Richard. *Intimate Strangers: The Culture of Celebrity*. New York: Doubleday, 1985.

Schweitzer, Marlis. 'American Fashions for American Women: The Rise and Fall of Fashion Nationalism.' *Producing Fashion: Commerce, Culture, and Consumers*. Ed. Regina Lee Blaszczyk. Philadelphia: University of Pennsylvania Press, 2008: 130—49.

——. "Singing Her Own Song": Writing the Female Press Agent Back into History.' *The Journal of American Drama and Theatre* (Spring 2008): 87—106.

——. *When Broadway Was the Runway: Theater, Fashion, and American Culture*. Philadelphia: University of Pennsylvania Press, 2009.

Shepley, Ruth. 'The Life an Actress Leads.' *The Green Book Magazine* March 1916: 513—16.

Sinclair, George. 'Actress' Ready Press-Agent.' *The Green Book Album* August 1911: 368—72.

Singer, Benjamin. 'Modernity, Hyperstimulus, and the Rise of Popular Sensationalism.' *Cinema and the Invention of Modern Life*. Ed. Leo Charney and Vanessa R. Schwartz. Berkeley: University of California Press, 1995: 72—99.

——. *Melodrama and Modernity: Early Sensational Cinema and its Contexts*. New York: Columbia University Press, 1999: 149—88.

Smith-Rosenberg, Caroll. 'The New Woman as Angrogyne: Social Disorder and Gender Crisis, 1870—1936.' *Disorderly Conduct: Visions of Gender in Victorian America*. New York: A. A. Knopf, 1985.

Snyder, Robert W. *The Voice of the City: Vaudeville and Popular Culture in New York*. New York: Oxford University Press, 1989.

'Stage Favorites at *Home*.' *Harper's* Bazaar October 1901: 576—9.

Stamp, Shelley. *Movie-Shuck Girls: Women and Motion Picture Culture*

After the Nickelodeon. Princeton: Princeton University Press, 2000.

Taylor, William U. ed. *Inventing Times Square*. New York: Russell Sage Foundation, 1991.

———. 'Launching a Commercial Culture.' *In Pursuit of Gotham: Culture and Commerce in New York*. Oxford: Oxford University Press, 1992.

'A theatrical Press Agent's Confession and Apology.' *Independent* 59 (1905): 191—6.

Trachtenberg, Alan. *The Incorporation of America: Culture and Society in the Gilded Age*. New York: Hill & Wang, 1982.

Turner, Graeme. *Understanding Celebrity*. London: Sage, 2004.

Welter, Barbara. 'The Cult of True Womanhood, 1820—1860.' *The American Family in Social-Historical Perspective*. Ed. Michael Gordon. New York: St Martin's Press, 1978: 224—50.

Wolff, Janet. *Feminine Sentences: Essays on Women and Culture*. Berkeley: University of California Press, 1990.

8.《迷情伴装》与同性恋城市的景观*

金姆·索尔伽

奇幻之旅

在霍利·休斯1987年的戏剧《迷情伴装》中——该剧由开裆裤剧团的洛伊斯·魏芙导演,佩吉·肖和魏芙本人主演——主角密西根与迪鲁斯"旅行"到加利福尼亚、俄亥俄,还有密歇根州——其实在整个所谓"旅行"过程中他们并未离开他们的"东村"礼服店。一路上他们跨越边界,侵入标志性景观,并且挑战驱动着现今美国同性恋生活的被奉为经典的神话地理学:唯一好的是城市中的同性恋,同时,能冒险进入——作为一个男同性恋者或是女同性恋者——国家的"腹地"去找寻在异化、敌对的领域中被围困的自我。在本章中,我审读了《迷情伴装》2005年在得克萨斯州奥斯汀的重演,以便探索该剧在城乡接合部所进行的直接且奇特的表演工作。我把人文地理学和建筑学理论相结合,用以理解休斯、肖和魏芙如何既接受又反对那种先入为主的神话学观念,即那种——当他们描画一幅不同的美国人的性选择的地形学绘图的时候——关于一个人的身体属于哪个空间的阐释的观念。

《迷情伴装》这个故事发生在纽约的一家低租金的礼服店中。这家店很小——"狭窄"并且"令人不适"(Davy:156;Patraka:168,176;Schnieder:174)——但是它也是一个灵活的、多维的表演空间。这个空间允许"蕾丝

---

* 本文的初稿在加拿大社会科学和人文科学研究理事会的大力支持下得以完成。

边"(即女同性恋者——译者注)表达自己,任意挥洒,耳鬓厮磨,因为它超越了所有已分的行为方式。在我之前,已经有学者对由《迷情佯装》所激活的空间批判迅速进行了卓有成效的思考。例如,凯特·戴维(Kate Davy)和维维安·帕特拉卡(Vivian Patraka)都对这部剧如何解构父权空间、法律空间(Davy: 159),或是哈里斯所称的"表征空间"(214)表现出极大的兴趣。尽管我非常赞成这些文献,但是我觉得对《迷情佯装》的研究,仍然缺少对作为评论性别关系的重要物质维度的空间在这部剧中如何发挥作用的完整阐释。我对《迷情佯装》如何巧妙地处理建筑(那个"狭窄"的礼服店)与地理(城市空间自身,以及在密西根和德鲁斯的旅程所见到的那些标志性景观)很感兴趣,这是为了去探索当代美国是如何在实际上和想象上划分异性恋及同性恋的,彼此间撇开身体及经历,沿途造就了恐惧、羞愧和剥夺。正如我所要讨论的,物质维度的空间和场所无论是对《迷情佯装》里的性别政策还是对它的"蕾丝边"的可能表演都十分重要。

＊　＊　＊

本文源于 2005 年春天我与佩吉·肖和洛伊斯·魏芙在得克萨斯州奥斯汀的几次偶遇,当时我还在德克萨斯大学(奥斯汀)读博士。奥斯汀以其作为德克萨斯海岸的自由天堂而著名,然而我的加拿大社会主义者身份在此毫无益助,只能感觉到超越城市想象边界的政治前沿的推力。我到达美国是在 2004 年乔治·沃克·布什有争议的连任之后;美国国内的情绪是分裂的,这种分裂,在德克萨斯中心地带城市人口与非城市人口相互遭遇的地区最为明显。尽管我对自己的综合阅读能力很是引以为傲,但是当我住在奥斯汀时我发现自己轻易地就滑进了陈规旧习中。被困在共和主义者把守的要塞之中,难道我们仅仅是一块被保守主义阵营扔出的石头?

2005 年 3 月肖和魏芙到达奥斯汀奥弗中心(Off Center),此行的目的是使赢得奥比奖(Obie Award)的《迷情佯装》重新振兴,她们带来了一个更富创造性的空间观念。就像当年春天苏·爱伦·凯斯在奥斯汀分校发表的一场演讲中所指出的那样,开裆裤剧团的表演工作总是能攻陷对方的防线。像诸如《向上移动的家》和《谁杀了"蕾丝边"》这样的剧作都是以那些我们可称之为边缘地带的地方为背景。这些地方有其经济的和文化的界阈，与资本、同性恋以及其他非常规的内容维持着一种矛盾情感关系。但是，这些地方也给这些主题提供了一次机会，不管是在中心还是在边缘都在批判性的对话中构成它们本身——而不是在预先建构的关系中，在整个过程中产生着新的、地方性的认同和改变，改变的"不仅仅是性别权利，而更重要的是性取向"(Phillips and Watt：1—2)。

凯斯的话让我想起，空间政治经济的细微差异一直构成了开裆裤剧团的伦理表演的关键部分，不管是在舞台上还是在舞台下，以至肖和魏芙在奥斯汀的工作经常让我想起我们暂时共同栖居的那个空间的复杂动态学。我意识到，《迷情佯装》[1]是一部关于虚构和发明的空间的戏剧。这部戏充满争议：它表现的是一对女同性恋，她们就像"双胞胎"姐妹一样；它既代表城市也代表乡村，既代表真实的空间也代表虚构的空间，就像真的双生的存在；它在"我们"和"他们"之间的分界处提出挑战。这是一部挑战极限的剧目，《迷情佯装》的隐含信息传递了这样的机遇和挑战，即重塑共同的文化空间的可能性。这既可以发生在一个位于纽约东部低处的偏僻的、小型的女装店，也可以发生在女性"旅行"的中部地区，抑或是最适合表演的地区，而这样的表演使这个阶层成为可能(Harris：214)。但那也意味着这发生在危险的、经常被严密巡逻的不同场所"之间"的边界地区：在城市之间、郊区之间、城郊与农村之间，也表现在红蓝阵营之间，外来美国人和本土美国人之间，Fox 或 CNN 电视台中真实的美国和"WOW"咖啡馆或是奥弗中心(Off Center)中的虚假的、旁观的、有点同性恋的美国之间。《迷情佯装》这部戏剧让人理解了边界两端双方其实是相互依存的：她们构建了

---

〔1〕 我主要根据肖和魏芙来界定《迷情佯装》，但是这并不能抹去霍利·休斯作为共同创始人的身份，或是表演所反映的她自己的空间政治的主要方式。

② 菲利普斯、瓦特和沙特尔顿的《将性别去中心化：超越大城市的政治交涉(2000)》是好的，虽然罕见的例外。

③ 城市基础建设无疑比小一些的社区的网络配备得更好，用以支持同性恋者，与此同时，大量的男同性恋和女同性恋移民后却发现城市生活使自己的梦想幻灭(参见斯柏林和威斯顿)。另一方面，对城市同性恋乌托邦的限制不断呈现，参见凯斯："对于男性化的女性主义的复古与未来"和宾尼："城市性欲的可能性"。

黛安娜·克里斯霍姆(Dianne Chisholm)继沃尔特·本雅明之后称之为所谓的"同性恋群体",一种把紧张、风险和机会都叠加在一起的辩证法,出现在了同性恋的时空之中。

当我观看肖和魏芙排练与表演这出剧时,我开始问自己一些更有意义的关于我与我周围环境之间的关系问题。在德克萨斯州保守的郊区、牧场和自由主义盛行的奥斯汀市之间,在闭塞保守的地方和同性恋盛行的大都会之间,什么是真实的,什么是想象的,那个庞然大物的神话是怎么在奥斯汀和周边村落之间划分的——当然是指政治上的划分,而且,严格来说,是性方面的划分,因为在奥斯汀上演的同性恋剧目关系到德克萨斯州的名声,所以那个神话是如何抨击同性恋帮助我们产生一种想象来支撑对这样一些问题的已有的理解:谁该活着,谁该在城市、郊区、乡下受欢迎?奥斯汀也许是怪异的,但是"让奥斯汀怪异"一度成为超市里最疯狂的标语。同性恋城市讽刺地使一些大富豪来叫卖与德克萨斯州主流的保守投机主义不同的东西。什么是虚构的?什么是真实的?这两者又各自有什么危害呢?

有一个月的时间,肖和魏芙住在充斥着矛盾的地方并且在那里演出,这一演出冲破了历史禁锢也获得大家的共鸣。《迷情伴装》没有采用奥斯汀春天的幕布背景,而是剥离了它先前在我的想象中所种下的诱惑性幻想:建立同性恋城市的目的在于远离现代国家的两性之间的保守性(Munt:119)。这协调了我们在想象的城乡发展的十字路口、在"不正常的"性和"保守的"经济之间造就国家空间的方式,让我们严肃看待虚构故事的力量和限制——怎样持久而普遍地帮助形成这一梦想,使我们居住的这个世界更好或更坏(Fuchs:44)。这不是要暗示《迷情伴装》在奥斯汀以任何特殊的方式所做的改变或更新,尽管它引起当代政治共鸣的问题——为了区别于普通工作间里的谈话——从没有远离旁观者和表演者的思想。毋宁说,表演词汇中出现过的对空间和性之间令人担心的带有神话色彩的审问,当那些神话与门外的小布什国家管理下的景色相冲突,同时也与同性恋就是酷的流行文化相冲突的时候,被扔进了一个特定类型的解救,在21世纪初期的美国,这种同性恋就是酷的流行文化矛盾性地限制了共和党对同性恋的憎恶。在奥弗中心(Off Center)观看表演,像肖和魏芙这样的叛逆者再现迪鲁斯与密西根的角色,熟悉该剧历史的观众不禁要立即在至少两个地方定位我们所有人:在波西米亚式的但是经过迅速改善的纽约城和正在迅速改善的东奥斯汀;在1987年前后里根统治下的美国和在小布什改造白宫并宣告他重新加强了政治中心仅仅五个月之后的德克萨斯州的腹地深处。当我们以1987年的镜头看2005年的时候,对演示同性恋的热切推进在任何地方对任何观众都是那么友好,突然承担起了新的激进的紧迫责任和风险。

迪鲁斯与密西根乍看起来也是被禁锢的,包括在她们小镇的服装店里。但她们的地位不是真的如此孤立无助,也并非可以预见。墙上的两个大旋转式支架挂满了衣服,化妆舞会服装的口袋里随意地装满了各种道具,她们商店的空间特征表明极易受到野营表演的空间渗透。密西根和迪鲁斯承认但抵制她们身体的和社会性的弱点,因此把她们的店变成了一个奇妙的陈列室,一个透明的私密空间(Sedgwick:80),这样的透明空间是对自由释放的威胁,而不是对她们同性恋行为的包容,由此表示对从1987到2005年间在美国对同性恋认同的想象限制的一种无理但又令人深深感到愉快的批评。接下来,我将探索《迷情伴装》与城市的关系(包括在文本和表演两个方面),在其中它设定并思考了构建有魅力的同性恋城市所存在的挑战。然后,在绘制了《迷情伴装》中服装店的地理图后,我将追溯服装店作为表演的私密空间的建筑学实践,从对重演作品的观看与感受中汲取灵感。我首先运用建筑学理论家凯瑟琳·英格拉翰姆(Catherine Ingraham)的理论来探讨服装店的改变,然后通过在服装店同性恋表演中出现的双重躯体这一镜头,去解读剧本中的两个神秘场景——加利福尼亚和俄亥俄。双重身体也就是两个躯体的叠加,奇异的是,作为景观,这让我们返回到一种可能性,即当代美国性别认同的空间建构比它首次出现时更具可塑性。

商品景观的表里

大城市时代的星群在没有坠落的情况下不能被描绘出来。……现在千禧年的时刻已经成为过去，钟声被大肆宣传的媒体报道取代，在这些报道中大城市中的性选择呈现出了同性恋趋势。

（Chisholm：254）

　　同性恋城市和井井有条的乡村之间的界线——在被定义的服装店与允许密西根和迪鲁斯在其中记忆、创造、侵入和表演的世界之间——是一种重要的空间分割，它构建了《迷情伴装》这部剧以及该剧戏剧性强化的主要论点。性感城市与"任何其他地方"的性压抑之间的区别是现代美国的一种最有潜力的、普遍的地理神话学，在过去的20年里，它只是赢得了同性恋生活方式主流化和市场化的引导权（如果不是同性恋权利的提升，甚至这样的引导权都没有）。关于同性恋城市的老鼠和井井有条的乡村的老鼠之间存在不可协调的差异的信念，被复杂的消费主义以及这些地方社会的和文化的资本大大强化了。受著名的电视节目（《作为传说的同性恋者》和《L世界》，分别在匹兹堡和洛杉矶播放；由卡森·克莱斯利以"同性恋的眼光"的名义主持的"如何去看美好的裸体"）、（表现了同性恋勇气的）勇气事件的商品化以及华而不实的城市同性恋生活方式杂志等各种因素所驱动，这些信念都坚信同性恋的生活方式在城市中毫不费力地茁壮成长，不仅受欢迎而且不断繁衍；城市以外的世界限制它，同时可能会向同性恋城市寻找生活方式的建议，但是这并不代表最后同意它的价值观。

　　2005年在肖和魏芙为奥斯汀观众用魔法召唤出来的世界中，衣服和其他时尚饰品提供了有关复杂城市性的冲突象征，即由"同性恋城市／井井有条的乡村"的地理神话学所恶劣地建构起来的有害的二元对立。在时尚的"东村"，居民只有妇女，但是她们舞台上的演出并不时尚。她们高雅的小酒馆桌椅和雪利酒杯让她们看起来像搬进街区的雅皮士一样富有，但是她们穿的礼服过分鲜艳，绘着怒放的花朵，把她们带入一种氛围，看起来有点像不自然的老奶奶（上了年纪的变装皇后——一种男扮女装的表演，译注）。她们没有办法续添雪利酒，因为她们似乎不能离开店里，这个店吸引不了顾客，孤零零地对着街道。只有老旧的衣服和细高跟鞋束在墙上，除了观众和表演者的几双脚外什么都没有，这个服装店要求我们去见证它所不是的样子。"城市同性恋"变成了麻烦的代名词:女人们没有成为 20 世纪 80 年代后半期以来我们希望通过训练而使之成为的那种彬彬有礼的人。这条褴褛但别致的通往城市中心的道路状况 2005 年前后猛地关上了市场力量真实性的大门(在那时候城市性感顾客有重要的支配地位),挑战着在金钱同性恋、商品消费、城市中性快感的无度追求之间的简单制衡,这些东西已经变成了对 21 世纪早期西方资本主义的典型描述。

在过去的 20 年里,女权主义者和同性恋地理学研究者探讨了男同性恋、女同性恋、变性人利用空间的各种方式。然而,这个有价值的工作,却结合了人文地理学者把城市作为分析地点的持续困扰;其结果被广泛地过分强调用于城市空间中的同性恋身上。像大卫·贝尔(David Bell)和吉尔·瓦伦亭(Gill Valentine)这样的批判家已经注意到了这个理论上的鸿沟并强调要对此予以考虑,与此同时;在其他事情中,"郊区和小镇"与"田园性的文化建构"一样,刺激和再生着同性恋的城市偏见("Introduction:Opientations":8),分布在其中的同性恋网络,试图去弥补这种在某种程度上的不平衡。做出上述论断六年之后,贝尔仍然坚持城市是"欲望的符号"(Califia,qtd in Bell 'Fragments':84)的观点,而在同期发表的罗宾·庀斯(Robin Peace)关于女同性恋的空间实践的著作《愉悦区域:身体、城市、空间》中,最后得出结论认为,城市是唯一一个女同性恋的欲望能够真正得到认识、接受和获得的地方(47)。像其他地理学家的工作一样,庀斯的工作反映了对城市发展取向的根深蒂固的怀疑,这种取向在于献身于商品拜物教,致力于从"标价和购买"(47)来取乐,同时也表现出对这种拜物教的屈服,并争辩说,获得快乐的方式尽管被标价了,对同性恋的主体而言,这样的城市生活不是必然的却是值得的。

同性恋空间作为城市空间,其人类地理学的普遍建构指向更大的问题,即关于在与空间的关系中(在非常有限的意义上)同性恋的身份是如何产生和被确认的,尤其在美国(Halberstam:15)。"同性恋"和"城市"两个词的合并,把非城市空间永恒化的各种神话,构成了凯特·维斯藤(Kath Westen)指认"同性恋虚构"的中心部分,"一种性地理学,其中城市代表的是忍受和同性恋共同体,乡村代表的是迫害和同性恋共同体的缺场"

(262)。"同性恋虚构"远不止于一个"虚构的共同体",它逐字诠释了"同性恋自身——通过详细阐释一种在城市和乡村生活之间的对立的方式"(274)。换句话说,"同性恋"呈现"为"城市的身份,与非城市身份"相对立"。同性恋行为的出现根本上恰恰与城市之外的生活不匹配,因为同性恋虚构要通过在城市和城外之间的神话学(即虚构的——译者注)斗争来不停地再生它本身,这种斗争形象地表现了乡村同性恋逃亡者的故事,他们旅行来到城市加入和他们志趣相同的先锋群体。这种同性恋空间神话学的结果是一种对城市外来同性恋者的"靠近"对象的彻底的现代主义投射,这些"靠近"者充满着亟待成功的快乐。与此同时,非城市的同性恋者主体化入了新基础上的平等结构,一个具有畏惧、厌恶、怜悯各种情绪在内的幻影结构,通过他们的想象,城市的同性恋者能够稳定他们自己的正在形成的主体性(Halberstam:34)。

当然,像所有虚幻的身份证明一样,城市同性恋便利地遮掩了强迫男同性恋者、女同性恋者、双性恋者和变性的人住在城中或城外所造成的很多张力和矛盾。海尔伯斯塔姆(Halberstam)把这种同性恋虚构称作"一个永远无法兑现允诺的自由之地的梦想"(30),而且这种梦想不是简单的,因为它关联到一系列的关于何种人住在城市之外、与之共眠、为之投票的危险假设。城市作为性逃亡者营地的愿景与当代的同性恋情况相对立。当代的同性恋情况是男同性恋者、女同性恋者和其他不正常的人在城市里都受到限制。城市或许会,也或许不会给他们提供兴盛起来的资源或者是他们希望找到的志趣相同的共同体。最根本的心态是一种可怕的保守心态,限制了同性恋的流动,并且冒着一种潜在的性分区的危险:我们将占领这个城市,而你们,出去,可以声称对这个国家的剩余区域的所有权。

城市真的是天堂吗?我们真的要掌控其他每一处空间吗?这些是《迷情佯装》用来打破现代同性恋地理分布图的基本问题。它所上演的每一个地方——从"加利福尼亚",以系列文身的形式先出现在密西根的身上,然后又在密西根和迪鲁斯从热吻中醒来时再次出现;到"俄亥俄",在观众的大笑中,由迪鲁斯表演的懒洋洋的站立行为召唤出来;再到"城市",被霓虹灯粉饰的轮盘般的结构,稍许偏离正常状态,《迷情佯装》表现出了一种胆怯的自负——都是有目的地变幻不定的,是一个使人回忆起从山姆夏普特(Patraka：166)到《断背山》的对美国式虚构的模仿,并且激起了一系列关于这些虚构人物满足当代同性恋主体需求的充分性的问题。这出剧的景观是戏剧化的,但它们也是极其矛盾的：它们符合一种感觉,实际风险或威胁的感觉本身又存在众多未知的东西。很早的时候,密西根就告诉我们"(她和迪鲁斯)变成姐妹的那个晚上",她"向外望去,天上没有几颗星星。天空布满獠牙。……我们已经落入狼口,正要吞噬我们"(Dress Suits：117)。如果没有流行文字的或是影视神话学的夸张描述,美国的风景就什么也不是,基于这样的认识,《迷情伴装》通过不断重演能够界定它自身的每一个故事,来呈现它关于这些景观的声明。

那个礼服店是这个重演的故事的最初起点。腐烂的味道很明显：曾经可能很酷；现在,它已经完全没有了原来的样子。更重要的是：作为这两个女人的经济来源,作为她们的生活方式,这个店标志着悲惨的失败和无法隐藏的贫穷。密西根和迪鲁斯住"在这个镇子上很不好的地方",拥有"可以给她们自身带来好处的大量衣服"(Dress Suits：117)。然而,这些衣服并没有彰显她们作为同性恋消费者的力量,而仅仅是她们作为同性恋城市资本家的失败：这个店带给普通大众一个谎言,即现代的同性恋都是有开支结余的城镇居民。正如庇斯所指出的,女同性恋在整体上的消费力度远没有普通人或者男同性恋的大(50),而与此同时,根据《L世界》的观点很容易假定财政赤字已经被克服,我们不要忘记,对女汉子的身份认同源于工薪阶层的文化。新型的女同性恋的高雅形象是市场运作的产物,而不是女同性恋聚居区悬殊收入真实变动的反映。同样的,男同性恋把城市看作是同性恋事实上的孵化器的想象,也围绕着一个经济轴心,这个经济轴心对一般人而言也是难以企及的,被"拥有资本的那些人所统治：典型的白人中产阶级"(Michael Warner, qtd in Binnie 'Trading Places'：185)。

黛安娜·克里斯霍姆最近出版的《同性恋群星》(Queer Constellations),揭示了城市何以成为脱离社会经济现实定位、毫无节制的同性恋乌托邦的神话,书中专注的主题鲜明地显示出城市同性恋乌托邦对现实政治经济的依赖。克里斯霍姆评价莎拉·舒尔曼的波希米亚三部曲的章节(1985 -

5)——被设置在开裆裤剧团巡演期间的每一个"东村"世界中——让我想起《迷情伴装》的创作和第一次表演,在那个时候,密西根和迪鲁斯所生活的城镇中的"不好"的地方,对艺术家、劳动者、长住居民以及把东部低洼地区称为家的游民而言,正迅速变成他们负担不起的地方。1988 年 8 月,就在这部剧的最初版本刚刚上演几个月后,在汤姆金斯广场公园就能看到警察与抗议者的对峙,抗议者们反对对邻近街区进行强制性改造,这种抗议斗争在那时达到高潮。在这种空间性的精神创伤的觉醒中,密西根的独白与对即将来临的驱逐的焦虑一起回响,在独白中密西根要求警察对迪鲁斯的"死"进行报道但不能提及礼服店的地点。

然而礼服店不仅仅意味着贫困和绝望,它也是一个地理学的抵抗(Pile: 2)。密西根和迪鲁斯在过去或许没有足够好的运气能够租到衣服,但是现在她们明智地选择不再去尝试。不论如何,她们选择退出了贸易经济,特别是退出了坚持以同性恋为新的前沿消费群体的城市市场。通过 2005 年重演时的流行文化语境辩证地审读这部戏剧 1987 年的场面,我们也许可以认为密西根和迪鲁斯是当代同性恋文化表演明星的两个相反的极端。从电视连续剧《同志亦凡人》可以看到,同性文化对想要追求更高层次的城市文化生活方式的观众来说也是一种趋势,但是在主流电视节目上,像已经停播的《粉熊救兵》和流行的英国剧《本色出行》,构建了这样一种错觉,即"同性恋"与生活方式有关而与性关系不大。密西根和迪鲁斯,则故意并滑稽地拒斥这一趋势的表演,甚至是私下或公开地不懈地要求着享受性活动的权利,而不管她们的身体有多老多过时。如果新同性恋经济的不可言说的座右铭是"购买同性伴侣,但不要(一直)与他成为同性伴侣",那么密西根和迪鲁斯则拒绝向任何人出卖任何东西。她们占据店铺,像示威游行中人们可能会做的那样拒绝离开,也拒绝让店铺集资流通。如果《迷情伴装》提供了一个在特殊的时间(纽约东部低洼地区)和特殊的地点(1987 年)真实的女同性恋被驱逐的快照,它也因此展示了持久威胁着为被驱逐者提供生活来源的经济的可能性,比任何时候都要贪得无厌。

密室和加倍：神话、身体和国家的其他地方

> 她把讨厌鬼带回了乡下，
>
> 把地毯从我下面拉了出来。
>
> （密西根，《迷情伴装》：140）

作为一个地理学的抵抗，《迷情伴装》中的礼服店既建构着同性恋城市的地理图，又解构着同性恋城市的景观。但是该店不仅仅是一个通向被（更为复杂地）定位的同性恋主体的道路上的地标，也是（无论如何，理论上）一个由墙、窗户、从未开启过的门以及各种材料构成的聚集物。它构造出了空间。按通常的文字描述，该店是一个建筑，一个包围着密西根和迪鲁斯的盒子，把她们困在里面，把她们的身体标记成为它的一部分。凯瑟琳·英格拉翰姆认为，用一个常用的术语来说，这样一个建筑是经典的：经典建筑理论迷恋于线条、墙面以及空间的划界。它基于地图的逻辑，基于二维的草图大纲的逻辑，基于镜像展示时刻的逻辑——因此也是基于一种相关否定的逻辑，即对在线和墙"之间"、在分开的身体之间、在床单之间会发生什么的否定(92,102,110)。英格拉翰姆在1998年的专题著作《建筑和线条的负担》中描述了经典的建筑理论，谈到了她在其中一章所称的"（死亡）躯体的轮廓"：身体与性欲相关联，一个人或许会把床单弄乱、弄脏、弄皱床单的线条，他来整理清洁亚麻做成的床。(102)"我们能移动吗"，她追问道，"能从下面，从线条的负面的隐性结构/空间（平滑的床面或者建筑设计的平滑地面）下面移动到线条的上面吗，移动到正面的直接现实的结构/空间（床的空间，该空间中的身体和身体的运动；建筑物的空间，该空间中的身体和身体的运动）吗？"(102)

我发现《迷情伴装》有一个不可思议的高明之处：它仅仅以这样一个（身体）轮廓开始，继之以在线条"之上"的单纯的移动。迪鲁斯在戏剧中最初的几个月"死了"，仅仅是为了迅速而刺激地再次显现，以便能够呈现她在表演中的角色，一个建基在性觉醒基础上的诱惑角色。她的角色就是一个躯体，经典建筑试图从其蓝图抹去的躯体：她是个粗鲁的扮演男性角色

的女同性恋者,"纯粹的帕洛米诺马"(《迷情伴装》:116)。但是再现的迪鲁斯的身体也是演员的身体,这个演员尽管之前因所扮演的角色被杀而离开了一段时间,但是她(扮演躯体)再次出现可能增加人们的喝彩。通过肖和魏芙的动作阅读英格拉翰姆的文本,我意识到,埋在线条之内的让人担忧的身体是在所有"正在表演着的"身体上面的:一切壮观的、伪装的东西,都势不可挡地被加倍地放大了。正在表演的身体以及发生性关系的身体在一般的意义上被加倍了:无论是演员还是爱人都在生产着莎士比亚称为"双背野兽"的东西。升到奥弗中心人群的上面,肖诱惑地拱起自己的背,慢慢地向上支撑自己,打开了一把巨大的扇子,变成了一个粗鲁的"我的阿马托",故意而且明显地,是在扮演女同性恋中的男性角色,引导观众把她的女汉子形象加倍放大,像丽塔·海华斯那样(Davy:162-3;Schneider:162)。在这一时刻,无论是被加倍化的(女同性恋中充当)男性角色的身体(Case "Aesthetic"),还是被加倍化的表演主角都出现了,将不起眼的服装店转换成了闺房,这间闺房同时也是一个私密空间,是一个表演的舞台。

在原初的意义上,私密空间是一个狭小的能激发内在自我的私人空间,是个人的创造物(Wigley:347-8)。但是私密空间并非对所有主体都是一样的:例如,妇女们生活在介于(男人的)心路的内在门锁与房子的外在门锁之间的边界区域(348),同时被束缚着,被审视着,仅仅有(极为有限的)一点家庭的和文化的权力。对爱娃·塞吉维克(Eve Sedgwick)来说,类似悖论构筑了同性恋私密空间:隐藏只是为了要揭露并反对某种秘密,当代(非同性恋者)标准主体界定了他们自己想象的性领地的秘密(69—72)。同性恋的私密空间里充斥着不着边际的虚假承诺,栖居于不存在的国土,像电视上的同性恋者明星那样,表面上象征着和大多数其他人一样的自由与平等,他/她一齐隐藏又同时显示。在这个私密空间,结构和布局邪恶地保持着一致步调,让男同性恋和女同性恋向外寻梦,却只能向内寻求实现。

《迷情伴装》中的店铺作为私密空间发挥着不同的作用。它的透明性营造了在观众和私密空间中的同性恋之间的强烈冲突,同性恋被认为是羞于让别人看见的。它让肖和魏芙与线条表演/在线条中表演,却只有欺骗性的概念,即有一些障碍把"我们"和"她们"隔离开来:事实上,我们已经危险地靠近了她们的身体。最初演绎《迷情伴装》的时候,商店的墙壁非常清楚地用拱形大窗户装饰起来,安放在表演区域的后面和侧面的墙壁上,创造着一种"偷窥狂行动",管窥效应,密西根和迪鲁斯是"被观看"(Davy: 156—7)景观的前景。在 2005 年的重演中,肖和魏芙改变了设置,选择了漂移地板来替代;《迷情伴装》的霓虹灯文字和人体模型标示标记着表演空间的背面,而旋转衣服架则标记着侧面。这个空间是一种透明的私密空间,但并不是一个邀请偷窥狂的空间。表演的质量——由装模作样的表演服及其隐藏支架的支撑作用而得到显示,是可以构建的:表演原原本本地将各个空间会聚起来。我不想暗指原先创作中的这种戏剧感被淡化了——远不同于此——我想强调的是设置转变后的重要差异。墙壁和窗户的幽灵(灵与肉)不见了,取而代之的是身体的幽灵,回荡在每件衣服中,这些衣服构成衬"墙"的一部分。空间,由躯体构造的空间,对躯体来说极为脆弱;随之而来的是,观众对空间也变得脆弱,他们拥有的边界更好像是习俗和表演的功能,而不是我们眼睛的力量在让他们保持着聚合的状态。如果这个空间是一个私密空间,它并不是为我们而存在的:它什么都没有做,也没有排斥"我们"而容纳"她们"。相反,它映照并扩大了观众席:我们在相互的地盘上,在彼此的私人空间。

《迷情伴装》的空间干涉因此对抗着盛行的性的地理神话学和古典建筑实践:这部剧作战胜了构建标准的性区分的房子以及建造这些房子的土地。肖和魏芙在奥斯汀的表演,无论是在家庭的层面上还是在国家的层面上都瓦解了空间幻想,以各种方式,个人的或公共的、现实的或想象的、抽象的或实证的。通过更多的具体例子,让我们转到该剧两个中心的第一个,到美国腹地的想象旅行:女同胞的"加利福尼亚"之旅。

这与其说是一场旅程,倒不如说是一次"仪式";它要求着装打扮。迪鲁斯穿上无肩带的紧身衣,镶着蓝色亮片,踏起高跟鞋,摘下耳环,嘴里叼着牙签,并戴上牛仔帽。密西根则从衣物架里拖出了一双粉色的牛仔靴和一只呼啦圈,并大声咀嚼着口香糖。舞台的场景从小城市的商店变换到空旷的大马路:我们是在塔尔萨和加利福尼亚之间的某个地方,在"大城市"和"你的最后一次机会"(Dress Suits: 128)(见图 8.1)之间的某个地方。密西根住在这,她给我们讲述了一个初入社会的故事,但可能与我们预期的不尽相同。在这个故事里,没有"大城市"的标题,没有不确定性,也没有普遍存在的乡村同性恋性认同的疑惑。她知道她所需要的并在努力追求着,而她所追求的另一半也有同样的渴望(118,127)。这偏僻的郊区、偏僻的乡下让人极端难受。迪鲁斯这位旅行者停了下来,她用公路电影特有的叙述手法,告诉密西根她将前往加利福尼亚。密西根纠正她说:"你是要看加利福尼亚,但是你不必离开这儿。因为我看过加利福尼亚,我可以给你展示它是怎样的。"(128)密西根随即展示了她的身体,文着流行的文身,适合家庭的游览胜地:迪士尼乐园,诺氏果园,洛杉矶环球影城。名为《一个男人和一个女人》的主题音乐充斥整个空间,"姐妹"亲吻着。然后迪鲁斯断言:"所以这就是加利福尼亚了,对吗?"(129)

这是"迪士尼梦想构建的环境,在这里每一处美景包括自然本身都是人工建造的"(Chaudhuri:15)。迪鲁斯的西行之旅呈现为文身上的幻像,她前进的每一步都是基于密西根甜美、饥渴的身体;加利福尼亚变成了具有吸

图 8.1 《迷情伴装》中洛伊斯·魏芙饰演密西根,佩吉·肖饰演迪鲁斯,2005 年德克萨斯州奥斯汀

摄影:洛瑞·E.赛德

引力的现实,成了一个能够使家庭完成理想蓝图的地方。但是那些"吸引力"很快就在这里有了别的含义——同性恋间的吸引,"蕾丝边"的渴望。当密西根亲吻迪鲁斯时,她把"不在那里"变为了"在这里",公共变成了私密,颠倒了塞吉维克的透明私密空间的严谨性。之后,当仪式一开始时,这场旅程就结束了,我们也回到了服装店,回到了纽约,回到了奥斯汀;当然,其实我们一直都在这里。那我们将去旅行的加利福尼亚又在哪儿呢?它是我们这里——商店中,城中心——唯一的"真实"吗?还仅仅在电视里是真实的?它是介于这里与那里、家园与远方、城市与高速公路、神话与现实之间的某个地方吗?如果它并不是一个目的地,而只是一个在艺术、假设与渴望之间的空间,我们又怎么能够绘出地图,在地图上标记它,并判定它是否是一个同性恋城市呢?

通过把外在开放的道路延伸到"局促"的市区私密空间,让同性恋得到异性恋家庭一样的性乐趣,"加利福尼亚"挑战着"我们"和"她们"之间想象的距离。迪鲁斯的"俄亥俄"独白,剧中的另一个标志性旅程,提供了类似的重写,只是稍有改动:故事发生地不是在国家级公路的家庭旅途上,而是在一个充满白色垃圾、有着狂热迷信都市的陈规旧习的地方,即乡下世界。肖穿上了一件半正式的男士黑夹克,口袋里装满了魔术道具,讲了一个关于贝特叔叔的诙谐故事,他在晚餐后把海伦阿姨当成了"猪肉"(当时她的手臂上还有蛋黄酱)(Dress Suits: 142)。"这就是俄亥俄",迪鲁斯面无表情地说道。"俄亥俄"是城市神话中一个充满白色垃圾的怪诞风景,它让肖的经验丰富的城市影院观众窥探到了一点贝特和海伦的私密。并且这就是"俄亥俄":它从一开始就承载着同性恋的内涵。

在"加利福尼亚",这里的景观是打有烙印的,这次更加强有力地、令人焦虑地印在一位女同性恋的身体上。"这就是为什么我从不同时把自己所有的衣服带走",迪鲁斯告诉我们,"所以你永远不能在我这里看到俄亥俄州"(Dress Suits: 141)。"俄亥俄"是同性恋的污点,唤醒迪鲁斯,使其感到羞愧,是对于透明私密空间的羞愧。在俄亥俄的木结构的农场房子里,每个人都能听到贝特和海伦狂野的性爱:房子就"是"俄亥俄,就"是"大声,是令人尴尬的乱伦。但是"俄亥俄"也是乡村的耻辱,上演着可能更加明显的令人羞愧的同性恋。这独白交代了劳拉·克劳福德(Laura Crawford)发现的关于田园同性恋在大城市里的故事：田园同性恋者会特别感到性的羞愧，而且一旦她们到达大城市，她们更会对自己出来的地方感到羞愧。迪鲁斯给这些羞愧的同性恋者提供了一个选择的余地：同性恋者可以表演出来。通过定向阅读，迪鲁斯用"俄亥俄"来展现我们的关于界限的假想，那些在我们城市的高雅与贝特和海伦的低俗之间的界限，在同性性爱和异性性爱之间的界限，在私密空间和公共景观之间的界限。

在"俄亥俄"和"加利福尼亚"，密西根和迪鲁斯旅行到中心地带，并且与有关性和空间的靠不住的陈规有摩擦，但不是像幼稚的乡巴佬与温文尔雅的老于世故相冲突那样；相反，我们得到的是关于同性恋的剧烈冲突及其加倍放大，对景观政治性的重新占用，在构建出来的空间中重新栖居。密西根和迪鲁斯制造了双重的遗忘，"其他的"同性恋都市和国家的令人恐惧/厌恶的"其余部分"，要求我们把"在这里"和"不在那里"都指认为虚构的空间，这样的虚构空间通过交谈和表演工作而形成，通过我们的表演和相互讲述的可怕的故事而建构——关于哪里可以安全旅行和什么地方我们必须避开的故事。当然，我并不是要暗示所有的美国土地对所有的同性恋者来说都是安全的；悲哀的是，我们还不是那样的。无论如何，我认为那是合适的，即《迷情伴装》的最后旅程让密西根回到了以她的名字命名的州，并及时回到了那样一个时刻，这时，"蕾丝边"的欲望以"动物一样的女人。狼人"(149)的形式给这片土地做着标记。当然，她告诉我们的故事只是一个虚构的神话——但是这样的神话又服务于一种新的历史，一种在美国腹地的同性恋历史。我们或许永远无法从它虚构的副本中找到"真正的"土地，但是两个故事总比一个要好。

参考书目：

Binnie, Jon. 'The Erotic Possibilities of the City.' Bell et al., *Pleasure Zones*：103—28.

——. 'Trading Places：Consumption, Sexuality and the Production of Queer Space.' Bell and Valentine, *Mapping Desire*：182—99.

Bell, David. 'Fragments for a Queer City.' Bell et al., *Pleasure Zones*: 84—102.

Bell, David, and Gill Valentine. 'Introduction: Orientations.' Bell and Valentine, *Mapping Desire*: 1—27.

Bell, David, and Gill Valentine, eds. *Mapping Desire*: *Geographies of Sexualities*, London: Routledge, 1995.

Bell, David, et al. *Pleasure Zones*: *Bodies, Cities, Spaces*, Syracuse; Stanford University Press, 2001.

Case, Sue Ellen. 'Toward a Butch-Femme Aesthetic.' *The Lesbian and Gay Studies Reader*. Ed. Henry Abelove et al. London: Routledge, 1993: 294—306.

——. 'Toward a Butch-Feminist Retro-Future.' *Queer Frontiers*: *Millennial Geographies, Genders, and Generations*, Ed, Joseph A. Boone et al. Madison: University of Wisconsin Press, 2000: 23—38.

——. 'Playing in the Lesbian Workshop: Migrant Performance Labor.' Lecture. Department of Theater and Dance, University of Texas at Austin. 15 April 2005.

Chaudhuri, Una. 'Land/Scape/Theory.' Fuchs and Chaudhuri: 11—29.

Chisholm, Dianne, *Queer Constellations*: *Subcultural Space in the Wake of the City*. Minneapolis: University of Minnesota Press, 2005.

Crawford, Laura. Foreword. 'Ruralize Urban Eyes.' Unpublished Poetry/performance project. University of Western Ontario, London, ON. April 2006.

Davy, Kate. 'Reading Past the Heterosexual Imperative: *Dress Suits to Hire*.' *The Drama Review* 33.1(1989): 153—70.

Dress Suits to Hire. Perf. Peggy Shaw and Lois Weaver. The Off Center, Austin, TX. April 2005.

Fuchs, Elinor. 'Reading for Landscape: The Case of American Drama.' Fuchs and Chaudhuri: 30—50.

Fuchs, Elinor and Una Chaudhuri, eds. *Land/Scape/Theater*. Ann Arbor: University Of Michigan Press, 2002.

Halberstam, Judith. *In a Queer Time and Place: Transgender Bodies, Subcultural Lives*. New York: New York University Press, 2005.

Harris, Geraldine. 'Double Acts, Theatrical Couples, and Split Britches' "Double Agency." *New Theatre Quarterly* 18.3(2002): 211—21.

Hughes, Holly. *Dress Suits to Hire. Clit Notes: A Sapphic Sampler*. New York: Grove, 1996: 113—50.

Ingraham, Catherine. Architecture and the Burdens of Linearity. New Haven and London: Yale University Press, 1998: 87—113.

Munt, Sally. 'The Lesbian Flâneur.' Bell and Valentine, *Mapping Desire*: 114—25.

Patraka, Vivian M. 'Binary Terror and Feminist Performance: Reading Both Ways.' *Discourse* 14.2(1992): 163—85.

Peace, Robin. 'Producing Lesbians: Canonical Proprieties.' Bell et al., *Pleasure Zones*: 29—54.

Phillips, Richard, Diane Watt and David Shuttleton, eds. *De-Centring Sexualities: Politics and Representations Beyond the Metropolis*. London: Routledge, 2000.

Phillips, Richard and Diane Watt. 'Introduction.' Phillips, Watt and Shuttleton: 1—17.

Pile, Steve. 'Introduction: Opposition, Political Identities and Spaces of Resistance.' *Geographies of Resistance*. Ed. Steve Pile and Michael Keith. London: Routledge, 1997: 1—32.

Schneider, Rebecca. 'Polymorphous Perversity and the Lesbian Scientist.' Interview with Holly Hughes. *The Drama Review* 33.1 (1989): 171—83.

Sedgwick, Eve Kosofsky. 'Eplistemology of the Closet.' *Eplistemology of the Closet*. Berkeley: University of California Press, 1990: 67—90.

Spurlin, William J. 'Remapping Same-Sex Desire: Queer Writing and Culture in the American Heartland.' Phillips, Watt and Shuttleton: 182—98.

Weston, Kath. 'Get Thee To A Big City: Sexual Imaginary and the Great Gay Migration.' *GLQ* 2.3(1995): 253—77.

Wigley, Mark. 'Untitled: The Housing of Gender.' *Sexuality and Space*. Ed. Beatriz Colomina. Princeton: Princeton Architectural Press, 1992: 326—89.

9. 全球性的晒像：模糊街区项目与城市间的自画像

凯瑟琳·艾文、雷切莉·维德·诺尔斯、劳拉·列文

图 9.1　模糊街区网站，贝尔格莱德—勒吉那对话
摄影：伊万娜·克涅兹、玛莎·久里希奇、安娜·维兰尼卡

以下的图像论文为模糊街区计划提供了简要说明，该计划是一项跨国教学计划，创造了关于当代城市认同的形成的视觉对话。此项计划由凯瑟琳·艾文、雷切莉·诺尔斯和我自己（劳拉·列文）倡议发起，采用了一系列工作室的形式，在其中来自不同国家背景的学生用视频图像定位他们自

己,彼此在各自的当地环境当中。[1] 这一互相的影像传输过程在一个共享网站展示,参与者在网站上发布一段编辑过的 2 分钟的视频序列,并观看他们同行对应国际城市的自画像。将城市作为实验室,学生们被要求去确认那些容易或不容易融入(他们自己的)国家或地方特征的习惯叙述的城市行为,同时也被邀请想象一下其他种类的自我世界的联合。

　　这篇图像论文以来自 2005 年 5 月于勒吉那和赫尔辛基之间、2006 年 4 月于勒吉那和贝尔格莱德之间以及 2007 年 3 月于勒吉那和多伦多之间视频对话的静止图像为主要特色。[2] 这些图像配有理论文本,是特别在模糊街区项目执行过程中专门配写的,这些理论文本可以通过视频对话以可视方式来探讨。[3] 在这些静止的图像中,人们可以看到各种审视城市的角度,米歇尔·德塞图的从上位[4]体验的城市并置,城市规划者们的全知视角以及从下位体验的城市,以完全个人的、特癖的和无意识的方式绘制城市地图的城市行走者的角度。毫不夸张地,在贝尔格莱德的其中一个小

---

　　[1] 其他几个人也是这一项目不可缺少的一部分:李·汉德森(项目协调员,勒吉那大学);阿诺德·阿罗森(表演理论家,哥伦比亚大学);基勒希·里尼和劳拉·龚达尔博士(项目协调员,艺术与设计大学,赫尔辛基);内文卡·格沃兹季科和亚历山大·布尔基奇(项目协调员,艺术大学,贝尔格莱德);叶丽娜·托多洛维奇博士和拉迪沃耶·迪努洛维奇博士(讲师,艺术大学,贝尔格莱德);科温·德卡奇(规划与设计,勒吉那大学)。
　　[2] 下文中的视频图像是由在勒吉那、贝尔格莱德、赫尔辛基和多伦多的模糊街区项目工作室的学生参与者制作的。图 9.2:布雷特·加贝尔、亚当·拉克、珍·德洛斯·雷耶斯;图 9.3:迪娜·拉多曼、玛丽嘉·库兹维克;图 9.4:玛丽娜·拉杜伊、热莉卡·皮耶希瓦兹;图 9.5:西尔维亚·齐曼、内森·宾斯;图 9.6:海尼·格兰伯格、基尔希·索米宁;图 9.7:加纳·斯特凡诺娃、丘比卡·米洛维奇;图 9.8:佩德拉·弗塔宁、希尔卡·许蒂宁、萨拉·萨林;图 9.9:乍得·阿里耶、加龙·理查森、大卫·马;图 9.10:萨拉·索普、克里斯托弗·纳什·唐亚·里希、梅根·布尔布雷斯;图 9.11:杰西·麦克唐纳、伊万·泰勒;图 9.12:玛丽娜·拉杜伊、热莉卡·皮耶希瓦兹;图 9.13:西尔维亚·齐曼、内森·宾斯;图 9.14:伊万娜·克涅兹、玛莎·久里奇南、安娜·维兰尼卡;图 9.15:乍得·阿里耶、加龙·理查森、大卫·马;图 9.16:苏珊·贝内特·泰伦·麦克米伦、林德尔·高奇;图 9.17:桑尼亚·佐季奇、玛娅·丘克;图 9.18:苏珊·贝内特·泰伦·麦克米伦、林德尔·高奇;图 9.19:玛丽娜·拉杜伊、热莉卡·皮耶希瓦兹;图 9.20:苏珊·贝内特·泰伦·麦克米伦、林德尔·高奇;图 9.21:桑尼亚·佐季奇、玛娅·丘克。模糊街区视频以及项目参与者名单,都可以在 http: //blurstreeyt.uregina.ca 看到。
　　[3] 这一照片文章中引文的来源有:《城中漫步》,米歇尔·德塞图。《文化研究读本》,西蒙·杜林编辑,伦敦和纽约:劳特里奇出版社,1999:126—133。《空间、时间和反常行为:身体政治学随笔》,伊丽莎白·格罗西,纽约和伦敦:劳特里奇出版社,1995。《论其他空间》,米歇尔·福柯,载《语音区别符号》16(1986):22—7。
　　[4] 德塞图的"偷窥的上帝",他立足于从外部、从高处观察城市。参见本书第一章。——译注

组从他们的脚的角度拍摄了一个完整的系列;另一个小组将视频循环用以展示在雨水坑中反射出的城市。其他小组受到了我们关于身体如何建构城市并被城市所建构的讨论的启迪,将人们脸的剪辑拼接在一起或者抓拍上下班人流的身体。还有一些小组通过捕捉建筑形式的庄严宏伟或是在公共空间中制造表演,把握住了"戏剧城市"这一概念。例如,有一个小组在所有他们在市中心能够找到的钢琴上进行了微表演(mini-performance)。

但或许比直接应用模糊街区项目中的理论更为有趣的是该项目的数字组件充当批判性思维的激发者的方式。这一项目需要学生采取在线自我定位的形式,这种自我说明可以用"让我告诉你我来自哪"这样的说法概括。[1] 在勒吉那的一位学生拍摄的视频中,当他叫我们上车和他一起故地重游时,这样的说法被他做出的"走吧"的身体姿态所替代。正如在旅行者的表演中,学生们有时发现自己陷入了关于地方认同的简单本质主义。"我的城市发展迅速而你的不是",一些拍摄告诉我们,"我的城市古老且智慧,而你的历史很短"。这些对于差异的公开宣告因在线观看视频的体验而变得复杂,因为网络剥夺了我们正常体验旅行的实体情境。没有伴随的画外音,图像不能够提供对旅行地安全的叙述,迫使观看者以有关其意义的想象脚本来补充这次旅行。"为什么所有勒吉那的图像都如此暗淡",一位贝尔格莱德的学生问道,"这是你们地方特色的组成部分吗……"雷切莉解释说,勒吉那的学生当时正处于考试周,图像也许更多地反映他们的内部状况而不是他们外部环境的一些"真相"。

不仅这些网上对话的结构有助于改变我们所做出的关于其他人或地方的快速旅行者的假设,同时它也提供了一个超现实主义的机会元素。每天,学生们被要求要以领悟另一个城市小组的最新图像的方式对他们所发布的视频做出回应。不过,学生们经常会在一幅图像上领悟到他们在另一个地方的伙伴并没有想要重点突出的东西。例如,贝尔格莱德的一个小组拍摄了一个有关城市特定区域经济萧条的系列图像,主要集中于日益恶化

---

[1] 见大卫·辛普森,达勒姆. 情境性,或我们为什么老是说我们来自哪里. 北卡罗来纳:杜克大学出版社,2002

的建筑和失修的表面。作为一个努力想要加入欧盟的国家的首都,这些经济衰退的可见征兆是贝尔格莱德焦虑的城市认同的重要组成部分。然而,这一情境在勒吉那回应的图像中遗失了;相反,他们看到了腐烂的混凝土建筑的构造并以勒吉那的建筑构造加以回应。这反过来又促使贝尔格莱德的参与者去寻找他们之前不曾计划捕捉的有关他们城市的镜头以做出回应。对于艺术家们而言,项目实施过程正在迷失方向,因为你不得不接受并采用其他人在你的城市中看到的东西。结果,回应暗中破坏了艺术家的——作为创造性意义的唯一制造者——理念,并且对那些我们并不总是能意识到的自己城市的特征提出了视觉性的问题。勒吉那学生拍摄的一个大型海狸雕塑促使贝尔格莱德的学生们进入图书馆寻找一本有关海狸的书。周围没有任何其他人。图像的接力暴露出在文化的关注与特权中的差异(贝尔格莱德签证服务处标志的照片在勒吉那与visa信用卡相并列),与此同时,它也描述了作为共享的全球文化的美国广告、饮料和服装店。毫不奇怪,贝尔格莱德学生展示的许多标志是英文的。

最后,项目中数字媒体的应用有助于为城市的自我表达创造新词汇。自我定位的说法"我是(I am)"是以可视方式交流的而不是通过语言交流。这一过程之所以成为可能是因为数字媒体工具的日益增长的民主化,包括桌面出版系统软件、3D建模、个人广播和博客等。这些工具代表着一个持续的个人能力增长过程,在这个过程中个人可以用不同的方式表现自己,进入以前只限于专业电视录像制作人的领域。

在模糊街区项目情境中,编辑软件提供了一套特别丰富的视图工具用以游览城市。我最初见证这一过程是在由凯瑟琳、雷切莉和我在贝尔格莱德艺术大学举办的为期一周的研讨会期间。[1] 在我们的旅行中,我们在

---

〔1〕 2006年于贝尔格莱德艺术大学举行的研究会由三部分构成。凯瑟琳、雷切莉和我会在上午主持关于城市理论或城市表演工作的类型的讨论。之后,学生们会带着摄影机来到大街上,努力用一系列的剪辑捕捉他们生活在这一城市的体验。然后他们回来并进入编辑阶段,将拍的视频导入电脑并用iMovie软件编辑成两分钟的系列。当系列完成,我们就把它们上传到模糊街区网址。而这时,因为时差原因,勒吉那是早上。加拿大的学生就会观看他们贝尔格莱德同伴制作的视频,然后出去拍一段视频进行回应。借鉴勒吉那和贝尔格莱德学生在网上进行着的跨国交流,这所大学的负责场景设计教学的教授们加入了我们,来讨论和交流关于塞尔维亚情境中城市表演的研究。

下午都会被卷入博士后学生用塞尔维亚语进行的激烈辩论,关于他们的城市的切割和节奏,关于他们希望用 iMovie 视频剪辑软件工具在网上展现(随后发送到等待回应的大西洋彼岸的勒吉那学生那里)的城市。在这个后台区域中,在表演被上传到网上之前,学生们通过压缩和扩张时间、拼接和重复镜头以及旋转图像,来努力捕捉这个城市令人感动的和记忆深刻的维度。让人印象深刻的是,许多学生将在一个系列中发现的这个城市的声音,与许多其他序列中拍到的图像交错,由此造成的累加效果是,让一个城市感觉起来同时既是个人的又是永久的,既是显见的又是深奥的。在一个视频片段中,一个吉卜赛少年演奏小提琴的声音被抽取并伴随着贝尔格莱德的城市景观一遍又一遍地循环播放。琴声作为一个悲哀的循环背景插入,使得塞尔维亚吉卜赛社区的边缘化显得更加真实。与经常陷入自身形式主义的特定场域表演很是不同,这种城市表演使得城市的复杂文化阶层可见和可听,以富于想象力的、极其意外的方式将社会戏剧化。

图 9.2 勒吉那

本次体验的素材是步行者,Wandersmänner,他们的身体遵循着他们书写却不曾阅读的城市"文本"的草书和笔画。

这些实践者利用没有自我意识的空间;而他们对于这些空间的了解,与一个身体对另一个至爱的身体的了解一样盲目。在这个网络中相互联结的路径,以及每一个身体都是在其他身体中间的一个元素的奇怪诗歌,无法被阅读。

图 9.3 贝尔格莱德

米歇尔·德塞图"城市漫步"

根据身体的健康和幸福来判断的话，对于身体而言，根本没有自然的或理想的环境，也没有"完美的"城市。如果身体不是文化上既定的，那么建造的环境就不能疏远它们制造的特定身体。不过，那些证实是无助的东西有可能是环境的快速转变，

图9.4　贝尔格莱德

这样的话，一个带有特定文化印记的身体会发现它已无意中进入另一种文化。这不是说不存在无助的城市环境，而是说关于城市并不存在固有的东西可以使它疏远自然或非自然。

图9.5　勒吉那

伊丽莎白·格罗西"身体-城市"

图 9.6　赫尔辛基

图 9.7　贝尔格莱德

图 9.8　赫尔辛基

图 9.9　勒吉那

图 9.10　多伦多

图 9.11　勒吉那

图 9.12 贝尔格莱德

图 9.13 勒吉那

人类地点和生活空间这一问题不仅仅是要了解在世界上是否有人们生存的充分空间——一个当然十分重要的问题——同时也是要了解有什么样的邻近关系、为了在给定的状态下达到给定的目的,什么样类型的人类元素的存贮、循环、制造以及分类应当被采纳。我们的时代是这样一个时代,在其中空间为我们担负起了在地点之间的关系形式。

图 9.14 贝尔格莱德

我们生活于其中的空间,把我们从自身中拉出来的空间,在其中我们的生命被腐蚀、我们的时间和历史发生的空间,抓挠和啃咬我们的空间,在其本身的意义上同时也是庞杂的空间。换句话说,我们不是生活在一种我们可以放置个人和物品的虚空之中,我们不是生活在一种可以染上诸多颜色的空白之中,我们生活在一系列关系之中,这些关系描绘了对于相互之间来说是无法恢复的并且在相互之间绝对不是一方加在另一方之上的地点。

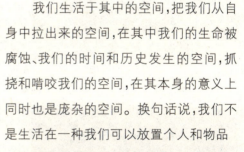

图 9.15 勒吉那

米歇尔·福柯"另类空间"

图 9.16　多伦多

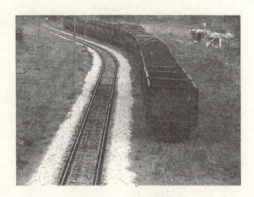

图 9.17　贝尔格莱德

图 9.18　多伦多

图 9.19　贝尔格莱德

图 9.20　多伦多

图 9.21　贝尔格莱德

第四部分　在城市的边界

引　言

金姆·索尔伽

本论文集最后一部分"在城市的边界"的有关章节,属于边界性的文本:它们给"表演和城市"设定了理论上和/或想象上的界限。最后一部分的四章将本文集前面文章中探索得到的一些观念推向了一个更高的境界,但是这样做也是为了标示出一些理论要点,在这些理论要点上这些观念也显示了自身的局限性,由此呼吁进一步的思考和行动。从这个意义上来说,全书最后的这部分文字不仅描绘了我们文集的边界范围,同时也指明了本文集所讨论的主题还具有很大的理论空间。

乔安妮·汤普金斯的叙述始于这样一个前提:城市对某些市民的不友好已是公开事实,正如其可以捏造公民身份一样。汤普金斯在备注中这样写道:如今大部分澳大利亚人居住在城市,但城市从未登上过其历史舞台;即使是国家认同感,也是靠流传于乡下这种偏僻而人口稀少的地方的地理神话学来加强的。其结果就是澳大利亚的自我呈现方面出现了巨大的鸿沟,正如最近的几次移民浪潮改变了国家的种族构成,同时也加重了种族歧视的阴霾。通过展开阐述她所称的"想象的"城市,汤普金斯在第10章中所解读的每一段文字都在讲述这一具有代表性的鸿沟,所谓"想象的"城市,即在地缘政治的土地上敞现的神话诗歌般的空间,或许是可以共享发明的空间,或许不是,向那些留下来并身处险境的澳大利亚人证明,这是一个安全的栖息地。

汤普金斯在第10章中探索了想象的城市的界限,在第11章中詹·哈维对伦敦泰特现代美术馆的涡轮大厅的解读则展示了市民空间与表演研究的关键性遭遇。通过其建筑学和工业的历史,通过当前其伪装的定位,通过其可能至今都非常有名的装置,通过奥拉维尔·埃利亚松的《气象计划》,来实现对涡轮大厅的解读。在对这样一种空间和计划进行分析时,哈维反对在唯物主义分析和表演主义分析之间的"熟知的二元论分割法"。相反,她主张"要精心地将表演主义策略与唯物主义策略合并,来建立一个唯物主义的表演分析,并以此来解读涡轮大厅,这样不仅显得更加均衡,而且能更加清晰地解释泰特现代美术馆(还有涡轮大厅)和当代城市中矛盾而又复杂的社会性经历"。

在克劳斯·冯·丹·伯格的作品《呈现一个不复存在的社区》中(第12章),偌大的泰特现代美术馆让位给丹尼尔·里伯斯金的犹太博物馆,为其提供孕育的空间。冯·丹·伯格将里伯斯金视为沃尔特·本雅明的继承者;在里伯斯金对后者几篇论文的敏锐解读中,他探索了本雅明的作为剧场的城市和作为演员的"游荡者","游荡者"不仅与城市景观的建构相联系而且装填了城市的空缺。冯·丹·伯格认为,本雅明的城市对表演的观念在李博金斯的犹太博物馆中得到了充分发展,在那里,参观者们遭遇了柏林的闪米特人的埋葬空间以及柏林的消失的犹太社区,消失的社区在极富情感的陈述中得到了再现。这一章带着我们绕了个大圈,之后又回到了我们在引言性的评论中所谈到的文本隐喻的限度问题,要求重思作为表演过的和正在表演的空间的"城市的文本"。

空间表演出人意料地占据了最后一个章节:如果在特定场域实践者将城市本身看作是显著存在的实体,能够超越我们的符号学的映射进行表演,那么这意味着什么呢?通过这样的追问,劳拉·列文给《表演与城市》做出了盖棺定论式的贡献。在第13章,列文通过细致观察情景戏剧的历史以及相互匹敌的现象学和解构主义的理论叙述,来建构自己的论证,最终得出结论说,如果没有城市表演理论作为支撑,我们永远完全无法参透城市的特定场域工作的政治、经济和性别的不同维度。哈维也有过同样的观点,这些观点在《表演和城市》的诸多章节中都得到了论证,以物质性的表演去构建城市,必须至少同时留意两种论述:现象学和后结构主义;物质主义分析和表演主义分析;文本和景观;官方立法和草根阶层;具象的和体现的。当表演和城市相遇在两种看似对立的空间的边缘时,新的生活模型——与"城市之年"紧密相连——将如愿而至。

10. 在澳大利亚剧院上演想象的城市

乔安妮·汤普金斯

> 世世代代的迁徙者都在寻找可以称之为天堂的城市,在那里没有偏僻乡村的种种束缚。……但城市也同样是存在着焦虑和规范缺失的地方。它是无名的外来者和底层阶级的场所……是让人无法理解的"另类"(迁徙者,同性恋,精神障碍者,不同文化背景的人,带有种族标签的人)的汇集地,是污染(精神上的和肉体上的)和可怕堕落的区域,是需要被隔离管理、糟糕透顶的地方,把"城市"和"公民"在公众的想象中政治性地对立起来,就像它们在词源学上所显示的那样。
>
> (Haevey: 158)

大卫·哈维用相互对立的元素对城市的矛盾本质的引人共鸣的描述,在许多批评家那里得到了回应,这些批评家试图用想象的理想城市来批判、反对现实的城市。罗伯·谢尔兹用更为简洁的语言描述了这种矛盾:"'城市'是一个不稳定的概念。它在抽象的概念和具体的事实之间来回摆动。"(转引自 Balshaw and Kennedy: 3)本章探讨在澳大利亚城市上演的不同版本中所表现出来的抽象与具体之间的关系。我的例子——由"高墙之腿"杂技团表演的《家园》,诺埃尔·简娜泽沃斯卡的《金衣》,以及斯蒂芬·希维尔的《纳粹德国和当代美国的神话、宣传与灾难》——为谢尔兹所说的在城市的抽象空间与具体空间之间滑动提供了很好的证明。在表演更多的、抽象的或想象的城市空间类型的时候,他们也提供了一个立足点,从这个立足点出发可以认识到城市的社会和政治变化。在这样做的时候,表演行为就为引入帕特丽夏·耶格尔的都市诗歌概念提供了机会,提供了引入一种特定方法的机会,这种方法"让我们能够根据当代城市的要求来重新思考城市的想象性"(13)。都市诗歌是"一种策略,用以理解——通过文化和文学或'诗歌'的创造行动——城市的历史和现象学"(25,fn.13,着重号为原文所有)。耶格尔勾勒了在重新思考城市过程中的文学的潜力:

> 各种代码的交错;过分诠释的习惯性;伴随着凝聚和位移的多样性绘图;借助于混合的情节、观点、音调、气氛和韵律形成的层次;还有一系列的比喻性的演说:每一种文学手法都给对城市怪异的、鲜为人知的处理提供了一种绘制空间的优势。
>
> (Yaeger:21—2)

耶格尔将都市诗歌应用于文学,对剧院中——城市文本正在那里上演——都市诗歌的分析,促进了一种对"不稳定性"更加有效的反思,无论是舞台上上演的澳大利亚城市还是舞台下它们对应物所表现出来的"不稳定性"。

我对展现澳大利亚城市进行论述的计划可能会表现出矛盾的一面——相对而言极少有澳大利亚的戏剧会表演城市,而像纽约和伦敦这样的城市都常规性地在舞台上被叙说着。虽然大多数澳大利亚人都居住在城市,但是,国家认同的发展建基于神话般的乡村景观之上,而不是基于对城市性的文化认同。即使在澳大利亚城市中上演着戏剧,但是对该城市的实际认同却经常被掩盖:路易斯·诺拉 1995 年关于政治与权力的电影《清廉》,设定在"最近和当下的澳大利亚"(vi),即使能从文本、史料及地理环境等线索中发现该剧的确拍摄于诸如布里斯班、堪培拉、悉尼等城市,但剧中还是弱化了这些城市身份。[1] 这种对特定地点的遮蔽可以看作是对焦虑感的回应,这种焦虑感在国家的文化想象中与场所——不管是乡村还是城

---

[1] 尽管"城市表演"在澳大利亚并未得到很好的发展,但仍有一些戏剧在表演着城市空间。参见威廉姆森在《翡翠城市》(1987)中对墨尔本和悉尼半自然主义路径的研究。20 世纪 90 年代戏剧界对城市现实主义的探索:Bovell,Cornellus,Reeves 和 Tsiolkas 的《谁害怕工人阶级》(1998)和 Gurr 的《疯狂的勇敢》(2000)。

市——相关联。[1]

我在后面要探讨的剧本,针对城市中的某种程度模糊的版本,对城市进行了研究:在这样做的时候,剧本得以重归本位并因此可以重新检视城市文本中对国家认同的诸多(通常是乡村的)成见。这方面的努力要求对该地的自然环境做大量的调查。我援引了尤娜·乔杜里在关于"场所的双重边界问题和作为问题的场所"(53)的风土病理学研究中所使用的澳大利亚剧院中的城市的例子。这些剧本中的城市既是研究的重点,又是达成目标的障碍。正如耶格尔的都市诗歌所勾勒的,这一双重的角色可能带来诸多挑战而不仅仅是一个障碍。本章中我展开了都市诗歌的概念,但与原先的概念有两个方面的不同。首先,剧院增加了都市诗歌这个概念批判性的潜能,因为表演的文本给城市景观提供了诸多附加意义,剧院可以鲜活地、完全立体地展现城市,而不是文本性的结构。其次,我所研究的城市,在舞台上,因其对被抽象化了的城市文本的附加层次的关注而被特色化了,也就是"想象的城市"。

关于想象的城市,我意指一种表征性的城市版本,而不是"非真实"的虚构的城市;本文中我用"表征性的(Representational)"一词,是为了呼应亨利·列斐伏尔的"表征的空间(Representational Space)",即"位于物理空间之上,对其客体作为象征使用"(39)。艾伦·布鲁姆在论证想象的城市的重大意义时说道:"城市——实际上是思维建构的客体——建构着它的构成要素,也被这些构成要素的使用所建构,这些构成要素在试图征服、主宰、忽略、(在某些场合下)破坏作为集体生活中心的法规和权力的界限的过程中形成。"(20)[2]布鲁姆的评论暗示了一种可控性,即想象的城市提供了城市之作为城市的支撑。展现一个想象的——但可定位的——城市,这提供了一个机遇,不仅可以与当地政治相结合,而且可以以一个"公民"的角色来行动,所谓"公民"即这样一个人,可以参与"城市是什么或城市该是怎样的经久不衰的争论"(Imrie:310)。我所探究的想象城市,位于庞大

---

[1] 这种焦虑植根于殖民者侵占原有土地的方式。对这种在澳大利亚影剧院的焦虑的分析,参见汤普金斯。

[2] 当然,这一"想象的城市"欠本尼迪克·安德森的"想象社区"一笔债。

的城市文本之中；它们的存在，部分地回应了谢尔兹对城市不稳定性的描述。

　　即使在剧院中想象城市的行动已众所周知，但我还是要指出三种典型的操作模式。第一，以经典为例，在莎士比亚的四大悲剧之一《奥赛罗》中，对威尼斯的描述与如今的（或任何时期的）威尼斯鲜有相同，甚至也不同于文艺复兴时期的伦敦。莎翁笔下的"威尼斯"担负了诸多文化的、政治的甚至实践性的功能，而与其实际的地理和城市状况相去甚远。第二，只有城市才可能充满象征，城市中的某一地标就可能意味着城市"与"国家相结合的转喻点。在这些情况下，城市担负着快速的"场所"认同的职责，变成了一个"净化的"处所，一个迅速而简洁的戏法，这种戏法电影经常用到，在演员或行动需要从一处到另一处重新定位的时候。第三，城市可以塑造一个富有情感的文本，这不亚于它对地理场所的建构：作为"客体"形式的城市以区位的方式发挥作用，从这样的区位我们可以推断出场所和主体性，甚至是不兼容的国家主义版本。例如，虽然澳大利亚的大城市通常在剧场空间中很少为人所知，但剧院却很好地演绎出城市坐落于主要中心之外这一画面，在20世纪七八十年代，这种特性正是文化认同形成的一部分。

　　舞台上所展现的"城市性"的多样性能指——一个表现了政治和种族意义的地方，一个并不只局限于城市文本的加工物，一个充满感情的场所——为诠释真实的城市、必然会被"过度诠释"的实体，提供了一系列的表演可能性。也就是说，真实的城市总是具有一种潜在性，能表现出比任一个可能符号所包含的含义更多意义。如果不是通过名字或者其他容易被辨认的地理标记来识别，一座城市——表现了"城市特性"的城市——也许就不会以相同的方式被过度诠释。它的含义也许就被限制在一般的城市文本的意义范围之内。一般的城市文本尽管意义广泛，但要少于被命名的城市所具有的意义，被命名的城市可以把一般城市文本的意义"以及"它本身的特殊意义集于一身。想象的城市是市民对导致了过度诠释的表演领域状况的首要回应：公民通过把"他们的"城市（真实的或不真实的）孤立化来限制对其诠释的可能性范围。我的例子描述了各种不同的方法，利用这些方法剧院展示着对真实的和想象的城市空间的对立性的意义。对于城市空间的这些研究暗示着，观众（市民）有机会在城市社会和政治关系的戏剧化和具体现实化之间进行干预。我探索了一种把想象城市搬到舞台的可能方法——通过异托邦——异托邦的建构有助于塑造占据着台上台下空间的想象城市。也就是说，异托邦的发展是进行空间实践、建构表演性空间以及促进意义和社会变化的一种方式。

异托邦——该概念因米歇尔·福柯而流行，并由凯文·赫瑟琳顿进一步完善——是一种"有着不同次序的……空间。……异托邦以一种不同于其周围环境的方式构建一个不同的社会"（viii）。这个概念源于"乌托邦"的概念，社会的——以及空间的——建构通常和城市联系在一起（Harvey：156）。赫瑟琳顿解释说，在托马斯·莫尔1516年出版的《乌托邦》中，他"把两个希腊单词合并：*eu-topia*（意指乐土美地）和 *ou-topia*（意指乌有之邦）"（viii）。赫瑟琳顿对异托邦的探究，可以追溯到路易斯·马林对于乌托邦的重新审视。马林的研究先努力"把乌有之邦从乐土美地中抽离出来，让乌托邦回归到乐土美地和乌有之邦，然后审视这样的空间，也许有人会称之为断裂，在它们之间打开的断裂"（qtd in Hetherington：viii）。赫瑟琳顿的方案分析了乐土美地和乌有之邦之间断裂的本质：在这耐人寻味的鸿沟中他发现了异托邦，因为正是在反对这个断裂时"真实"发现了一个可用于比照的有价值的关键点，特别是当它聚集力量和"真实"相对的时候更是如此。异托邦因隐喻性的空间"延伸"而形成其特征：也就是说——赫瑟琳顿发现异托邦空间与之相联系——城市与它的地理维度所暗示的东西比较起来，可以认为是更具效力和可塑造性的。于是，异托邦在和"真实"空间的对话中就成了想象的空间。

无论在社会层面，还是在政治层面，异托邦的研究都显示了积极的价值，它提供了另一种（但是可比较的）看待现实的观念。就它们的乌托邦根源本质而言，异托邦不是"真实"，却可以反射真实的世界。这些想象的地方可以帮助（重新）解释真实的空间。异托邦空间在剧院里是尤其丰富的，从虚拟世界的构造中我们可以看出这一点，只是不同的虚拟世界和"真实"世界的关系有所不同。进一步来说，异托邦和真实的关系基于谢尔兹所说的"滑动的"偶然性，即如给城市下定义时所做的那样。

我的第一个例子是《家园》,把城市的物质空间作为重新诠释城市的舞台,以便从本质上重新思考它的具体的、可认知的文本。这种重新诠释要比首次思考难得多,正如雷切尔·鲍尔比所解释的:"'阅读城市'是一个如此普通的隐喻,以至于我们不会把它作为这样的东西去看或者听:它是词典编纂式景观中的一个无足轻重的建筑,我们每天都会看到、经过它,但是我们不会看它们第二眼。"(306)《家园》成功地吸引了人们的眼球,让人们有再看它们一眼的欲望:它在进行异托邦实践探索的时候,引导观众们把注意力集中于城市建筑物之上以及之间的空间。

1998年,悉尼的名为"高墙之腿"杂技团,在悉尼的26层高AMP大厦——澳大利亚最大的金融服务机构所在地——的侧面表演了《家园》[1](见图10.1)。为了观看《家园》,观众们不得不从字面和隐喻两方面变换他们的观点。观众们站在正对着大楼的城市广场的一端,旁边有三个唱诗班,他们的歌声是这场表演中唯一的口头伴奏。《家园》通过"在"城市空间

图10.1 "高墙之腿"杂技团的作品《家园》,1998年在悉尼的AMP大楼
摄影:美伦·马丁凯,已得到"高墙之腿"杂技团的允许。

---

[1] 《家园》在其他省会城市的其他建筑上进行了巡回演出,包括在布里斯班的电子大厦,也是一个金融机构的总部。这是我看到的演出,但是我的分析还是以悉尼演出的视频为参照。

进行"关于"城市空间的表演来展现城市面貌,从而激活了大楼之间的空间,这些大楼勾勒了澳大利亚的景象。《家园》展示了城市(和剧院)所可能具有的另一种秩序。因此,它创造出一个想象的空间,与我们把城市作为一个整体看待截然不同。它的异托邦空间因此而成为一个拥有大量"新"的表演空间,而这样的表演空间也将会越来越多。

《家园》也表现了介于澳大利亚和该表演主要论题——战后移民——之间隐喻性的鸿沟。AMP大楼刚好坐落在悉尼的海关广场,这里曾经是很多移民来到这个国家的登陆港口(Hudson)。当《家园》隐喻性的、叙事性的文本被揭示出来的时候,观众开始明白,异托邦的第二重目的,作为对移民主题的抽象叙述的片段,开始发挥作用。该演出对同繁荣的城市景观相对的迁移、苦难、损失以至重组提供了多种阐释,以便在这两者之间建构一种有点不稳定、不寻常的关系。

《家园》把肢体表演和与移民有关的画面结合起来。表演以在大楼上的几种不同的签证和护照的投影开始,"1949"年在这些签证上重复出现。第二个画面,同样早于表现者而出现,上面是一张张脸孔,有些面孔被铁丝网而挡住了,暗示着迁移到澳大利亚这样的国家并不总是选择的结果。[1]这些萦绕的画面暗示了喜悦、悲伤、掠夺以及绝望,这一切都与一个繁荣国家的建筑背景格格不入。这一叙事因此魔术般地召唤出了一个想象的场所,这个想象的场所可以部分地描述为"过去",部分地描述为情感的和经济的困境。观众们用他们自己的联想力为该故事增添了色彩,这样的联想和他们在城市所处的具体位置明显不同,一般情况下实际所处位置不会给他们提供这样一种自我投射的机会:表演强化了这样一种观念,忘记了其想象的文本的城市——不仅忘记了它的源起也忘记了它的人民。

当表演者从大楼顶部出现后,他们立刻表演起事先编排好的舞蹈,时不时地出现在投射的画面上。在从大楼墙面缓缓降落的过程中,表演者们

---

[1] 在观众熟知拘留中心能够收留偷渡到澳大利亚的避难者之前,《家园》就已经在这里演出了。演出的视频现在有了更大的释义可能:铁丝网也提醒着在20世纪90年代末和21世纪初众多潜在移民的安置问题。拘留中心的可怕条件已经被Mares记录在案。这也成为众多剧本的主题(见汤普金斯)。

一会儿相聚、拥抱,一会又彼此分开。舞伴的重新相聚十分感人:拥抱发生在电缆以及表演本身所需要的克服重力的技术设备之间,使得观众能够看到并明白表演的难度。在夜晚大楼的墙面上,无法用语言来形容的表演行动投下了一道道影子,这也成了奇异的表演构成部分,鬼魂般的影子似乎是要让人联想起更大的群体,过去的和现在的。这显而易见地暗示着从城市中解脱出来的自由,但是表演者却又"和"城市绑在一起,因为表演所召唤的想象城市和城市的建筑景观密切相关。随着表演者们表演的继续,想象的城市和建筑的城市之间不可避免的冲突也渐渐地展现出来了。

想象的城市具有在这一语境下长期存在的潜力:《家园》20分钟的空间想象表演,保留在城市大楼的墙面上的时间要比剧院中的表演通常所具有的效果长得多,因为这样的表演空间不可能被下一场演出所遮盖。更重要的是,这种非比寻常的表演地点给观众提供了一个机会让他们可以回到演出地:留下踪迹给观众,《家园》造就了思考城市以及公民和城市关系的另一种方式。虽然绳索已经被拆掉,但是每当观众经过这个大楼时,都会想到这场有关城市实际的建筑结构和政治结构的演出。《家园》的痕迹依旧很明显,这是因为它们是想象的城市的一部分,想象的城市多多少少和公共建筑的一般功能有所不同,因为有关移民的另一种想象(通过历史、记忆以及音乐)使得异托邦空间可以在城市的表面上和"真实"世界对话。这个想象的位置正好处在市民可能为协调对城市的过度诠释而划定的范围之外:既包括物质上的(在大楼楼顶的上面)也包括情感上的(这个故事所唤起的移民的艰难)。这类想象的场所归还给观众的是这样一个城市(和历史),即在通常的城市事务中他们容易忽视的城市。《家园》因此呈现了一种特殊的动态的异托邦空间,把表演、叙事和表演场地联系在一起,所有这些都与静态的城市景观相对立。通过在大楼与观众上方之间的空间中的表演,《家园》呈现了一个真实的异托邦,这种异托邦激活了城市和国家历史的另一种次序。通过把人们的注意力吸引到真实城市"之中"的想象场所,《家园》鼓励观众更直接地参与到两种版本的"位置"可能更为丰富的互动之中。

《家园》清楚地表达了如何在真实的大楼表面及周围表演一个想象的

城市,我接下来的例子不再是实实在在的城市景观,而是通过和异托邦版本的对比来审视"真实"城市的不稳定性。诺埃尔·简娜泽沃斯卡 2003 年在悉尼举行《金衣》[1]演出,尽管它和悉尼的自然主义不相符。不过,这场演出暗示了人们生活在多元文化的城市中,在那里不同特色的想象城市和城市存在的现实之间相互碰撞。当一种特色的想象"场所"认同了其他特色场所的"问题"时,不同的城市文本就会在舞台上重叠交织,这很好地验证了乔杜里的"作为问题的场所和作为场所的问题"的观点:都市化的城市变成了文化碰撞的地点,在那里和谐的城市叙事已经不再可能。

《金衣》讲述的是一位拥有澳大利亚和老挝血统的面料设计师苏密恩·德马契的故事。她认识了制衣工人仲夸汪,一个来自北老挝的越南人,15 年前移民到悉尼。一段关系就此发生,但两人却有着不同看法:正如戏剧所展现的,苏密恩指控仲夸汪强奸。在接下来的审理中,其中一位律师让人类学家克劳蒂亚·马佐就老挝的文化习俗作证。《金衣》——副标题是"当一个文化习俗在另一个文化中是罪行时会发生什么?"——更加关注生活在城市里所引起的文化问题,而非在他们之间到底发生了什么,以及观众看不到的、由主演演出的版本对立的事件。简娜泽沃斯卡没有否认强奸,只是她的重点放在了文化如何在复杂的、旨在拥抱多元文化主义的城市环境中占据相应的空间,而不是是否发生了强奸事件。戏剧在判决之前结束了,《金衣》传递的是向城市地理的挑战,以便为相互竞争的文化提供实际的和隐喻的空间,而非在他们之间仲裁。它最终并没有明确指出哪个事件版本是"真实的",哪个是"虚构的",哪个想象的城市正在和哪个"真实的"城市在碰撞:《金衣》把异托邦演绎为一种手段,来处理城市的真实版本和想象版本之间的对立含义。但是不像在《家园》里那样,在这里空间持续转换,从而几乎所有的空间位置都在为自身的权威而彼此竞争。《金衣》表演了当代城市面临的挑战:如何构想和评价市民界划对他们具有重大意义的城市空间的方法。

---

[1]《金衣》:金衣,绣上金丝或银丝的衣服,是早期吉兰丹皇室的传奇。以前"金衣"只是皇室家族的专利品。"金衣"的丝绸是从中国引进,金丝及银丝则是从印度传来,再加上吉兰丹人独特的织衣技巧,才创造了"金衣"的传奇。——译注。

这场演出以这样的方式开场,其中一位主角,克劳蒂亚,通过她对金衣布的解释来描绘她对老挝的感觉。这些布匹,是金线和银线的编织物,讲述着一个充满故事的场所,由此构筑了该戏剧的框架;地理和文化一起被织进了金衣,金衣预示着场所,在这种情况下,也可以称之为移置。克劳蒂亚通过描述一个编织金衣的乡村——她在那里工作——她开始了演出:

  想象你正在飞行。你透过周围结了冰的舷窗观看外面。向下看到厚厚的云彩。雾气环绕的群山。再往下面看,是一片片森林,一座座山谷,满是稻田的平原,一条条笔直的白色马路从中穿过。宽阔、湍流的河流。然后,你调整观看的角度,看到大面积小绿点。这些秧苗在温柔的家园周围一行行整齐地播种。

               (Songket:1)

另外两名主角也通过同样的金衣布表达了他们对于老挝人的看法。苏密恩的世界观和仲夸汪的世界观完全不同,尽管他们有着共同的祖先。然后,仲夸汪描述了关于布的"相同"故事,但是仲夸汪版本的故事却唤起了对在老挝同一个地区的他母亲的生活的回忆:

  番樱桃树丛下,一群小鸡依偎在母鸡的翅膀下。低矮的天空有闪电滑过,预示着很快就要下雨了。然后是起伏的山峦。低斜坡上,水牛在泥潭里打滚,蜻蜓在微风中飞翔。河岸上站着一群男人。他们是穿着绿色制服的、可悲的老挝士兵。他们的来复枪正对准那群试图游过湄公河到对面的女人。(暂停。)修饰的词语并不能说明谁是先到的:射击声、奔跑的惊吓声。也没有给我们展示远处的河岸有什么在等着我们。那里只有直升机——像一座大房子——把我们带到了这里。还有海港上的桥。但是沿着这个角落向下,如果你仔细地看,就可以看到被吊死的人,被我们遗留在后面的鬼魂。

               (Songket:9)

《金衣》既描绘了与农耕文化相关的浪漫的乡村空间,又描绘了具有入侵性和破坏性的敌托邦空间。[1] 相同的布,对它的理解却截然不同,这使

---

 [1] dystopic:敌托邦,意指非理想化的地方或局面,极其糟糕的社会。——译注。

得个人主体性之间形成强烈对比,而这些个人主体性又与构筑了悉尼这一上演着的城市的文化相对立。苏密恩再一次表达了不同的描述。明显的差异性是这些不同观念的特点,这其中,每一特征都与不同社会政治的价值条目联系起来。仲夸汪对老挝人的创伤性的联系与苏密恩和克劳蒂亚提到的完全不同。然而,仲夸汪的金衣帮助他在悉尼的"现实"中找到一条出路。金衣变成了描述它的演员的异托邦,尽管每个演员都明显地把自己的金衣放置于不同的地理、文化和政治的场所。

在《金衣》中,这些不同的世界秩序不仅相互碰撞,还与具体的城市相碰撞。老挝的金衣所呈现的异托邦世界与城市中可识别的标志交织在一起,出现在同一个舞台空间。在格里芬大剧院表演的《金衣》中,设计师玛丽·莫尔(通过金衣)把城市中的文化场所标记到了城市的基础设施的地方(法庭和博物馆)。她把一块块大纱布悬挂起来,当作投影屏幕,灯光打上去,屏幕几乎是透明的。渐渐地,屏幕上出现图像,这时屏幕为那些看似陷入各自所代表的地域和文化中的演员提供一个封闭的空间。一张张金衣的图片被投射到屏幕上:然后,现实的场所——克劳蒂亚工作的博物馆,各式各样的住宅,法院的几间屋子——作为更多的隐喻性的金衣占据了同一舞台空间。作为城市区域的另一类空间而出现,这些异托邦的金衣遭遇了传统的城市空间观念。

金衣起初作为工具性的文本出现,不过自从被搬上舞台后,就在戏剧文本中承担着越来越重要的作用。《金衣》暗示着,正如城市区域可以获得权威和尊重,异托邦地区也应该同样可以,两者在城市塑造中同等重要。不过,很明显,这种(乌托邦式?)共存模式至少并不适用于仲夸汪:他知道尽管自己有法律上的权利待在澳大利亚,但是他始终都"不属于那儿"(11),因为"我在这儿所做的正确的事情[根据越南习俗],却是不对的"(12)。他的和真实的城市相协调的尝试陷入了僵局,苏密恩对于她的异托邦城市的研究则最大限度地陷入了不止一种的文化误解。《金衣》认为,生活在城市的一大挑战就是,要平衡异托邦(无论是个体的还是文化的)和城市区域之间的共存关系。《金衣》在同一舞台上表演了异托邦和城市地区,为的是强化异托邦空间的角色,以及阐明在多元文化城市中详细规划空间的必要性。文化和法律对于城市的解读存在冲突,这增加了城市共存的复杂性。尽管并未提出一个让城市改变的方法,但是有助于我们了解多元文化城市的本质的异托邦的金衣,阐明了抽象和具体之间的偶然性关系,这些抽象和具体为城市居民标示了城市的特征。这种偶然的关系如何处理——在相互对立的形式之间——仍将在城市的舞台上编织和表演。

《家园》被描绘进了真实的城市,《金衣》试图认同在城市的市民区域内部或之间的文化场所,我的第三个例子则完全挑战了所有城市的本质。斯蒂芬·希维尔 2003 年的《纳粹德国和当代美国的神话、宣传与灾难》在"反恐战争"的背景下提出了当代城市的边界问题,并追问这对当今的澳大利亚又意味着什么。这里,想象的城市产生了分裂,伴随着各种异托邦的潜质,以及可怕的后果。与全球恐怖主义相联系的担忧割断了城市与可能的美好景观之间的联系,而让它陷入了敌托邦。

1991 年,萨斯基亚·萨森观察到城市职能的变化:

> 城市集中控制了大量的资源,而金融和专业服务产业已经重组了城市社会和经济秩序。由此一种新型的城市出现了——这就是全球城市。当下代表性的例子是纽约、伦敦和东京。
>
> (*The Global City*: 4)

全球城市与传统的城市不同:"全球城市的空间是一个比国家政治空间更具体的政治空间。它变成了一个场所,在这里,非正式的政治行动者以某种方式可以成为政治风景的一部分,在国家层面上则要艰难得多。"(Sassen, 'The City': 19)自从萨森作品出版以来,恐怖主义已经改变了城市的性质甚至是边界——无论是真实的城市还是想象的城市。《纳粹德国和当代美国的神话、宣传与灾难》展示了抽象与具体之间转换——谢尔兹用它来描述城市——的系列状况:在这出剧中,当代政治减少了抽象性与城市相联系的机会——比如异托邦或是其他的使自己远离"真实"的方式。问题(即前文所说的"反恐战争"背景下当代城市的边界问题——译注)中的城市不是澳大利亚的城市而是全球城市纽约,一个与澳大利亚最近对美国外交政策的支持保持一致的选择。尽管是为澳大利亚的观众而作,但剧本把想象的城市定位在纽约,超出了观众的范围,迫使观众在他们自己的城市文本中沉思想象的城市的处所与定位。"作为问题的场所和作为场所的问题"的建构采取了完全不同的形式：该剧审视了这样一个时刻，这时场所的边界（包括地理边界）被重新界划到这样一点上，即他们——而不是他们为之划定边界的城市——开始被"过度意义化"了。

塔尔伯特·芬奇，一个在纽约大学教政治学的澳大利亚人，娶了美国人电视剧作家爱娃；她的剧本收入让他们能够拥有一所可以看到世贸大楼遗址的公寓。在墨尔本玩具盒剧院上演的作品中只有一个纽约天际线的暗示，该演出使用了一套难以形容的多功能设备。塔尔伯特正在完成一部著作（与演出同名），但是他误解了，"9·11"之后建设纽约（推而广之，建设整个美国）的神话已经改变。他未能领会必要的规则，那就是即使是澳大利亚人，外籍知识分子在美国也需要修改他们的教学实践。随着演出进程的发展，无论是观众还是塔尔伯特都未能识别"真实"和"不真实"之间的界限。塔尔伯特所认为的"事实"被证明是错误的。如果说，一个角色的自我怀疑过程以及变成疯子的可能性，在创造性文本中是众所周知的叙事方式，那么《纳粹德国和当代美国的神话、宣传与灾难》也让观众作为主角处于同样的地位：观众看到的并理解为"真的"那些事件相信后来再也不会发生了。"真实"和"不真实"之间的界限本身并不会改变。毋宁是城市的功能——以及市民的角色——在改变；公民协调城市被过度诠释的传统方式对他们不再适用了。多数与城市相关的意义形式已经消亡，而恐怖主义变成了首要标志。塔尔伯特认识到，在社会秩序上另一种类异托邦的选择的可能性——建构着他的知识自我的另一种选择——已被消灭：《纳粹德国和当代美国的神话、宣传与灾难》与想象的城市的相通点是——当异托邦的潜能被从可能性领域移除的时候——对所发生的事情的证明。观众见证了不适应异托邦处所的城市的表演，进一步来说，他们也逐渐认识到，在舞台上对任何异托邦处所的移除也很容易在台下的他们的城市中发生。

塔尔伯特的演说开启了演出，在演说中他把纳粹德国和美国联系在一起，这种联系从赫尔曼·戈林在纽伦堡审判时的声明中的一段话，包括其中文稿的注释，可以得到很好的解释："所有你需要做的就是告诉他们，他们正被攻击，并谴责和平主义者缺乏爱国主义精神，使国家暴露于危险中。"(Myth, Propaganda：ⅱ)塔尔伯特睿智地认识到了这一点,但他没有预料到戈林的声明可以在美国找到立足点。他相信美国有能力反击恐怖主义,但直到他莫名其妙地遭到攻击,接着被绑架和折磨之后,他才意识到,他可能将被当成这个国家的敌人而处死。他一直被不明人士"谴责"(47);这意味着他可以遭到毒打,他的出版商可以停止出版他的书,他所在的大学可以以虚构的性骚扰指控解雇他。他同样无辜的妻子成了汽车炸弹的受害者,而一名学生,只因拥有智慧的想法而被认为是有罪的,以支持他们所谓的恐怖组织的名义而被拘留。

《纳粹德国和当代美国的神话、宣传与灾难》中展示了一个语境,在这一语境下一切都被对恐怖主义的恐惧所定义。塔尔伯特被以虚构的原始攻击的罪名而指控(观众目睹了这一切):但是在监视镜头内,入侵者并未出现,所以大学行政机构判定攻击者从未存在过。塔尔伯特的角色在卡夫卡的《审判》和奥威尔的《1984》的叙事神话中被清除,这两者都被引用到了希维尔的剧作中。市民现在的基本任务就是低下他们的头,忍住干扰。在城市中,再也没有允许对世界的不同观点和替代秩序的场所。

对于那些不能保持一致的对象而言,城市在《纳粹德国和当代美国的神话、宣传与灾难》转变成了"没有场所"的位置,甚至是否认人权与法律权利的地方。在塔尔伯特身上假定的恐怖行动任务将他贬谪到无政府的存在状态。不再被允许做慷慨激昂的学术,他已经被重塑成世贸中心死亡人员的谋杀者(69)。他被标记成"恐怖分子中最糟糕的一类,那些藏身于体面光环之下的恐怖分子,那些从事肮脏的业务却保持双手清洁的恐怖分子,那些用言语杀人的恐怖分子"(68)。全球城市的场所因此变成了奇怪的妥协物:不仅城市与全球政治的联系压制了城市的相对自治,而且国际安全的呼吁也遮蔽了城市的声音。在这里,谈到"9·11"事件时纽约是几乎单独重新定位的。这个城市和市民的物质性——恐怖主义的目标——不再重要。塔尔伯特所认识的这个城市脱离了他的(以及观众的)掌握。城市边界——目前的过度意义化的中心,不是城市本身——最终由保护国家的安全机构所掌控。事实上,作为城市的边界过度占据了城市的意义,城市的地理位置也在相当大的程度上遭到分解。

随着纽约城市的分解,剧本中想象的城市的异托邦潜质很快拓展并超越了城市的限制而具有了国家的意义。划定新城市界线的安全机构进行暗箱操作,就像恐怖分子的做法那样。塔尔伯特评论说:"你时不时地会瞥见它——安全的国家、智能的国家——它就在这儿,就在表象之下,等待突破的实际。"(Myth, Propaganda:31)在塔尔伯特被捕获时他才知道城市分解的全面影响:他戴着手铐,蒙着头罩,穿着橙色套装,如同关塔那摩湾——在古巴的美国的辖域外监狱——拘押的囚犯。他知道他将无法得到澳大利亚大使馆的帮助。事实上,塔尔伯特指责他的澳大利亚朋友马科斯,加入了反对他的力量,马科斯写了一本民粹主义的书籍《隐藏的恐怖分子:在我们中间的敌人》,并最终取代了塔尔伯特在大学的位置。在这种情况下,维护地理边界较之于保障"自由"和"民主"只具有次要的地位。

当然,在古巴超出国家边界进行行动的安全机构,是维护"美国"的"场所"的必要支撑,这在剧本中通过当下时事的视频片段得到了证实,包括乔治·W. 布什的"邪恶轴心"演讲(65),巨大的美国国旗(88),以及诸如"自由之地"(9)的标语。在这些图片描述的讽刺——紧跟着的是来自纳粹德国的图像的播放(在剧本的开头塔尔伯特曾用作插图来解释他的讲座)——强化了塔尔伯特的主题,挑战美国近期所谓的"自由"。塔尔伯特的服装立刻让他与另一位穿橙色套装的澳大利亚人大卫·希克斯联系了起来,他从2001年7月就被关押在关塔那摩湾,等待"审判"。[1] 塔尔伯特问道:为什么是他?为什么要折磨他?他的主要袭击者回答道:"因为现在我们可以。"(92)世界各地严厉的反恐法的出台——包括澳大利亚,2005年出台[2]——确认了这一点,即许多安全机构"可以"。

在《纳粹德国和当代美国的神话、宣传与灾难》中,城市和国家的地理边界倒塌了,而由其他因素决定谁保持了一致,谁又没保持一致。剧本移

---

〔1〕 在罪行抗辩得到从轻判决后,希克斯于2007年从关塔那摩湾被释放出来,转押到澳大利亚。并于2007年12月31日被释放。

〔2〕 2005年,澳大利亚的反恐法律正式纳入法律体系,这反映许多西方国家当权阶级的理念:嫌疑人可以被延长拘留时间;限制出境,以"控制秩序"而被世人所知,被认为可能是嫌疑人的人可以滞留长达一年;给出了与恐怖主义有关的犯罪列表(澳大利亚广播公司)。

除了对异托邦空间的选择——或者任何替代——有效地为全球城市(事实上,是所有的城市)建立了一个灾难的全方位的真实模型。这出戏也许同样可以被冠以这样的标题,《当代美国和澳大利亚的神话、宣传和灾难》,每个国家的城市显然都重新制订了安全计划。在角色由日益壮大的无组织、无政府的安全机构来勾勒的语境下,想象的城市不再能够从这样的语境中获得任何有益的要素。《纳粹德国和当代美国的神话、宣传与灾难》的重大意义是它的实现社会变革的冲击战略的方法:在曾经熟悉的城市的不断遮蔽中,剧本讨论了这样的要求,重新想象城市社会的可能模式。

虽然澳大利亚影剧院并不倾向于表演城市的自然主义版本,但它展示了一系列的有条件的想象城市,这些想象的城市有助于处理城市的表述——以及更大范围的概念的表述,比如国家和主体性。城市空间的研究必然要紧紧抓住具体的、想象的以及异托邦的空间的地理病理学的交叉。这种探索也必须将哈维的讨论考虑在内,即城市中出现的想象并不是"清白的",正如《金衣》和《纳粹德国和当代美国的神话、宣传与灾难》中清楚阐释的。正是在这种清白性的缺场中,哈维发现了最大的潜力,因为"一个想象的地理环境控制了社会变革和历史的可能性"(160)。想象的城市不关注文化记忆的保护,而更关注一种不同的文化记忆的发生,这种不同的文化记忆可能更加适合个人和时代。戏剧,相比于其他艺术形式,更能把看起来缥渺的异托邦空间稳固于城市政治学之中,因为它已经理所当然地将"真实的"空间的陈述与想象的空间的陈述融合在一起了。在沟通"城市空间"(无论是否命名)的过程中,剧院暗示了社会秩序化的另一种方式即异托邦选择,这样一种类型的社会秩序化可能会在"真实"的世界作为真实化的东西逐步被看到,就像在舞台上所展示的那样。在表演异托邦的城市空间的过程中,观众见证了城市表达(陈述)的偶然本质,带着想象的城市的观念走出了剧院,回到了既是"真实"的又是想象的城市。因此,表面上抽象的想象城市可能比实际的、具体的城市空间更加稳定。这几个澳大利亚人的例子表明了,在处理城市中场所的对立性意义的过程中,城市和戏剧研究富有成果地推进,尤其是在城市面临与文化、种族、安全和基础设施相联系的更大不确定性的时候。大卫·哈维的关于不断变化的城市的矛盾本质的特色化叙述——我用以开始了本文的叙述——强调了我在这里提出的介于想象城市和"真实"城市之间的关系。但不是在哈维的"既/或(both/or)"的城市版本或是谢尔兹的"不稳定性"的城市版本的语境中仅仅定位异托邦的空间,我还看到了异托邦空间的上演——一种理解想象的城市的方式——作为对我们的以城市空间经常被描绘的方式所获得的理解的挑战。

参考文献：

Australian Broadcasting Corporation. 'Australian senate passes urgent anti-terror Legislation.' 3 November 2005. 20 June 2007：< http：//www. abc. net. au/ra/news/stories/sI497291. htm>.

Balshaw, Maria, and Liam Kennedy. 'Introduction：Urban Space and Representation.' *Urban Space and Representation*. Ed. Maria Balshaw and Liam Kennedy. London：Pluto, 2000：1—21.

Blum, Alan. *The Imaginative Structure of the City*. Montreal：McGill-Queen's University Press, 2003.

Bovell, Andrew, Patricia Cornelius Melissa Reeves, and Christos Tsiolkas. *Who's Afraid of the Working Class. Melbourne Stories：Three Plays*. Sydney：Currency, 2000：1—103.

Bowlby, Rachel. 'Readable City.' PMLA 122. 1 (2007)：306—9.

Chaudhuri, Una. *Staging Place：The Geography of Modern Drama*. 1995. Ann Arbor：University of Michigan Press, 2002.

Foucault, Michel. 'Of Other Spaces.' *Diacritics* 16. 1 (1986)：22—7.

Gurr, Michael. *Crazy Brave*. Sydney：Currency, 2000.

Harvey, David. *Spaces of Hope*. Berkeley：University of California Press, 2000.

Hetherington, Kevin. *The Badlands of Modernity：Heterotopia and Social Ordering*. London：Routledge, 1997.

Hudson, Jaedene. 'Troupe hit Dramatic Heights.' *Daily Telegraph*

[Sydney] 12 November 1999: 48.

Imrie, Rob. 'Olympiad Dreams of Urban Renaissance'. *PMLA* 122. 1 (2007): 310—15.

Janaczewska, Noëlle. *Songket*. Dir. Ros. Horin. Griffin Theatre. Drama Theatre, Sydney Opera House, Sydney, 2003.

Lefebvre, Henri. *The Production of Space*. Oxford: Blackwell, 1991.

Legs on the Wall. *Homeland*. Dir. Nigel Jamieson. Suncorp Building, Brisbane. 22 October 2000.

Marin, Louis. *Utopics*. Trans. Robert A. Vollrath. New York: Humanity, 1990.

Mares, Peter. *Borderline: Australia's Treatment of Refugees and Asylum Seekers*. Sydney: University of New South Wales Press, 2001.

Nowra, Louis. *The Incorruptible*. Sydney: Currency, 1995.

Sassen, Saskia. *The Global City: New York, London, Tokyo*. Princeton, NJ: Princeton University Press, 1991.

——. 'The City: Between Topographic Representation and Spatialized Power Projects.' *Art Journal* 60. 2 (2001): 12—20.

Sewell, Stephen. *Myth, Propaganda and Disaster in Nazi Germany and Contemporary America: A Drama in 30 Scenes*. Sydney: Currency, 2003.

Tompkins, Joanne. *Unsettling Space: Contestations in Contemporary Australian Theatre*. Basingstoke: Palgrave Macmillan, 2006.

Williamson, David. *Emerald City*. Sydney: Currency, 1987.

Yaeger, Patricia. 'Introduction: Dreaming of Infrastructure.' *PMLA* 122. 1 (2007): 9—26.

11. "一个特殊的公共空间"中的批判代言与共谋：伦敦泰特现代美术馆涡轮大厅*

詹·哈维

> （泰特现代美术馆是）一个新的公共领域……涡轮大厅……一个特殊的公共空间……正如一座城市一样，（泰特现代美术馆）不仅仅是一个静态的建筑结构。
>
> (Ryan：21,25,36)

众所周知，自从泰特现代美术馆于 2000 年五月在伦敦开放以来，就一直受到大众的青睐，在第一年就吸引了 520 万名参观者（而非预计的 200 万）。自此，每年的参观人数都稳定在 400 万[1]。据称，泰特现代美术馆的参观人数使其成为"世界上最受欢迎的现代艺术博物馆"(Appendix：41－2)。她的吸引力不仅在于陈列其间的艺术品（大多数可供自由欣赏），还在于——至少对大多数参观者而言非常重要——其巨大的空间，呈现伦敦的视角，以及一致的公共认同感的建立。这里有令人叹为观止的涡轮大厅和其每年都特别授权的设备；壮观的泰晤士河，神圣的圣保罗大教堂以及美丽的伦敦城；你会感觉，泰特现代美术馆确立了伦敦作为世界上最重要的艺术中

---

* 2007 年 11 月，在纽约首次提出这篇文章的纲要。感谢他们对材料的反馈，我的小组成员和伦敦大学玛丽皇后学院的同事们，多米尼克·约翰逊尼古拉斯·里德奥特和路易斯·韦弗，以及读者朋友。谢谢迈克尔·麦金尼、明提·唐纳德、乔·凯莱赫和德波·基尔布赖德建设性的、影响重大的讨论。

[1] 史密斯：17.特拉弗斯指出了其经济上的成功：1994 估计预测的总体经济效益为 5000 万英镑；到 2000 年，这已经被修订为 7500 万～1.4 亿英镑(25)。

心之一的地位,确立了伦敦是一个资源丰富、影响深远的文化之都的世界性城市的地位;你还会感受到不管参观者是作为个人还是一个群体的成员,泰特现代美术馆让会让他们感觉良好。然而,泰特现代美术馆——尤其是其著名的涡轮大厅——也遭遇了一些引人注目的负面评价,特别是有人宣称,参观者对该空间的体验——不管表面上看起来多么愉悦——必然会使我们与晚期资本主义的霸权意识形态同流合污,对远离真诚交流的空洞景观的颂扬,对监视之下的生活的屈从,以及无情地将艺术和文化行为商品化的文化产业的胜利,都在趁我们不注意的时候强加给了我们,而非由我们以任何形式的主体行动所创造。

这本书的读者,即使是那些不熟悉泰特现代美术馆的人,都会对泰特现代美术馆的社会效应和文化效应的冲突性表述习以为常,因为这些表述与人们对城市的主流描述相似,人们同样认为城市要么具有社会解放性,要么具有社会压制性[1]。当城市空间被视为是发展了的表演性"游荡者"的领域时,这是一种解放,表演性"游荡者"对城市空间的主体性操控既产生了城市本身的主体形象,又产生了他们自我认同的自身形象[2]。然而,如果城市的物质条件——比如,它所建构的自然环境和经济状况——被理解为不可避免地会限制个体在城市中对自我表达和自我实现的掌控,那么城市就具有社会压制性[3]。

对泰特现代美术馆和城市的这两种解读路径都基于一个我们所熟悉的二元分裂的分析策略。一方面,表演主义分析法往往持乐观态度,把文化实践解读为是拥有自由代理权的主体的很好的社会解放。另一方面,唯物主义的分析法往往持怀疑态度,昭示着可能会因一个不幸的受骗者世界

---

[1] 他们也很熟知,讨论流行文化、大众文化积极的和压抑的影响。例如,可分别参考赫伯迪格和阿多诺。

[2] "浪荡子"被认为是臭名昭著的男性形象。进一步了解有关浪荡子的内容,可参考泰斯特的研究。

[3] 例如,克拉考尔认为酒店大堂是当代城市生活异化的症状。

而出现社会妥协。[1] 在此,我赞成将表演主义策略和唯物主义策略精心结合起来,创造出一种唯物主义表演分析法的解读模式。这种分析法不但更加平衡,而且能够更好地阐明人们对泰特现代美术馆(以及涡轮大厅)和当代城市的社会体验的矛盾性和复杂性。我的解读有两个中心目标:首先,要纠正在剧院和表演研究中注重实践分析策略的趋势,这种实践分析策略要么聚焦于表演实践,要么片面强调物质条件,产生了两种平行的分析,很少能够相互交叉、互不影响[2];其次,是要证明,在这种组合策略所允许的范围内,解读越复杂,对当代我们所赖以生存的社会体验的复杂性认识就越准确。在这一语境下,我认为在当代的文化条件下我们要以自治性的主观能动性积极地参与,"尽管"我们认识到这些文化条件可能会在某种程度上让我们或被迫或主动地做出让步。我们有意要与这些折中方案(一些方面)关联起来,因为,它们给予了我们欣赏壮观之景的愉悦之情,同时又满足了我们增强群众监督的潜在愿望。

有两个相关联的原因让我将分析限定在泰特现代美术馆的涡轮大厅上。首先,它的规模、位置以及大规模装置的资金支持,使得涡轮大厅成为展示的关键地点,即我们可以清楚地确认为艺术品、实践着"关系美学"的那些东西的展示。尼古拉·布里奥将关系美学部分定义为:"一种将人际互动的领域及其社会语境作为其理论视野的艺术,而不是宣称要获取独立的和'私人的'象征空间。"(14,着重号为原文所有)当前激增的艺术形式迫使参与者对艺术品的文化内涵做出物质性的和社会性的回应,准确地呈现主体、当代文化、能动性以及我想要检视的复杂性之间的关系。其次,与第一点的相关性很明显,无论是这种艺术实践还是涡轮大厅都不但有助于个体主体的产生,而且也有助于公共空间和公共主体的产生。雷蒙德·瑞恩将涡轮大厅称为"一个特殊的市民空间"(25)。对迪尔米德·科斯特洛来说,"涡轮大厅在参观者进入的一开始就在参观者的心中挂起了一道惊人

---

[1] 我将对这些分析策略进行概括。当然,用列举一些例子的方式,参见:她的关于通过表演性的实践而完成的性别社会生产的言论影响力巨大,巴特勒;剧场研究中的文化唯物主义分析的重要体现,诺尔斯。

[2] 我在我即将出版的专著《剧院和城市》里发展了这一议题。

的幕布,在此背景之下,公众遭遇了他们'自己'——'作为公众的自己'(17,着重号为原文所有)"。建筑师雅克·赫尔佐格确信:"我们把建筑看作是具有穿透力的,你正在步行穿过的东西,并且作为这样的东西是能够吸引人的,比如一个公共广场。"(38)尽管,说泰特现代美术馆是一个公共空间,这并没有错,但是正如上文我所讨论的,我们需要弄清楚这个公共建筑创造出了何种公共群体。涡轮大厅和其所拥有的相关艺术品给我们提供了一个机会去反思主体能动性以及作为公众我们该如何行动,我们是否有群体代言人——或民主——并且如果有的话我们该如何有效地利用。泰特现代美术馆的涡轮大厅给我们提供了一个微观世界,通过它我们可以在当代城市中探讨代言人、联合性以及民主。

为了展开我的唯物主义表演分析的方法,首先,我通过检验泰特现代美术馆及其涡轮大厅对参观者所产生的社会影响,分别概述该分析方式的两个构成部分即表演主义分析和唯物主义分析的优点和局限性。然后,我以奥拉维尔·埃利亚松 2013 年 4 月份在涡轮大厅陈设的作品"气象计划"作为具体的范例,来探讨整合而成的唯物主义表演分析的潜力。我要强调的是,"气象计划"这个作品与其观众一起让我们成为共同的主体:在令人愉悦的场景中对共同的客体进行检视,同时也是彰显才智的主体,他们会意识到并且批判这些检视的条件,甚至当我们参与其中时也是这样。同时我也认为这件作品体现了我们作为公众存在所具有的矛盾关系,认识到这样一种身份让人们既被同化同时又被强化。

泰特现代美术馆的表演性代言

在其他利用表演主义分析方法分析城市的理论家中,米歇尔·德塞图把能动性赋予了城市中的市民,认为通过在城市中漫步,以及对城市的利用,我们不仅塑造了城市也塑造了我们自身[1]。不仅仅是其他众多的美术馆和城市建筑,泰特现代美术馆也让自身接受参观者(通过与空间的融合来实现的)自我授权的德塞图式的阅读,因为艺术品主要是按照主题来

---

[1] 见德赛图:本书第二章,D. J. 霍普金斯和雪莱·奥尔的文章"记忆、纪念、表演"。

安排组织的；主题区域包括"诗歌和戏剧""物质交流""观念与对象"以及"流动的状态"等[1]。如果说对大多数美术馆来而言，展品陈列的基本结构原则是按照时间或是国家来进行分类的话，那么泰特现代美术馆对艺术品的编排则显现出相对松散的陈述。参观者被鼓励根据艺术品的关系和意义自己去完成对艺术品的连接和叙述，一定意义上，也就是要参观者建构出他们自身与艺术品的联系。正如泰特美术馆馆长尼古拉斯·塞洛塔所说："在这个新的美术馆中，馆长和参观者都一样，我们每个人都要更加积极地构建自己的路径，重新绘制现代艺术的道路，而非沿着馆长所设定的单一道路去观赏艺术品。"(55)

之所以说泰特现代美术馆与德塞图相关联，更为重要的一点是，它邀请参观者对其建筑和空间进行主体性阐释或建构。不仅美术馆建筑的空间以及其中的艺术品的安排是非线性的，而且参观者从进入其中一开始所获得的体验也是开放性的，并不受意识形态和空间的局限。不管是从面朝泰晤士河的北门还是从西边的斜坡进入涡轮大厅，参观者穿过一道道普通高度的大门，发现我们在这高35米，长152米[2]，犹如洞穴一般的大厅中获得了"释放"。即使这个空间被每年由联合利华所赞助的设备所占据，大厅的宽敞还是会给人一种势不可挡的感觉。"对大众来说涡轮大厅是一个巨大的免费礼物"，建筑学作家罗万·莫尔谈到。"尽管它很壮观，它并没有指示参观者应该怎样去体验它。"(30)也许正如表演主义所分析的那样，参观者一进入涡轮大厅的巨大空间就会产生毫无拘束之感，他们认为自己可以想看哪就看哪，想怎么看就怎么看（这样的效果在很多小孩的行为中会得到体现，他们会情不自禁地在倾斜的长楼道里上上下下地快速奔跑）。

涡轮大厅似乎不但会让人产生一种主体能动性的感觉，使里面所有的参观者都能在其空间自由徘徊，而且会让公众有一种权利感和力量感，通过其文化力量的共同创造，或者至少给予支持，他们会分享作为泰特现代美术馆集体所有者的感觉。涡轮大厅的宽敞性使得我们对很多人都置身

---

[1] 泰特现代美术馆的详细地图及其集合的网址：<http://www.tate.org.uk/modern/explore/>。
[2] 泰特现代美术馆，建筑：<http://www.tate.org.uk/modern/building/>。

其中的视觉认可变得必要：我们确实可以看见很多和我们一样的人。但是，从大家都相聚于此的这个简单事实来看，这个空间似乎还以某种方式产生了一种感觉，即有一种文化的逻辑——甚至是一种迫切的逻辑——让我们在这里聚集在一起，一种我们组成了一个群体——甚至是一个民主群体，一个公共社区——的感觉。迪莫斯独立智囊团的文化部长约翰·霍尔登认为：“泰特现代美术馆正在创造公共效益：对公共空间更多的自信，群体成员间密切的社会交往，对公共机构的信任，对国家和地区的自豪感。"(36)他的分析可以从2001年泰特现代美术赢得第一届"最佳公共建筑首相奖"得到证实（Appendix: 55）。人们在这里汇聚，完全不同于在城市的其他许多集体活动的语境中的状况——人们争先恐后地挤上公共交通，避免眼神交流，或者是坐在剧院和音乐厅里，缺乏面对面的交流。然而，在美术馆中，人们会聚在一起，通过涡轮大厅的多重视角看到彼此——从中心桥俯瞰，从不同的上层窗户眺望大厅，或者仅仅在大厅中信步游走。不管是上上下下地在斜坡上奔跑，在联合利华授权的设备间嬉戏，还是进行其他的一些活动，人们确实可以看到自己以及他人在利用空间，相互地创造空间的意义。我认为人们对这个空间的观赏和使用有别于其他的空间，或许甚至是伦敦那些更为明显的公共空间，比如说国王十字车站，维多利亚车站以及滑铁卢车站的大厅。不同的原因是因为涡轮大厅是一个终点（大体来说，它不像火车站那样只是某段旅程的途径之地），人们来此观赏（艺术）的目的十分明显；它的空间是专门按照利于观赏的模式而布局的，由此人们——在涡轮大厅中——必然会看到彼此；而且参观者可以直接参与相关艺术品连接关系的创造。参观者因此可以以他们的彼此代理与合作的感觉来相互审视，即在这种能激发灵感的建筑的生产与保护中的彼此代理与合作，在艺术品关系建构中的彼此代理与合作，在城市更加美好的感觉中的彼此代理与合作。

泰特现代美术馆中的唯物主义与被动妥协

与这种社会性地强化了的德塞图式的表演性解读不同，对泰特现代美术馆参观者的体验还有另外一种方式的解读。根据唯物主义的观点,这种解读关注美术馆的物质条件——包括其结构所承载的历史——在我们文化的主流意识形态中将我们打造成服从的客体的方式。在这些意识形态中首屈一指的当然是资本主义及其改造我们的方式,这样的改造中,我们不再是自治的主体,而是只是奢华景观时代的消费者,只是监督时代景观(奢华景观的对应物)的客体。

在这些物质条件中,最为重要的当属泰特现代美术馆的经济特点。所有展厅(特殊展厅除外)都是免费的,然而美术馆也为人们提供了众多的消费机会[1]。在当今的城市经济中,经过改造而焕然一新的主打文化目标致力于社会服务和文化产业;同样,泰特现代美术馆中在收藏品和展厅的沿线还有一些房子,设有一些商店[据报道有一半以上的参观者光顾(Appendix: 57)]和咖啡馆,还有一家餐馆。这些设施一个明显好处是能给人带来舒适感和愉悦感。缺点则是资本介入了美术馆的空间——美术馆设计的目的,据美术馆的宣传所说,是要"提升公众对……国际上现当代艺术的知识、了解和鉴赏水平"[2],换句话说,就是为了将艺术品呈现给公众,而不是进行私人的买卖,使参观者成为艺术的欣赏者而不是消费者。

泰特现代美术馆与资本主义的合谋在其经济史上早已屡见不鲜。英国国家美术馆——开始普遍地称之为泰特美术馆,直到 2000 年又改为泰特不列颠(美术馆),从中又发展出了泰特现代美术馆、利物浦美术馆和圣艾富美斯美术馆——始建于 1897 年,当时收到了大富翁亨利·泰特爵士捐赠的一笔遗产用于建造位于伦敦米尔班克的美术馆,还有 65 幅油画收藏品和三座雕刻品。泰特在他与别人合作建立的泰特—莱利食糖公司中通过食糖加工和贸易积聚了巨大的财产。尽管对加勒比海的甘蔗极具兴趣并且从中获利颇丰,泰特美术馆的组织机构竭力强调,公司并未染指雇

---

[1] 一般说来,特别展出要收取入馆费用;例如,胡安·穆尼奥斯展览需要门票;回顾(2008)的成本从 6—8 英镑(约 12—17 美元),弗里达·卡罗(2005)的门票费用为 8—10 英镑。见:<http://www.tate.org.uk/modern/exhibitions/>。

[2] 整个泰特企业的使命是"提高公众知识、理解和欣赏英国从十六世纪到现在的国际现当代艺术":<http://www.tate.org.uk/about/theorganisation/>。这一使命是由英国政府 1992 年博物馆美术馆条例规定的:<http://www.opsi.gov.uk/acts/acts1992/Ukpga_19920044_en_1.htm>。

佣奴隶的社团。"亨利·泰特爵士1819年才出生",泰特美术馆的网站指出,

> 而且在1859才开始蔗糖提炼交易,距取消农奴制已经好多年了……他的财富并不来源于糖的生产——而在于他乐意采用新技术,这使他能够用现代化的方法对蔗糖进行分销……亨利爵士只是大批购买了蔗糖,他的生意与后期加勒比种植园奴隶制度有关的任何说法都是毫无根据的[1]。

这也许是真实的,就像泰特确实是一位慈善家一样,他还资助了大学、公共图书馆和医院。但是,他利用不公平的全球经济来为其私人企业牟利的事实仍在,他的资金分配——不管多么仁慈——只反映他本人的想法,而不是那些,比如说,民主选举的政府的观点(甚至泰特美术馆的组织机构也承认亨利·泰特的收藏"反映了他的保守思想")[2]。

在私人资本的支持下泰特美术馆帝国才得以建立,直到今天四大以泰特命名的美术馆依旧有赖于私人资助。通过一种平等的公共/私人资金的整合,耗费13450万英镑来完成大楼的购买、重新设计、修整和美化,泰特现代美术馆本身还仅仅是一种可能。总额为6820万英镑的公共资金来自"千年委员会"、艺术委员会以及政府主导的"英国伙伴"机构。私人资金共计6630万英镑。美术馆的运作仍然要依靠私人的支持。涡轮大厅的设备由联合利华私人资本赞助,该公司生产食品,家庭及个人护理用品(即一系列的洗涤用品)。通过这一赞助,联合利华将泰特现代美术馆和涡轮大厅设备的品牌形象转移到自己身上——意味着革新、原创性和创新性。联合利华董事长尼尔·菲兹杰拉德声称:"联合利华系列产品……是一项赞助,它反映了我们对创造力这一企业核心孜孜不倦的追求,有助于我们满足全世界消费者的需求。"但是,这种品牌形象的转移所产生的效果当然是双向

---

[1] 关于泰特:组织、历史、亨利·泰特爵士: < http: //www. tate. org. uk/about/theorganisation/history/henry－tate. shtm>,参见关于泰特:这个组织:时间表:亨利·泰特和奴隶贸易的历史: < http: //www. tate. org. uk/about/theorganisation/history/ history_tirneline.shtm>。

[2] 关于泰特:组织、历史、亨利·泰特爵士: <http: //www. tate. org. uk/about/the-organisation/history/henry－tate. shtm>。

的。泰特现代美术馆同样被加注了联合利华的形象，尤其包括它作为一个并不十分后工业化（它的制造业）的私人（资本家）公司的形象，但它无疑是后工业化的且以服务为基础的经济的一部分，产品以家庭及个人护理用品为主。

大楼结构的物质条件和它的历史强化了这种资本的叙述。就像其他许多现代艺术画廊一样，泰特现代美术馆使用的是一个翻新过的工业大楼——河岸发电厂。建馆的想法在1946年就已酝酿，并由贾莱斯·吉尔伯特·斯科特爵士设计，但直到1963年才正式开放（Searing：106），现在的泰特现代美术馆那时只是个石油发电厂。发电厂于1981年解散，当时的世界油价让发电厂的经济很不景气，正当发电厂建筑濒临拆毁之际，在1994年被泰特集团收购。瑞士建筑师赫尔佐格和德·梅隆对发电厂建筑进行了大规模的重新设计和改建，在外部增加光照的同时保留了大部分的砖墙，并且将内部掏空，建了七个楼层。通过移除多余的工业设备和最底层的天花板，涡轮大厅被大大拓展，从原先的底层倾斜而下能到达新的底层。新大楼保留了斯科特原初设计的许多重要的方面，斯科特是英国著名建筑师，重建了"在1941年被敌对行动所摧毁"（Stamp：179）的下议院，并且设计了红色电话亭[1]、众多的教堂、剑桥和牛津的图书馆以及宿舍楼等等这些具有英伦风情（保守主义）的图标。更为重要的是，赫尔佐格和德·梅隆相对高超的改进手法不仅有效地保留了大楼的工业原貌，也能够成为现在的后工业化的凭证。有人预测包括文化产业在内的服务业将会蓬勃兴起，这一预言的实现使得大楼的建筑夸大了后工业主义、后福特主义、晚期资本主义经济的胜利，制造业——以及随之而来的艺术——的衰退，制造业构筑了不断向上发展的服务业的基础，包括日益商品化的文化产业。即使参观者在里面并不"购买"任何东西，泰特现代美术馆还是强化了占统治地位的资本意识形态，因为大楼间接地想要传播这种显而易见的悠闲心态，将它作为我们富足社会的一种状态（Miles and Miles：52—3 and 56）。

---

[1] 第一个红色电话亭的样子是由贾莱斯·吉尔伯特·斯科特爵士于1924年设计的……斯科特后来完善了他的设计，于1936年在全国范围内推出了了著名的"禧年亭"，庆祝乔治五世的"银禧年"（"红色电话亭"）。

对泰特现代美术馆意识形态地位的唯物主义叙述必须同时考虑到大楼本身物质条件的影响。这包括将参观者进入大楼的"释放"感不是理解为自由,而是压制和操控——用尼克·斯坦利的话来说,"一种明显的心理操控形式"(43)——因为这来自这栋大楼的后效影响,即当我们穿过普通大小的门时首先会感到压迫的后效影响[1]。此外,大楼给我们呈现了绝妙的风景,但也迫使我们成为别人眼中的风景。涡轮大厅的庞大空间以及内嵌其中的能让人看到景色的众多窗户,巧妙地将我们变成了别人观赏的对象;参观者们不断地相互凝视,抬头看着涡轮大厅每个楼层的镜中之景,反之亦然。对斯坦利来说,泰特现代美术馆使每个参观者都处在别人的监视之下,在一个不是那么重视消费资本主义而更强调其外推效应的文化氛围中,"如果不是让我们进行自我陶醉的话,也起码是让我们有自我意识"(43),由此首先促成了一个"景观社会",而后在"反恐战争"的语境中促成了一个监督性社会。根据这一唯物主义分析法,泰特现代美术馆再现了晚期资本主义景观的霸权意识形态,并将这些强加在参观者身上。

后世界末日野餐:唯物主义表演分析法和《气象计划》

表演主义和唯物主义对泰特现代美术馆社会效应分析的主要问题(这种情况与唯物主义和表演主义在诸如广阔的城市分析中的片面状况相似)在于两者的片面性。为了对泰特现代美术馆的社会效应和了解城市空间的方式有一个更加细微的解读,所需要的是一种将表演主义分析与唯物主义分析有效结合起来的批判性实践。这种批判实践所形成的解读方法比其他两种明显相互排斥的解读方法要有用得多,对于理解我们当代文化体验的矛盾性或许也是必不可少的。为了示范这种解读方法,我从涡轮大厅里通常被认为是最成功的作品中选取一件进行分析,即《气象计划》,联合利华的第四项年度任务(2003年10月—2004年5月),由冰岛籍的丹麦艺

---

[1] 建筑师雅克·赫尔佐格拥护此设计:"我们的目的从来就不是为了使人相形见绌的……。我们讨厌纪念碑风格。纪念碑风格并不意味着大的但有一个而且是唯一目标的东西,这是为了给人留下深刻印象而操纵人。"人们当然有可能对建筑师表达意图是否成功进行争论(赫尔佐格,等:53)。

术家奥拉维尔·埃利亚松创作(见图11.1)[1]。

图11.1　奥拉维尔·埃利亚松,《气象计划》,2003年泰特现代美术馆涡轮大厅

摄影:Jens Ziehe 2003,Olafur Eliasson 2003.

对于《气象计划》,埃利亚松将三样东西引入大厅,即(1)对模糊视线阻隔声音的人工迷雾的排放进行控制;(2)用镜底的银箔包裹铝制框架,将天花板改装成镜面;(3)一个比西墙高出7.7米,与天花板相连的半圆形背光灯,它大约由200个单频灯组成,其波长"让人只能记住介于黄和黑之间的颜色"(5月26日)。半圆形的灯光打到天花板上形成一个整体,透过迷

---

[1] 2005年,马丁·盖福德认为卡普尔的《马西亚斯》和埃利亚松的《气象计划》"这两件作品最成功之处在于实现了涡轮大厅的难以捉摸的任务",因为他们"使用了大厅的全部体积"(7—8)。到2008年春季,联合利华系列有八件受托作品:路易斯·布尔乔亚的《我做,我撤销,我重做》(2000);胡安·姆诺斯的《双重约束》(2001—02);安尼什·卡普尔的《马西亚斯》(2002—03);埃利亚松的《气象计划》(16 October 2003 — 21 March 2004);布鲁斯·瑙曼的自动装置《粗糙材料》(2004—05);瑞秋·怀特里德的《堤岸》(2005—06);卡斯顿·霍勒的《实验基地》(2006—07);多丽丝·萨尔赛多的《口令》(2007—08)。2007年7月,联合利华同意为此系列多延长五年的资金支持,直到2012年(值得注意的是,这年正是伦敦举办奥运会的年份),其总赞助额到时高达400万英镑("联合利华增加赞助")。

雾看去就像昏黄的太阳,整个大厅笼罩着深褐色的光,并投射到观众的身上。埃利亚松引入的设备元素创造了一个生态系统,并且与外部和其他内部的设备明显不同,甚至有些古怪。这使得大厅像一个昏暗的温室,可能会引发我们对气候变化的反思,这一点是埃利亚松在他的许多有关天气的演说中所特别强调的[1]。这个设计也使大厅转变成一种三维的风景艺术品,将风景艺术的变化行为和他们所说的态度的转变引申到国家、阶级、劳动力、经济以及文化与自然的关系中。烟雾笼罩的日光和昏暗的视线可能会让我们想起2001年9月11日烟灰弥漫中的曼哈顿大楼和新千年对恐怖主义的忧虑这些熟悉的场景。

假设我们把观众席/参与者清空,仅靠对场馆进行沉思,以上这些以及更多读物所表达的内容都是很容易想到的。但这个作品/空间一直被人们占据着;事实上,《气象计划》大获成功,泰特美术馆试图说服埃利亚松扩大这幅作品(他拒绝了)[2]。我认为,正因为这些作者如此反应,他们的作品就被赋予了更有趣也更令人困扰的意义,成为社会批判和霸权合谋相结合的象征物。对涡轮厅的设施进行一番仔细研究后,我们在游客与涡轮厅的相互作用和当代城市文化实践中也都看到了这一点。

一方面,大厅的参观者身上有一种真实而普遍可笑的神情。显然,人们不得不被吸引到东端以更接近"太阳",仿佛聚集在沙滩上(尽管地面是水泥的)。老老少少都在奇特的光线下玩耍,我们尤其喜欢在地面上玩耍,躺下来盯着天花板反射出来的影像,大家用自己的身体摆成星星、字母或雪花的形状,或以组为单位摆出更大规模的图案来。这气氛有点儿像野餐或狂欢节,自在,自娱,有着欢快友好的社交精神。另一方面来说,这里同时多少还有点阴郁的感觉,甚至是破败的感觉,在此场景中,尤其是从西面入口来看对"海

---

[1] 埃利亚松在泰特现代美术馆员工中传阅了一份调查问卷,调查他们对气象的主观态度;他负责广告宣传活动,包括一张海报,内容是:"今天你谈论天气了吗?";泰特现代美术馆网站关于此事的版块包括"反常天气事件和天气统计数据"。见泰特网页上关于埃利亚松装置的报道:<http://www.tate.org.uk/modern/exhibitions/eliasson/default.htm>。问卷调查及一些回应收录于"TWMG(泰特天气监测组)": 60—1。

[2] 埃利亚松说"展览后的时间对我来说很有趣……因为它很快又变成了一个记忆中的事物,它的含义有了变化"。(基姆尔曼)

滩"的接近,或是当参与者远离"太阳"再回头看时,都会有这样的感觉。如此多的俯卧的似被击倒的身体在地上扭动,这种景象唤起了破败的感觉。在此氛围中,出奇地安静,几乎每个人都面朝东或面朝上,这就造成了无名的深邃感。在黑暗的背面之后,不可思议地呈现出许多朝着同一个方向的脑袋,好像在膜拜一尊虚妄的太阳神像。[1] 在这奇异的由身体俯卧所造就的场景里,透着后世界末日的恐怖景象。埃利亚松的《气象计划》对我来说,就是后世界末日野餐的景象与事件,非常愉快同时又极其令人震惊(见图 11.2)。

图 11.2　游客与奥拉维尔·埃利亚松的《气象计划》,泰特现代美术馆涡轮大厅,2003
摄影:泰特,伦敦 2008.

我们能从这组矛盾的效果中得出什么呢?他们如何与上面我所列出的分析模型相关联?关于主体的能动性和团体民主性,以及城市公共空间中潜在的社会性压迫或妥协的当代机遇,他们又告诉了我们什么呢?对《气象计划》的表演主义角度的解读可能集中于这样的事实:观众积极回应,在大厅内走来走去,做出各种图案,并形成小型的野餐式的聚会。参与

---

[1] 奇怪的定向崇敬感得到了增强,因为唯一不同的色调——蓝色视觉——空间里的光来自人们的照相手机。他们高举着手机拍摄"太阳",好像是一场音乐会却没有音乐和表演。

者表现出明显的愉悦感,个人和群体组织既独立性动,但又愿意融入他人在地上或天花板上制造的景象。我们成群结队地参与其中,以表达对此装置的支持:《气象计划》的最后一天,一个周六,"人们蜂拥着挤进泰特现代美术馆,比去欧洲最大的零售综合体——蓝水购物中心的人还要多。泰特现代美术馆占地 34 000 平方米,而蓝水购物中心占地多达 154 000 平方米"[1]。从表演主义的角度来看,这幅作品是社会性地赋予参与者的,一个创造自我、创造群体的机会,一种集体协作感,至少是部分聚集在一起,或许,在一定程度上,更像一种抵制狂购的壮观景象。

然而,唯物主义的分析可能会限定这种肯定性的阅读,不仅要考虑参与者所做的,也考虑物质条件如何"让"我们去做,特别是参与者如何被盗用为《气象计划》景象中的物体。这样的解读可能会认为《气象计划》实质上是强制性的,它对感官认知的剥夺(缺乏光线和色彩)使我们很容易受到其魔法般的奇迹影响(立体感强而逼真地带来视错觉的、两层高的镜子天花板),迫使我们进入其可怕而壮观的景象之中,并最终作为(死亡的或正在死亡的)物体在这样的景观中出现。从唯物主义分析的角度看,这幅作品可以被视为强制性的,是社会性地压制的,是马戏团般的异化社会的再制造。

与这种相互排斥或相互取消资格的解读方式不同,这幅作品——以及我们现有的文化立场——所要求的正是它们以某种形式的结合。我们可以把这作为一个"两者/都"的场景来理解,以回到艾琳·戴蒙德的重要的布莱希特女性主义理论分析,她认为,明显相互排斥的实体是允许以某种方式并存的[2]。或者我们可以将这幅作品的做法看成是类似于虚幻的心理分析的做法,例如:拜物教,教徒"非常清楚地知道"他的幻想就是幻想,但通过否认、体验它跟真实"完全一样",允许同时感受真实和"不断消除"

---

[1] 霍尔登:33。霍尔登认为"未来实验室"的马丁·雷蒙德对此信息有助益。

[2] "两者/和(both/and)"是我的用语,不是戴蒙德的用语,但我认为该想法是隐含在其布莱希特女权主义社会性姿态的作品中的。她写道:"持有不同的视角,而不是遵从表现形式一成不变的身份,将这些差异与可具体实施的事联结起来是布莱希特理论'不是,但是(not, but)'的关键。"(86,着重号为原文所有)

的体验。[1]《气象计划》把我们征用到其景象之中,我们在观察它的同时也在担任我们自己的雇佣兵的角色。我们不仅是景观的客观化的一部分,我们还是观看该景观的主体。对埃利亚松来说:"关键在于,从外部观看自己使我们能够从他人的角度来看自己。我认为在我们的能力中有一种大度,从他人的角度评价自己。这也允许了一定程度的自我批判。"(Morgan and Ekiasson: 23)我们享受《气象计划》的视觉技巧——我们可以看到太阳,甚至它的背面;这张明显用透视法缩小的深褐色照片体现的奇异的本体性效应;强化的由镜子天花板带来的逼真的视错觉效应——"并且"我们被带到了景观之中。在这个完全强制的展示中,我们不是不知情的客体;我们是景观中知情的客体,同时也是这个景象的部分制造者。通常在写到关于埃利亚松的作品时,马德琳·格瑞恩斯戴伦认为,它"实现了客体与主体之间的开放式互动,观众与艺术品之间的松弛的分离"(67)。《气象计划》展现了这样一个事件:在其他事物中,关于景观、外表、监视以及它们的风险和愉悦的事件。它呈现了我们对当代的(尤其是城市的)监视的霸权意识形态的批判,是批判同时也是共谋,如同约翰·麦格拉思所说,我们能够并且确实享受这一壮观场面,尽管我们可能觉得它损害了我们的公民自由。

  这幅作品也向我们展示了明显矛盾的关系。我们在集体的景象之内,同时又在景象之外,看向景象。我们既是独立的,又是集体的,一个团体的人也许有些共同点(而不是阿方索·林吉斯所谓的完全不同),能看到这个团体是善良的但又具有威胁性,体会我们作为既和谐又引发焦虑的公众的一部分的感觉。这种解读让我们认同一种谨慎的态度,也许不是对集体化或本质上的参与式民主的态度,而是对社会强制、对集体主义、对当代社会设备化和技术化的方式的态度——包括大型装置艺术与公共空间;包括城市及其空间和建筑——迫使我们融入群体身份之中。这幅作品突出地描绘了我们——在社会性的监视活动中,在群体生活中,包括在所谓的民主中——所具有的矛盾关系。

---

[1] 对幻想心理分析理论与戏剧相关联的探究,见我的《(不)可能性》一文。

当代文化中的批判代言与共谋

单独来看,表演主义的和唯物主义的分析都使我们能洞察我们居住的方式,及如何利用并理解自己与社会空间的关系。它们展示了自己的加强个人和群体力量的机会,以及所具有的个人与集体意识形态压抑的风险。我们需要综合这些分析策略和分析结果来解释我们看到的复杂、矛盾的效应,这些效应表现在城市关系的艺术实践上,如埃利亚松的《气象计划》和泰特现代美术馆涡轮大厅等市民空间。在这些情境下,参与者展示了对压迫性的当代文化状况的批判,如监视以及我们向一个无差别的、人格物化的集体的同化;与此同时,我们又对监视、同化提供支持,甚至享受这些"风险"所带来的景观和社会愉悦。[1]

当代文化实践和观众的参与都是复杂而矛盾的。我们需要反思我们是如何阅读他们以加深我们对这种复杂性的理解的,并针对这种复杂性,去重新思考——在一种似乎给了我们力量又似乎将它拿走了的情形下——权力是如何分配的。

参考文献:

Adorno, Theodor. *The Culture Industry: Selected Essays on Mass Culture.* Ed. J. M. Bernstein. London: Routledge, 1991.

Appendix. Gayford et al.: 41—58.

Bourriaud, Nicolas. *Relational Aesthetics.* 1998. Trans. Simon Pleasance and Fronza Woods, with the participation of Mathieu Copeland. Dijon: Les presses du Réel, 2002.

---

〔1〕 我的分析受惠于约翰娜·德鲁克,她认为,当代艺术大部分不是相对抗的,而是与当代文化共谋的——资本家,壮观场面,等等——除此之外也提出一些批评。"当代美术根本矛盾的核心",她提出,"是共谋,同时替代主流消费文化的意识形态价值观"(21)。她的分析与汉斯·蒂斯·雷曼的《后戏剧剧场》中的近年剧院报告相类似。对他来说,这个剧院既不明确是政治的也不是反政治的;同样,它常常肯定当代文化的方方面面,而许多批评人士在这之前视其为在社交方面的不自信,如壮观场面。

Butler, Judith. *Gender Trouble: Feminism and the Subversion of Identity*. New York and London: Routledge, 1990.

Certeau, Michel de. Walking in the City. '*The Practice of Everyday Life*. Trans. Steven Rendall. Berkeley: University of California Press: 91—110.

Cole, Ian, and Nick Stanley, eds. *Beyond the Museum: Art, Institutions, People*. Museum of Modern Art Papers, vol. 4. Oxford: Museum of Modern Art, 2000.

Costello, Diarmuid. "The Work of Art and Its 'Public': Heidegger and Tate Modern."Cole and Stanley: 12—26.

Diamond, Elin. 'Brechtian Theory/Feminist Theory: Toward a Gestic Feminist Criticism.' *TDR* 32.1(1988): 82—94.

Drucker, Johanna. *Sweet Dreams: Contemporary Art and Complicity*. Chicago and London: University of Chicago Press, 2005.

Fitzgerald, Niall. 'Sponsor's Foreword.' May *Olafur Eliasson*: 11.

Gayford, Martin. 'A New Space for Art. 'Gayford et al. : 7—12.

Gayford, Martin, John Holden, Rowan Moore, the Rt Hon Chris Smith, Jon Snow, and Tony Travers. *Tate Modern: The First Five Years*. London: Tate, 2005.

Grynsztejn, Madeleine. 'Attention Universe: The Work of Olafur Eliasson.'Madeleine Grynsztejn, Daniel Birnbaum and Michael Sparks. *Olafur Eliasson*. London: Phaidon, 2002: 36—97.

Harvie, Jen. '(Im)Possibility: Fantasy and judith Thompson's Drama.' *On-Stage and Off-Stage: English Canadian Drama in Discourse*. Ed. Albert-Reiner Glaap with Rolf Althof. St John's, NF: Breakwater, 1996: 240—54.

——. *Staging the UK*. Manchester: Manchester University Press, 2005.

——. *Theatre & the City*. Basingstoke: Palgrave Macmillan, 2009.

Hebdige, Dick. *Subculture: The Meaning of Style*. London:

Methuen, 1979.

Herzog, Jacques, Nicholas Serota and Rowan Moore. 'Conversation: August 1999.' Moore and Ryan: 37—57.

Holden, John. 'The Cultural Value of Tate Modern.' Gayford et al.: 33—8.

Kimmelman, Michael. 'The Sun Sets at the Tate Modern.' *New York Times* 21 March 2004. 24 Oct. 2007: <http://www.nytimes.com/2004/03/21/arts/design/21KIMM.html?ei=5007&en=32de8611c76cefc4&ex=1395205200&-partner=USERLAND&pagewanted=print&position>.

Knowles, Ric. *Reading the Material Theatre*. Cambridge: Cambridge University Press, 2004.

Kracauer, Siegfried. 'The Hotel Lobby.' *The Mass Ornament: Weimar Essays*. Ed. and trans. Thomas Y. Levin. Cambridge: Harvard University Press, 1995.

Lehmann, Hans-Thies. *Postdramatic Theatre*. 1999. Trans. Karen Jürs-Munby. London and New York: Routledge, 2006.

Lingis, Alphonso. *The Community of Those Who Have Nothing in Common*. Bloomington and Indianapolis: Indiana University Press, 1994.

May, Susan. 'Meteorologic.' May *Olafur Eliasson*, 15—28.

——. ed. *Olafur Eliasson: The weather project*. London: Tate Publishing, 2003.

McGrath, John. *Loving Big Brother: Performance, Privacy and Surveillance Space*. London and New York: Routledge, 2004.

Miles, Steven, and Malcolm Miles. Consuming Cities. Basingstoke: Palgrave Macmillan, 2004.

Moore, Rowan. 'Architecture in Motion.' Gayford et al.: 29—32.

Moore, Rowan, and Raymund Ryan, with contributions by Adrian Hardwicke and Gavin Stamp. *Building Tate Modern: Herzog & de Meuron Transforming Giles Gilbert Scott*. London: Tate Gallery Publishing, 2000.

Morgan, Jessica, and Olafur Eliasson. Interview. *Your Only Real Thing Is Time*. Olafur Eliasson. Boston and Ostfildern-Ruit, Germany: Institute of Contemporary Art and Hatje Cantz Verlag, 2001: 16—23.

'Red telephone box is announced as an icon of England on the new icons list.' 10 November 2006. *BT Media Centre Online*. 22 April 2008: <http://www.btplc.com/news/articles/showarticle.cfm?articleid=fb315a35-ba0a-49aa-99ef-6400544c9c86>.

Ryan, Raymund. 'Transformation.' Moore and Ryan: 13—36.

Searing, Helen. *Art Spaces: The Architecture of the Four Tates*. London: Tate Publishing, 2004.

Serota, Nicholas. *Experience or Interpretation: The Dilemma of Museums of Modern Art*. 1996. 28th Walter Neurath Memorial Lectures London: Thames & Hudson, 2000.

Smith, Rt Hon Chris. 'The Political Impact.' Gayford et al.: 17—21.

Stamp, Gavin. 'Giles Gilbert Scott and Bankside Power Station.' Moore and Ryan: 177—90.

Stanley, Nick. 'Moving People, Moving Experiences: Novel Strategies in Museum Practice.' Cole and Stanley: 42—8.

Tester, Keith, ed. *The Flâneur*. London and New York: Routledge, 1994.

Travers, Tony. 'Renewing London.' Gayford et al.: 23—8.

'TWMG (Tate Weather Monitoring Group).' May *Olafur Eliasson*: 59—64.

'Unilever extend sponsorship of The Unilever Series for a further five' *years*. *Tate* Online 18 July 2007. 2 Nov. 2007: <http://www.tate.org.uk/about/pressoffice/pressreleases/2007/11210.htm>.

12. 呈现一个不复存在的社区：丹尼尔·里伯斯金柏林犹太博物馆的写景术

克劳斯·冯·丹·伯格

I.

丹尼尔·里伯斯金的犹太博物馆1999年在柏林的开馆，是两种对抗的社区观念长达十年斗争的结果：一方面，柏林的政治精英和政府官员都把此项工程视为已有的柏林博物馆的补充，并且以不甚敏感的"犹太部"来命名。"犹太部"原是由阿道夫·艾希曼创造的名字，用以指代在大屠杀中负责驱逐出境的盖世太保部门；另一方面，建筑师里伯斯金的获奖设计将建筑位置视为能够提供有力的叙述的历史机遇。里伯斯金指出："当犹太人被逐出柏林的时候，柏林也被逐出了它的过去、现在和将来，直到这一悲剧状况得以解决。"(Ground: 83)。里伯斯金于1990年击败众多对手赢得了该博物馆的设计竞争，但设计的真正实现，这位"犹太建筑师"仍然面临政府官员的多方阻挠：市长、参议院以及手握重权的政府官员一再地质疑它的合理性，要求重新设计，之后市长艾伯哈德·迪普根试图贿赂里伯斯金，让他同意放弃博物馆的计划，改为建设一个更能获利的摩天大楼(Libeskind Ground: 145)。

里伯斯金的设计以及柏林犹太博物馆的建设，可以看作是博物馆作为呈现社区的表现场所的范例。在《表演中的乌托邦》一书中，吉尔·杜兰将表演描述为一种事件,能够"构建公众"并能将它的观众带入临时社区(113)。杜兰认为,表演已成为一个公众对话的场所,为集体行动提供了可能性。此外,大卫·哈维在《希望的空间》一书中提到,每个表演都需要一种转化行动的方式将它转化为一个公众对话的场所。杜兰认为表演者是催化剂,哈维则认为"渴望转变行动的反叛的设计师"才是呈现社区的时候更有力的催化剂(244)。更重要的是,哈维要求像里伯斯金这样的设计师具备实施转化行动的"转化技巧":反叛的设计师必须能够应对场所的地理位置,不仅仅是物理的挑战,还要考虑场所结构潜在的政治、宗教及经济因素,才能保证该建筑的面貌、布局和现实目标跟周围建筑相一致,并成为社区话语建构的一部分。根据这些因素的考虑,在寻找一种"对不可跨越的中断"的解决办法的时候,转换的过程既非成功时的欣喜也非失败时的沮丧。在哈维那里,建筑师必须明确同一社区的共性和差异,从而能够跨越社会经济的界限,转换集体行动的形式。

里伯斯金的博物馆的表演特质可以通过沃尔特·本雅明的将城市和建筑视为空间行为的方法来分析。在一篇开创性的关于城市空间的论文中,本雅明指出建筑是"社区节奏最不可或缺的部分"('Naples':416)。在其关于那不勒斯(1924)、莫斯科(1927)、魏玛(1928)、马塞(1929)的系列论文中,在其更具拓展性的作品《单行街,柏林的童年时代》中,在其厚重的《拱廊工程》——以巴黎为场景对象分析19世纪的意识——中,本雅明提出了他的方法,将城市看作剧院,将建筑视为场景,来呈现社区。在这些范例论文中,本雅明描述了建筑和文化行为是如何相关的:广场、拱廊、庭院、阳台、楼梯是"变成一座全新的剧院、从未见过的集合体"的构成要素,(Naples,416)。在关于那不勒斯的论文中,他借助戏剧词汇来描述城市空间的使用:"建筑被用作流行舞台。它们被划分为无数的生机勃勃的剧院。阳台、庭院窗户、廊道、台阶、屋顶同时是舞台和道具。"(417)在那不勒斯,本雅明非常欣赏"动景",《拱廊工程》和19世纪戏剧娱乐中的一个核心概念,随着文化戏剧即兴创作的发展而成熟。在本雅明看来,城市空间已经成为文化记忆的档案,同时是行动的空间。

在研究中,本雅明将注意力转移到了表演和社区之间的新的关系上,也就是里伯斯金在他的新柏林博物馆中所利用的关系。尽管剧院建筑总是讨论剧院和社区时的中心,最近经济和人口向郊区的转移,像分散的少数民族社区那样,推动了一种新的剧院——社区关系。首先,多样的空间比如工厂、仓库、教堂、足球场等等被重新指认为表演的场所;其次,原本不用作剧场的空间通过它们自身的建筑具备了呈现社区的潜能,这些建筑本身组织起了竞争性的空间力量。这些表演地点引发了一个新的批评性观念:设计师如何能将建筑转化为写景术——一种产生着表演叙述的动态空间——以及建筑如何能呈现社区?

丹尼尔·里伯斯金的柏林犹太博物馆就提供了这样一个写景术的范例。与传统的展示空间不同,里伯斯金设计的是一个展示大屠杀记忆的空间。它位于柏林城内,其建筑在地理空间连接着过去和现在的社区:里伯斯金使它坐落于前纳粹政府中心附近,以前东西柏林的接缝处,同时临近柏林以前的犹太社区。通过精心设计的外部及内部的地理格局,里伯斯金把建筑变成了表演场所:在建筑的每一个转角,任何一个单个空间,它都会让参观者与大屠杀戏剧性地遭遇。这种遭遇在参观者尚在建筑之外面向建筑的时候就已开始了,钢结构的外观,窗户像有刺铁丝网一样刻在墙上,构成了集中营的视觉隐喻。处在遭受战争破坏的空间,东西柏林界限的入口处,这个建筑自身展示为一种空间,不是展览物品的容器,而是被体验和吸纳的空间。

大屠杀博物馆作为表演的场地在大屠杀表演研究中并未引起广泛关注[1]。在《惊人的苦难》一书中,维维安·帕查卡研究了美国洛杉矶的大屠杀博物馆和华盛顿特区的美国国家大屠杀纪念博物馆。基于德塞图的批判方法,帕查卡集中探讨了"当代美国犹太人如何设计大屠杀指代物"(109)以及这些博物馆陈设如何创造了大屠杀叙事。德塞图区分了场所和空间:场所是一个确定的位置,能够避免存在于同一位置的两个事物的概念化,空间则是通过场所的历史化以及多元方式的想象而出现的。受这一

---

[1] 特雷西·戴维斯(Tracy Davis)将大屠杀博物馆置于更大的环境中考虑:博物馆是如何处理物品的真实性的,"如何进行布置才能使得一处场所隐藏的涵义得以展示"(15)。

观念的影响,帕查卡对这两个概念如何引发不同的操作行动和叙事策略尤其感兴趣。里伯斯金的博物馆,在时间上还仅仅处于帕查卡研究中的初始阶段,它呈现出一系列的问题:在很多方面摒弃了传统博物馆的理念,而变成了里伯斯金所说的"相遇的空间"。(*Space*:2001)

在这章中,我会借用本雅明的批判方法,把城市看作舞台,也就是一个场景或剧场,一种物质形式的记忆,把过去的记忆带到当下时刻,在这里获得跟彼此之间及当下知觉相关的意义。跟弗洛伊德一样,本雅明用考古学的术语来形容记忆:当下知觉之下的过去经验。然而,跟弗洛伊德不同的是,本雅明对记忆的档案记录比记忆的挖掘更有兴趣。他认为档案馆的结构——记忆被并置、排列、展现及备用的方式——能够抑制或增强我们沿着历史轨迹所进行的活动。从一种政治性的视角来说,本雅明把记忆看作是空间性的术语:对他来说,历史是废墟和遗迹构成的风景,我们自己的生活就是在其上展开的。

本雅明试图发现记忆构建的形式——记忆的编织和拆分。在这一点上,他的观点与一些社会学家和文化理论家不谋而合,如马克斯·韦伯、克利福德·吉尔兹、皮埃尔·布迪厄等,他们将文化看作行动的空间。在很多作品中,本雅明认为,分析人们通过不同的记忆层面所进行路线选择比把记忆的层面、事件隔离开来更重要。里伯斯金的犹太博物馆不仅把文化记忆进行存档,而且作为一种增强历史知觉、重建社区的重要手段在发挥着作用。本雅明将博物馆与欧洲对古老遗址的殖民与挖掘——正如从19世纪下半期开始出现的——联系起来,例如海因里希·谢利曼的特洛伊探险与其他的"购买的场所"如商场、世界博览会、百货公司联系起来。(Benjamin *Arcades*:830—1,C.3)在本雅明看来,博物馆(像其他的19世纪"梦工厂"那样)灵活地展现了过去,正如商品展示了现代性的进程。就像格雷姆·吉罗切评论的那样,"在博物馆里过去变得无力,被编入目录并转换为被注视的物体"(129)。里伯斯金颠覆了这个过程,通过把转换力量回归到一种新式建筑上面而颠覆了这个过程。他的后现代博物馆运用空间集合体的方式激活了对过去的感知,突出了本雅明的一个核心观点——不是把过去展示为由日期、文档和事件所表现的固定的状态,而是通过一个反映"历史的交叉路口"的空间,里伯斯金实现了对社区的复原。

II.

自从1989年赢得犹太博物馆设计大赛,里伯斯金就以他跨学科的城市设计方式享誉国际。他批判勒·柯布西耶、密斯·凡·德罗这样的现代设计师割裂了过去和现在的纽带(Ground: 42),同时也批评了来自强大的SOM(Skidmore, Owing & Merrill)公司的当代设计师大卫·查尔德斯的功能型平滑建筑(Ground: 255)。相反,他提出一个融合了伦理、历史文本和环境的空间概念。里伯斯金描述了他进入世贸大楼残存遗址触摸地下泥浆墙时的"启示性的经历","当我……双手置于冰冷粗糙的墙面上,它向我传达了必须得做什么的信息"。(Ground 43)作为大屠杀幸存者的孩子,一个波兰犹太人,里伯斯金先后移居以色列和美国,他对此地有强烈的情感记忆和崇敬。他认为,城市地理是可以窥见市民愿望的政治行动。(Blumenthal: 15)这样一来,他的目标是"设计一个在群体中逐渐突出的建筑,将此地点变成一个连贯的象征性的整体……这不是要在这里去建设一个孤立的建筑物,而是要创造一个新邻居,一个新的和谐的社区"。(Blumenthal: 46)

里伯斯金形成了独一无二的"空间建筑"来实现他对社区的想象。[1] 安东尼·维尔代指出,他的设计不仅仅是塑造空间,"实际上是来自空间"。('Postspatial': 238)维尔代认为,里伯斯金以其"对城市的深刻的认识论态度"及在历史上先锋性的形式和空间向其现代的先辈们致敬。('Postspatial': 238)总的来说,里伯斯金采用了两种策略。首先,从地理层面探索这一地点;其次,将螺旋、迷宫、外观等各种形式的空间强行添加到这一地点。他的设计灵感来自对本雅明城市分析理论的有意识重读。(Blumenthal: 24)[2]正如

---

〔1〕 R. M. 辛德勒在他的论文《空间建筑》中创造了这一术语"Space Architecture"(引用自韦德乐关于里伯斯金的章节)。

〔2〕 里伯斯金受到本雅明的《单行街》的启发,可以从许多不同方向、不同地点打开空间。在书中,本雅明把柏林解读为"关系的矩阵"。另见本雅明在《空间的尽头》的评论。(里伯斯金 Space: 70)

本雅明的《拱廊工程》中展现的,该书把城市看作是梦想的集群和记忆的物质表现,里伯斯金认为城市是一个通过空间配置来解密或是阐释的档案。跟本雅明的《单行街》一样,里伯斯金绘制了人们通过不同记忆层面所采用的路线而不是仅仅将与事件相关的每个层面分别孤立起来。

呈现社区的哲学基础是里伯斯金对本雅明的意象空间这一核心概念的挪用:与保罗·维希里欧、让·鲍德里亚的当代意象理论不同,里伯斯金和本雅明视意象为"遭遇的空间",过去与现在认知的碰撞。与本雅明的意象空间一致,里伯斯金遭遇空间的设计是为了防止意象的闭合;它成为参观者批评反思历史事实的地点,成为修正历史认知的地点。在这样的意义上,城市(它的道路、建筑和社区网络)和建筑(它的内在和外在空间的样式和结构)是讲述"人类灵魂故事"的建筑物集合体(Libeskind Ground: 3),隐藏了过去关系——这种关系需要被置于前台——的结构,和充满巨大历史潜在性的层次:它们是公共性的场景,在其中进行表演,阅读文本。从城市文本的实践视角来看,里伯斯金的建筑以这样一种情形开始,即安东尼·维尔代所说的"消除的空白:柏林博物馆的地点可能曾在战争中夷为平地,但仍然富有历史共鸣,形成新的公共韵律"。('Empty Space': 222)

根据本雅明的视城市为记忆剧院的观点,里伯斯金认为,建筑设计师应当像舞台设计师一样。约瑟夫·斯瓦波达、卡尔·冯·阿佩、阿希姆·弗拉耶以及伯特·纽曼等剧院设计师开始将建筑学术语融入整个表演空间,作为一系列塑造故事的意象,和他们一样,里伯斯金等建筑师也开始在建筑中注入叙事功能。他在作品中对比了两种类型的建筑师。第一种,在建筑设计时追求"空间作为一种外观和表现的……病理学"建筑师,建筑设计展现的是功能性、平滑性及历史的分离性。(Space: 69)里伯斯金亦察觉到了戏剧创作中的这种空间病理学,将布景设计看作外观,阻止演员创造真实的空间遭遇。他在剧院的工作,让他在构建犹太博物馆的表演性的时候,给了他关键的启发。功能性和商业性的建筑通常与历史文本隔离开来,与此类似,里伯斯金批判了从希腊时期到现在所有的将空间视作演员创造的以实现自身出场的幻觉的戏剧创作。通过打破自我空间与物理/建筑空间之间的距离,演员创造着富有意义的相遇,转化成了里伯斯金的理想化建筑的版本。第二种是舞台设计师,能够构建"沉默的空间",一个不借助出场来表达的否定性空间,这样的空间让一个不可见的社区变得可见。(69)[1]舞台设计师抵制着宏大场景的圈套和建筑设计的俗套,而代之以去发现"一个未被规划、建筑以及戏剧创作的历史所殖民的空间"。

里伯斯金对将都市和剧院空间视为幻觉空间的批判以及对一种城市写景术的呼唤,反映了本雅明本人的空间病理学概念。在某种程度上,人们会将里伯斯金的建筑解读为与本雅明的不断对话,本雅明发展了一种揭示19世纪巴黎光鲜表面下隐藏着的社会和政治的叙述方法。本雅明批评19世纪的建筑——展览厅、埃菲尔铁塔、拱廊及百货商店——是幻影的汇集,把建筑科技的进步作为景观来呈现,从外观上隔离了历史文本与创作方式。现代都市已成为盲目崇拜发生的地点,成为刺激着虚假情爱遭遇的场所。要逃离这种宏大景观下的肉体欲望,本雅明认为,人们必须是像"相士"一样去接近这样的空间(Benjamin *Arcades*: 207, H2·7),变成能从中读出很多信息的读者,将城市视作一幅历史地建构的地图。

里伯斯金将本雅明的分析方法融入创造城市写景术的观念之中,这种城市写景术重建和构造着社区。里伯斯金成了本雅明所说的"相士",那种不仅能够丰富地阅读城市而且能够建构空间——包含着历史关系并把这种历史关系作为叙述来对待,并必然有参观者贯穿其中——的人。从理论的视角来看,里伯斯金分三个环节发展了他的写景术。

第一,从埃德蒙德·胡塞尔的《几何学起源》中,里伯斯金认识到将空白空间转换成戏剧性的相遇"用以支撑结构的移动层"的重要性[2](Space: 87)。里伯斯金认为,作为"经验的模型"的几何帮助人们定义空间组织的每一个层次。几何学,源于土地调查以及由此产生的组织空旷的"看不见的土地"需要,是组织和反映空间的最初的一步。里伯斯金注意到,"我们在混乱的前反思状况下体验到的同样的结构,被持续转换到了一个反思性

---

[1] 里伯斯金采用了"隐形"的概念,这和本雅明关于意象的概念类同:只有将两个空间联系起来,第三空间才可得见。

[2] 见埃德蒙德·胡塞尔:《几何学起源》,载《欧洲科学危机和超验现象学》,翻译:D.卡尔(埃文斯顿,IL:西北大学出版社,1970):353—378。

的领域,在这里提供了多种描述的可能性"。(Space:87)这样一来,里伯斯金就将空间的构建理解为经验的持续累积,都在某种程度上反映着原来的看不见的土地。

第二,博物馆参观者,剧院演员,或是必须能够与某一地点进行有形互动的城市中的"游荡者"。通过打破自我空间与物理/建筑空间之间的距离,演员与地点的相遇就能够塑造空间。在相遇中创造空间,据里伯斯金观察,演员可能就成为理想的"建筑师"。里伯斯金已经走得很远,以至将术语"表演(Acting)"与"空间化(Spacing)"等同起来:通过探索可用于新关系的各种地点,演员可以通过打破现存空间和规划新空间而成为建筑师。

第三,舞台设计者通过创造引起历史共鸣的情形呈现社区。通过选择空间集合体,舞台设计者创造了身体与空间交流的场合。正如研究本雅明的学者西格丽德·威格尔所指出的,身体与空间非常相似,是"历史的母体,也是历史发生的场所"。(43)里伯斯金的写景术是使空间的创造成为可能的艺术,通过把观众和演员置于同一场合,在其中他们能够完成对该空间的研究。博物馆变成了一个完美的空间,让参观者变成了演员,被置于表演性的场景之中,构成了历史母体的一部分,帮助去勾画消失的社区。

里伯斯金的写景术又是非常粗略、不成体系的,经常缺乏深层次的表达。然而,很明显他是将本雅明"游荡者"理论——原本用来描述历史现象——运用到实践理念中去了:借用奥古斯丁·波瓦的说法,他将参观者放到了观众/表演者(Spect/Actor)的位置。在分析19世纪的大都市的时候,本雅明发现诗人波德莱尔是原型的游荡者:波德莱尔穿过巴黎的街道,不是在他的诗歌中高唱巴黎的赞歌,而是背离了"一个异化者的凝视"。(Benjamin Arcades:10)尽管本雅明区分了不同社会类型的游荡者(Gleber:47-8),但他们都作为有洞察力的读者与城市相遇,成为意象的记录者。(Gleber:52)行走在街道上,他们有更敏锐的视觉愉悦感。用批评的眼光看这些景象,"打碎对象欺骗性的外表",(Gilloch:110)他们意识到,对"建筑的考量不是观看而是对结构的理解"以及历史轨迹的复原。(Benjamin 'Art':670)

实际上，里伯斯金提出了一个当代"游荡者"的双重概念。

第一，他认为设计师是一种类型的"游荡者"，把博物馆设计成应被探索的城市地理。里伯斯金设计的博物馆是遭遇历史的一种视觉叙述，而不是本雅明意义上的用意象捕捉历史瞬间的记录文本。总之，里伯斯金创造性地运用了本雅明的批评方法：本雅明试图穿透现代都市的外观，让它们作为之前阶段的历史废墟出现，里伯斯金则从碎片式的城市语境开始（布满战争疮痍的柏林或被毁坏的下曼哈顿），之后将其转化为意象。与本雅明的在都市行走中确认遭遇的"游荡者"不同，里伯斯金将柏林博物馆设计成一座城市，为参观者设计了遭遇。里伯斯金将原本不属于城市文本的历史性位置绘制成一个单独的空间。这么一来，里伯斯金博物馆的设计就与本雅明的城市经历相类似，为参观者体验建构犹太社区的形象打下了基础。

第二，里伯斯金将参观者、观众、演员视为后现代的"游荡者"，他们自己可能成为意象的记录者。穿梭在博物馆内不同历史空间之间的道路上，演员和观众的任务是去面对或体验大屠杀故事。以犹太博物馆的设计，里伯斯金为自己的"真实空间的崩溃"理论提供了一个实例：他为参观者提供了从不同时空维度探索大屠杀的机会。博物馆的这些多元空间刺激了后现代"游荡者"的城市经验：里伯斯金将博物馆构建为一种文化地形学，置身其中，参观者直面大屠杀的迹象，可能从一系列意象中重建记忆和体验。

Ⅲ.

犹太博物馆坐落于一个多元化的城市环境中。它位于柏林巴洛克中心地区弗里德里希城（Friedrichstadt）的边上，一座由普鲁士第一任国王弗里德里希一世（Friedrich I）发展起来的建筑，犹太人博物馆正处在柏林历史的十字路口。它位于柏林"二战"前汇聚了众多犹太出版商和百货公司的商业区的正南方，在威廉街（Wilhelmstrasse）的南延部分，这里曾是普鲁士和纳粹政权的中枢，同时也临近曾经标志着东西柏林划分的柏林墙的旧址。博物馆处在一个混合区域的中心地段，该区域由在战争中保存下来的巴洛克建筑群,几处早期现代建筑学家比如艾里希·门德尔松设计冶金工人工会大厦这样的历史遗址,20世纪60年代风格的民居建筑,以及上世纪80年代作为国际建筑竞赛(IBA)的一部分而设计建造的办公楼标示着特色。

在本雅明意象空间理论的影响下,里伯斯金将博物馆打造成由一系列图像,或遭遇构成的空间。他的重建社区的第一幅图像,是通过建筑的整体外观来呈现的,这是一个跨文化参照系统的结果(见图12.1)。里伯斯金认为建筑的多样性是犹太博物馆建造中的一种优势,使之成为充满"生机和想象"的城市空间的支柱(Space:130),他建构了一种在博物馆场景与"二战"前犹太文化的参照点之间的遭遇。借助于战前的一张地图和一本电话簿,里伯斯金确定了那些赫赫有名的犹太人的住址,比如沃尔特·本雅明、阿诺德·施恩贝格、保罗·策兰和拉赫尔·法恩哈根,还有那些他敬仰的非犹太人,如海因里希·冯·克莱斯特和弗里德里希·施莱尔马赫。里伯斯金由此"促成了拉赫尔·法恩哈根和路德派神学家弗里德里希·施莱尔马赫的联姻,后者是她沙龙中的常客"。他将两者的居住地用线连接起来,穿过的交叉的地方就是博物馆的选址(Ground:92)。其他连接起来

图12.1　巴洛克式的柏林博物馆(右)和里伯斯金的延伸(左)的鸟瞰图
摄影:简·比特

的住址包括保罗·策兰、密斯·凡·德·罗赫、E. T. A. 霍夫曼与海因里希·冯·克莱斯特之间的连接。通过将犹太人和非犹太人的住所相连，他设计出了锯齿形的建筑，这也成了博物馆的标志性图案。里伯斯金还发现，将三对名字相连后，形成了"大卫之星"（Star of David）的图案，在柏林的地图上格外醒目。博物馆的形状唤起了柏林对往昔犹太人——非犹太人的关系以及"大卫之星"的回忆，是里伯斯金如何构造出一个共存的静默的空间或隐性的空间用以重现消失的犹太社区的唯一例证。

　　里伯斯金创造的另一幅关于重建的社区的图像，是将巴洛克建筑的呈几何对称性的理性表达与犹太人博物馆迷宫式的形状连接在一起。当人们从主大门进入博物馆时，这种有意的误植尤其显眼。两座建筑的正面共同形成了一面巨大的表墙，使人联想起那座曾经伫立于附近的墙，历史的悖论昭然若揭（见图 12.2）。这座墙彻底地割裂了柏林的文化和地形，将城市的两半置于不同的历史发展轨道，如今仍可以在博物馆周围瞥见这种差异。这也提醒着西柏林转变成为东德区域外围土地的历史，重复着不同意识形态和经济的分化。此外，有着整齐窗户和大门的巴洛克建筑的外墙，与影射着集中营的现代派建筑的外墙，两者并置是对德国犹太人历史的鲜明重现。这一图案使得批评理论中一个久已确立的观念变得戏剧化了：启蒙运动的理性在系统灭绝犹太文化中展现出了它的负面性。[1] 里伯斯金让人们只能借由一条地下通道才能通过巴洛克建筑进入犹太博物馆，由此强化了这一观念。参观者从黑色台阶信步而下，随后走进展示厅，里伯斯金借用了奥古斯特·史特林堡等作家常用的挖掘不同层面记忆的手法。他向一个很是惊叹的市政官员解释道："一扇传统的大门是无法通达犹太人的历史以及柏林的历史的。你必须跟随一条复杂得多的路径才能看懂柏林犹太人的历史，了解柏林的未来。你不得不重返柏林历史深处，走进巴洛克时期，这就是为什么你得从巴洛克建筑进入。"（Ground：98）

　　任何一座关于大屠杀的博物馆或是表演的关键之处都在于如何对待犹太社区的缺失。里伯斯金认同批评家西奥多·阿多诺和艺术家乔治·

---

〔1〕　见阿多诺和霍克海默：《启蒙辩证法》（法兰克福：苏尔坎普出版社，1973）。

图 12.2　原巴洛克式的柏林博物馆和里伯斯金的延伸的并置外墙

摄影：简·比特

塔波里的观点，即展示纪念物和陈列数据无法展现大屠杀，这其实是另一种形式的种族灭绝。[1] 洛杉矶的大屠杀博物馆和华盛顿的美国大屠杀纪念馆将纪念物陈列作为重要手段，与此不同，里伯斯金将犹太人博物馆定为一个表现场所，它替代了教化性质的陈列，取而代之的是一套室内设计，模拟并重现了社区当时的状态。博物馆在最初开馆的时候根本没有任何物品展示，但之后在建筑的尽头增加了一间陈列室，在走廊两旁安排了玻璃橱窗。里伯斯金的设计强调了表演的方面，与阿多诺和塔波里的观点一致：如何围绕"空无"和"文化缺失"构造建筑；如何将空间转变为弥合柏林文化裂口的表现；如何使游客/参与者/观众以一种情感参与、身体活动和理智感知的方式亲身经历大屠杀。

里伯斯金把博物馆打造成一个迷宫。作为现代空间观的代表性观点，包括本雅明在内的批评家，从中发展出了对现代经验的表达。尤其是，本

---

[1] 马纳舍·卡迪希曼创建了这个装置艺术。

雅明认为城市是一个晦暗不明的体验，人们在街上流动，既看不到外墙也无法从任何位置识别出其形状。里伯斯金延续了这一理论传统，声称迷宫是一种永恒的心境。和本雅明一样，里伯斯金描述了身处现代大都市的街道楼房中的感官丧失，无法表达深层而清晰的感官体验。然而，他也通过思忖着一种移动来发展这一观念，从走进迷宫的状态到走出迷宫状态的演进，人们获得了一种更高的意识状态。相应地，里伯斯金就为这座犹太人博物馆设定了一个计划，人们无法从任何有利位置看清它的全貌。唯一的例外是空中鸟瞰，这样可以揭示出博物馆锯齿形的轮廓与原巴洛克建筑的关系。这样，参观者能以多种方式感受这座博物馆：从巴洛克建筑的大门进馆看到的是一个平面；狭小的窗户使人联想起铁丝网围起的集中营；站在保罗·策兰馆内，看到的像是一堵冰冷的高墙；身处倾斜的"流亡之园"，馆体就像是一个斜面。

和本雅明一样，里伯斯金把迷宫看成一个晦暗不明的空间，人们在其中迷失了方向和感知。一条条的下走道或称轴线相互交叉，错综复杂，参观者可朝不同方向和终点行走。这些轴线有着符合主旨的名字，即"迁移轴线"，将参观者引向一个室外花园，"大屠杀轴线"沿途的墙面上是写得大大的集中营的名字，最终把人们导向作为一个终点的"大屠杀之塔"，而"延续轴线"则将游览者带到上一层的展览区。这些走道都是倾斜着的，墙面上镶嵌着玻璃橱窗里精心挑选的物件。总之，迷宫描摹了犹太社区的过去，让参观者在行走中追溯那段历史。

里伯斯金为迷宫配备了一个可以称之为"空白区"的互补空间，或者说记忆的空白区，对欧洲文化中缺失的社区的直观感受。他建造了系列相连的六座塔形建筑，分别建于锯齿形建筑首尾相连后的直线上。只有三处空旷的地方能进入内部，其他三处只能从内部的小开孔向外张望。尽管把它们设计在博物馆的内部，但里伯斯金让塔内空间能够融入外部的空间。正如韦德乐指出的，空白成了"临时出口"（'Postspatial'：241）：一种物理性的"遭遇"，即在博物馆中多次出现的、无尽的迷宫和消失的社区遭遇之间的戏剧。里伯斯金希望在物理性的遭遇中增加人们的意识，丰富经验。因此，他提供了一种严酷的视角转换：参观者进入一座塔内的时候，随即体会到隔离、孤独和恐惧;当从小开孔向塔内张望的时候,他能从亲身体验中让自己脱身,从而让自己沉思历史。与此同时,展示的空间也呼应着空白空间的形式。里伯斯金运用现代主义者肯定即否定的空间概念,通过"空"与"满"、"缺场"与"在场"、"内"与"外"、"参与"与"观察"等二元对立的概念重塑了社区。他确保了其设计,用斯蒂芬·科恩(Stephen Kern)的话来讲,"与遗落的一切相呼应"。(175)

这些空白区中最显著的要数最后的也是最大的塔:空白记忆。一处高耸的预兆性的空间,它呈现了欧洲数百万犹太人在毒气室死亡的黑暗经历。这座塔的墙上有一把梯子,但无法企及。墙上有个小孔——同样无法企及——但能瞥见外面的景象。参观者从一扇重门进入后,门即在身后沉重地关上。塔顶有小开孔,几束微弱的光线撒入。起初里伯斯金想让这座塔没有一丝光线,模拟毒气室的黑暗,但依据雅法·埃利亚赫的《大屠杀的犹太故事》中一位幸存者的经历,当火车开往集中营时,从车厢顶部洒下的一束阳光成了她唯一的寄托,里伯斯金因此改变了主意。他打算加入光线,代表一线希望。空间的概念让参观者置身于表演的场景:他们必须做出决定是否要跨越门槛进入不幸的空间,那里除了无望,还有一些"逗弄者",使得外面的世界显得更为无法企及(如梯子)。许多参观者会被不规则四边形的房间吸引,徘徊于两堵高墙造成的压迫感,抬头望着从黑色天花板上落下的一束阳光。里伯斯金说起这处场景,解释道:"光是衡量一切的东西的准则……你所记得的在亮处,其余的遗留在暗处,不是吗?过去消逝于黑暗,未来尚未知晓,只剩下星辰"。(*Ground*: 56)他将参观者置于这一存在的空间:面对同一束希望之光,与此同时在大屠杀创造的空白空间中体验。

实际上里伯斯金的"记忆空白"有据可循,正如爱德华·凯西(Edward Casey)所说的,20世纪发生的"灾难性事件",比如大屠杀事件,破坏了一处地方"任何安全感"。(xiii)里伯斯金举了这些后奥斯维辛时代的艺术家们的例子,他们"拒绝将地点作为关键的概念",而是选择写景术作为协调地点和空间的工具。里伯斯金避免使用像是毒气室或火车厢实物等直接现实性的图像——这些物件人们可以在华盛顿大屠杀博物馆见到。他的空白空间为参观者重现了囚禁的犹太人和其他牺牲者的场景,参观者或同情大屠杀遇难者,或体验空白带来的震惊和恐惧,或是与空白空间直接互动。那扇让人难以离开的重门,暗示着关押者被包围/囚禁的命运,参观者也陷入大屠杀这一类最灾难性事件的想象中。为了营造出此处空间给情绪和生理带来的力量,里伯斯金唤起了人们对关押者处境的体验,而不只是参观展览品。

"记忆空白"的场景包括一处被称为"落叶"的场所,这处空间刻画了博物馆内最让人印象深刻的图案。[1] (见图12.3)这座塔的地面铺满了成百

图 12.3　记忆塔和其中的"落叶"

摄影:简・比特

---

[1] 梅纳什・卡蒂施曼创制了这一场景。

个铁片,痛苦的表情和张开的嘴,代表着一个个被屠杀犹太人的脸庞。这是失去身体的重塑,借助这些脸形铁片的力量,消失的社区被带到当今时代。此处的空间让参观者与过去互动,踩踏在一张张散落地面的脸形铁片上,每一步都会产生诡异的声响——来自过去的回声。我曾独自身处这处空间,让我有机会一步步接近那些"落叶"。我也曾和其他参观者共处这个地方,这使我能够有意识地观察他们和脸形铁片的互动方式:有些人会触碰它们而另一些人则站在后边,沉思着或被惊吓到,无法靠近。此处房间的设置引发人们不同的行为方式,从心理上与大屠杀沟通。里伯斯金关于行走在城市的想法,在这里得到了贯彻:参观者可以与之保持距离,停留在沉思中,也可以探索并触碰这处空间。无论何种情况,行为都带来了与大屠杀的主动面对和探索。

IV.

犹太人博物馆里的六个空白空间的设置展示了里伯斯金是如何成为具有变革行为的写景术专家的。凯西的《场所的命运》指出了"空白"和"场所"两个术语在词源上的相近性。两个词语都指代"场所的空旷","空白和场所的共同点是'身体出现的场所'"(18,词源上的强调),因此是身体所参与的事件的空间。然而"场景"这个术语因印第安部落和古文明居民而获得了更为积极的含义:虽然空无,但充满对地点来临的期待。在里伯斯金重塑社区的努力中,他展现了空白,但也创造了预示着未来的设计和图案。建筑的形状使人联想起原来的社区,遭遇的内部空间让参观者的身心置于大屠杀之中。

本雅明把19世纪的博物馆看作是圣坛,是将文化遗物当作商品展示的场所。里伯斯金的柏林犹太人博物馆则带来了完全不同的建筑风格,创建一种让人们亲身经历的方式,而不是剥夺物件和参观者的历史关系,参观者与犹太社区的遭遇带来了过去的力量。里伯斯金将犹太人博物馆变成表演的场所,促使人们去参与一场文化的表演。犹太人博物馆用一种不同的方式,替代了其他同类型大屠杀博物馆的无害的(Sanitized,此处意为小心选取纪念物展览,与里伯斯金的直观表现、观众直接参与相对——译者注)纪念方式。正如乔治·塔波里所言,只有追忆遇难者的身心经历才是对社区的真正展现,从而避免了第二次文化种族灭绝(Feinberg: 266—7)。

参考文献:

Benjamin, Walter. 'Naples.' *Walter Benjamin, Selected Writings, Vol. 1. Ed. Michael Jennings. Cambridge: Harvard University Press, 1996a.*

——. 'The Rigorous Study of Art.' *Walter Benjamin, Selected Writings, Vol. 2. Ed. Michael Jennings. Cambridge: Harvard University Press, 1996b: 666—72.*

——. The Arcades Project. *Trans. Howard Eiland and Kevin McLaughlin. Cambridge: Harvard University Press, 1999.*

Blumenthal, Michael, ed. Jüdisches Museum Berlin. Architect Daniel Libeskind. *Amsterdam: Verlag der Kunst, 2000.*

Casey, Edward. The Fate of Place: A Philosophical History. *Berkeley: University of California Press, 1997.*

Davis, Tracy C. 'Performing and the Real Thing in the Postmodern Museum.' The Drama Review 39.3 (1995): 15—40.

Dolan, Jill. Utopia in Performance. *Ann Arbor: University of Michigan Press, 2005.*

Feinberg, Anat. The Theatre of George Tabori. *Iowa City: University of Iowa Press, 1999.*

Gilloch, Graeme. Myth and Metropolis: Walter Benjamin and the City. *Polity Press, 1996.*

Gleber, Anke. The Art of Taking a Walk: Flanerie, Literature, and Film in Weimar Culture. *Princeton: Princeton University Press, 1999.*

Harvey, David. Spaces of Hope. *Berkeley: University of California Press, 2000.*

Kern, Stephen. The Culture of Time and Space, 1880 — 1918. *Cambridge. Harvard University Press, 1983.*

Libeskind, Daniel. The Space of Encounter. London: Thames & Hudson, 2001.

——. Breaking Ground: An Immigrant's Journey from Poland to Ground zero. New York: Riverhead Books, 2004.

Patraka, Vivian. Spectacular Suffering: Theatre, Fascism, and the Holocaust. Bloomington: Indiana University Press, 1999.

Schindler, R. M. 'Space Architecture.' Dune Forum (1934): 44—6.

Tabori, George. Der Spielmacher. Gespr che mit George Tabori. Ed. Wend K sses. Berlin: Wagenbach, 2004.

Vidler, Anthony. 'Building in Empty Spaces: Daniel Libeskind's Museum of the Voice.' Daniel Libeskind: The Space of Encounter. London: Thames & Hudson, 2001a: 222—4.

——. 'Daniel Libeskind and the Postspatial Void.' Warped Space: Art, Architecture, and Anxiety in Modern Culture. Cambridge: MIT, Press, 2001b: 235—42.

Weigel, Sigrid. Body and Image Space: Re-Reading Walter Benjamin. London: Routledge, 1996.

13. 城市能否言说？
——后结构主义之后的特定场域艺术

劳拉·列文

> 维本市研究院的建筑地点以很多方式阐释着它本身。该建筑的设计和纪念意义既展现乌托邦式的理想主义又富有现代性。它是对由政府家长式体制推动的伊甸园般的社会工程的生动表达。该建筑的衰败和腐朽别具一格地勾勒了城市话语的轮廓。
>
> 哈斯顿（*Huston*）维本市项目

> 以建筑设计作为视角，我们学习与空间共舞，与房间对话，使活动（尤其是外观和姿态）在周遭环境中演化出来。
>
> （*Landau*：22）

当特定场域（*Site-Specific*）艺术家谈论起他们的工作时，那些物理性的地点便以全新的、意想不到的方式萌发生机。他们会说要进入到与地点的对话中，要参与到生命交互的复杂过程中，以便解释通过这种方式实现的丰富的互动体验。正如我卷首语中提到的，艺术家们让无生命的建筑成为话语的发出者，为能够偶遇自我世界而设计了一个令人叹为观止的模式。在哈斯顿2002年对历史悠久的维本市精神病院——一个特定场域表演的地点——的描述中，这种话语被完完全全解读成一种交流的延伸方式。表演场地通过医疗改革和制度发展的双重解读而变得明白易懂。哈斯顿对该地的理解已超出传统的符号学层面,把医院视作观察者之外的确定无疑的独立存在。这个地方在"为自己"代言,它年久失修的外观令现代性强加其身的话语变得格外明显。地点本身是一个自足的存在,在它的自我给予中,反抗并拒斥这种对它的陈说。用现象学家伯特·斯特斯的话说:"媒体传达这样一个信息:形式在内容中闪烁。"(32)朗道博士以建筑设计作为对这种思想的"反驳",话语必然经由它的物质外观发声和交流。她告诉我们,这间房间是创造性对话的发起者,也是艺术家的舞伴。

本章追问的是,将地点理解为表演过程中的一个合作者,并且在这样做的时候没有将这种表演行动简单视作一个浪漫的隐喻,这将意味着什么。这种方法远非要表现一种朴素拟人论,而是能够卓有成效地抹平人、客观世界以及场所之间的模糊语词的区别,比如像生态学社会性回应语言中的"空间"和"地点"之类的词语。更为紧要的是,它能够帮助救赎那些困扰人们的哲学遗产,当我们把世界回归到一种代表性状态时,我们便能在不经意间再现这些遗产。在以严肃的艺术口吻宣称地点在表演或者以一种物质语言进行(尤其是对其自身)交流的时候,我们能够抛弃那种为特定场域观看行动提供了多方面基础的笛卡尔式思维。为了探索遭遇自我世界的替换形式,我将利用融会了现象学和精神分析学两个学派理论的观念进行分析,这两种学派以视觉符号化而非言语符号化来解读世界的"话语",参与到感性的"自我显现"过程中来解读环境的特征。

为梳理这一特定场域方法的寓意,我们将检视《城市之夜》这本书中几章批判性文本,该书讲述的是英国强娱剧团策划的一场巴士之旅,这是后来城市特定场域表演的杰出雏形。在反思惯用于特地场域工作的理论模型时,我希望提出一种批判性关注模型,在其中后现代主义和现象学关于城市的观点都有所呈现,并追问表演的中介是如何使德里达式的早已被轻而易举地应用到这一研究类型中的书写中心方法变得复杂化的。

艺术和哲学的先例

> 我们常常有这种感觉,大千世界就是一个舞台,日常表演是

当下存在于世的方式,但学者们曾经将其描述为植物和昆虫的剧场(尘世舞台)。我情愿致力于在传统的视角内构置我的发现……即便在当代思想中生态中心的世界观挑战着人类中心主义。

(*Bonnie Marranca*:*xvii*)

对我而言,这个死气沉沉的世界轻轻战栗;我本能够与雨本身交谈。

(*Jean Genet*:127)

交流空间的观念并非近来的特定场域表演所独有,而是有相当数量的艺术先例可供追溯。这一点特别重要,因为当代批评家很少能持续关注以往的空间理论,这些空间理论对以地点为导向的工作存在着潜移默化的影响。尤其是,这一类的哲学主张能够在 20 世纪六七十年代的情景戏剧中找到根源。"表达一种空间",导演理查·谢克纳写道,"意义使空间有话可说;观察空间和探索空间不是让你在其中为所欲为,而是要去发现空间是什么,它是如何构建的,它有哪些不同的节奏"。(12,强调源起)这意味着要发展建构将情景(环境)视作生命来进行交流的方式。这种表演方式可能听上去就像这样:"让空间来影响你:拥抱你、搂着你、推动你、摆布你、将你抛到空中、将你压个粉碎,诸如此类。"(12)

当然,我们可以对这些说法不予理会,与这个时期的实验工作相联系,在"戏剧性出场所营造的物质性精神的'氛围'中"(*Fuchs*:163)纵饮狂欢。在这样做的时候,我们遮蔽了这些表达的生态注册,也许这也是谢克纳早期作品中讨论最少的方面。情景戏剧的理论家们最初关注的重点放在人类中心论方面,探究对作为戏剧活动参与者的观众的授权问题。但是,正如谢克纳提醒我们的,情景戏剧不仅仅是要打破(作为演出背景的——译者)第四面墙:"情景表演中所有的构成元素和部分都要当作有生命的东西来认识。要使其'有生命'就要去改变、去发展、去转换、去产生需求和欲望;甚至,潜在地还需要去获取、去表达、去运用意识。"(10)将场景元素视作"共存意识(*Co-Consciousnesses*)"(11)要求我们从生态的意义上定义情景,一种有机物及其生存环境间的相互影响的关系。

在20世纪60年代表演从视觉艺术中发展出来之后,这种"情景即生态"的模式在表演中更为流行,也提升了特定场域艺术在装置艺术中(Installation Art)的地位。与戏剧家们关于"情景"的定义不同,他们主要着眼于人与人之间的活动(在观众和表演者之间),视觉艺术的"情景"通常不将人置于艺术活动的中心,暗示了遭遇自我世界的另一种可能的伦理标准。多媒体艺术家阿兰·卡普罗在构造这种非人类中心的方法方面是非常有建树的。在《装配件、环境和偶发剧》(1966)一书中,卡普罗从无生命物体或地点的角度展示了艺术的发展过程:"将历史接下来的发展简化成一种倒叙,这就是所发生的:画布上的纸张打了卷,被从画布上撕开而自我存在,在它们生长到其他物质中的时候它们变得更为坚固、完整,它们继续向室内延伸,最终填满了整个房间。"(165)显然,在这个故事中给艺术家定位很难,这个故事是由关于视觉的对抗性变化来推进的。"被从画布上撕开",在被动词中我们只有一个潜在的艺术家。

没有特定主体的行为的出现,当然具有潜在、隐匿的一面。这也通常造成艺术家逃避个人责任或者使他们的工作远离政治批评。例如卡普罗,在他的特定场域工作中,当要求将诸如吸尘和洗涤等"中性"情景活动搬上舞台的时候,就成为这类被擦除的对象。在这里,强调性别、种族和阶级劳动,经常沦为易被评判的组成因素。正如里克·诺里斯所指出的,这一类的去内容化一直是情景戏剧反复出现的特征,它倾向于"关注非历史的、形式上的和自我指涉的模式和结构"(164)。

除了保持这些关注之外,我还对重获卡普罗这类艺术家所使用的被动结构的潜在价值感兴趣。这些可以轻易地被瓦解为天马行空般的诗意幻想的表达,能生成伦理的和生态的思维吗?在上文中,客体和情景成为主导,剥夺了人类在艺术活动中的特权。颠倒人文主义的范畴分类,这些艺术家被重新想象成这样的人:对对象世界的创造性变化做出回应并为其发展提供条件。

这些与情景戏剧的积极参与以及观众的自我展现的要求是背道而驰的。在此我想到了情景实验,在这些实验中,对空间抱以开放的可以让人沉浸其中的态度,观众可以探察舞台区域甚至侵袭女性演员。[1]"情景"的概念被漫无边际地界定,被认为总是适合的,从而含蓄地许可了这类暴力行为。根据情景设计师杰瑞·罗娇的说法,"你来到了一处开放的空间,你可以对它为所欲为"。(388)尤娜·乔杜里将这称为生态"资源论"的修辞,或者是"这种观念认为自然是无穷无尽的……原料来源……是一个征服和统治在其中才是最恰当回应的竞技场"。(25)换句话说,这种将观众重新定位到舞台中心的极端做法,无损于空间掌控的地位,对空间的掌控已然与剧场传统透视框架中的观察主体的地位是一致的。在情景戏剧中,透视原则仍然存在,如今只是主体的神圣性、主体的中心地位不再被遮蔽,不再被远距离欣赏。

虽然卡普罗经常以被动语态表现人类的参与,他却很看重感受性,感受性既是主动的也是被动的。感受性挑战一系列"与所有艺术相关的未受质疑的信念":一种"在可被占有的客体之中的信念"和一种"在控制和技巧之内的信念"(*Essays*: *xxvii*)。这些都是可以通过偶然性方法来释放的,这些方法建构了"工作中的非控制性"(*Assemblages*: 174),并通过对情境的物理性质的回应而实现。将一处地点设为特定场域,就要对它负责,把它所有的居民视作潜在的合作伙伴。艺术家不再是这项工作的源头或者是透视中心,而更像是一个对周遭发生的事件耐心回应的人。观众仍然是该场域视野中的一部分:他们"在活动,外形也被染上颜色"(*Assemblages*: 166)。卡普罗的观众,意识到在空间中其处所与他人彼此关联,通过舞台上的释放来控制全场,从而与情景戏剧的观众区别开来。

这种非人类为中心的阅读可以应用到卡普罗的"偶发剧"工作中。当代特定场域表演将艺术与日常生活融合在一起,作为其先驱,偶发剧是人

---

[1] 据"直播剧团"表演者朱迪斯·马琳娜(Judith Malina)回忆,这发生在一场名为"天堂咫尺"的表演中。她"被一群短发青年抓住,他们'弄伤了我,我的叫喊和抵抗都无济于事'"(泰特尔:244-5)。在名为"69岁的狄俄尼索斯"的表演团队中女性表演者也曾有过相似的经历,有男性观众进入了戏剧的仪式,在舞台上戏弄女性。女性躯体成为一种载体,通过它男性参与者能够调解他们自己与情景表演中新的空间条件的关系。观众被鼓励在剧场中占据更多的空间,观众抓住了"占据"这个行为,一种在舞台上把性别化的身体公开化、可拥有的占有形式。这反过来也成立,即男性演员走进观众席支配女性观众。(泰特尔 Tytell:239)

们在公共场所进行无彩排的演出,通常由给定的记号所引导。在这样的演出中,场所元素也被视作表演者:"热度、风、雨所能做的不仅仅是使物质腐烂……热度能使大气球膨胀起来,关闭控制灯光和声音的电流线路。"(*Assemblages*:172)天气并不是唯一受邀演出的"参与者"。昆虫和动物、树桩和石头、易拉罐和果酱也同样是参演的构成部分。回想梅洛—庞蒂在自我世界关系的中心发现的可逆性逻辑——触摸即被触摸,观察即被观察——人类可以说是存在于一个表演性世界的中心。

迄今为止,大量理论提供了关于世界在特定场域艺术中表演的思考方式[1]。在《世界观众》这本书中,卡娅·奚尔曼做了很多工作试图动摇只有人类才能彼此交流的理念。"如果文字是我们唯一的象征形式,"她写道,"我们就确实毫无希望从世界挣脱出来……,像笛卡尔指出的一样,我们只能运用思考的能力来证明现实。"(128)她让我们想起诸多哲学家,从汉娜·阿伦特到莫里斯·梅洛—庞蒂,都敢于想象一种"事物语言(Language of Things)"。阿伦特将这种语言视作一种戏剧表达的形式,一种感性的自我表现:"有生命力意味着对自我展示的极力追求,这种自我展示是对事物自我呈现的事实做出的回应。有生命的事物像舞台上的演员那样使自身呈现……舞台对于所有生命是相同的,但是好像对每个物种是不同的,对于每个个体也是不同的。"(21)

奚尔曼吸收了阿伦特的观点,认为非人类的存在物参与到自我展示之中,一般通过视觉形态(色彩、形式和图案)来实现,这也是它们表演的主要地方。这种自我展示通过现象世界的变化而完成,所展示的不仅仅包括有生命的事物(例如动物),也包括无生命的事物(如石头、广告海报和建筑)。

---

[1] 见于莫里斯·梅洛-庞蒂,"塞尚的疑惑",《梅洛-旁蒂的美学读本:哲学和绘画(*The Merleau-Ponty Aesthetics Reader: Philosophy and Painting*)》,埃文斯顿:西北大学出版社,1994:59—75;汉娜·阿伦特,《精神生活(*The Life of The Mind*)》(圣地亚哥:收获书局,哈考特出版公司,1978);马丁·海德格尔,"图画世界的年龄",《关于科技的问题(*The Question Concerning Technology and Other Essays*)》,纽约:哈珀罗出版公司,1977:115—54;阿道夫·波特尔曼,《动物外形和图案(*Animal Forms and Patterns*)》,译者:海拉·捷克(Hella Czech)(纽约:肖肯出版社,1967);罗格·凯洛瓦,《美杜莎的面具(*Mask of Medusa*)》,译者:乔治·奥蒂斯(Gorge Ordish),纽约:克拉克松·N·波特出版社,1960;沃尔特·本雅明,"论波德莱尔的某些主旨",《启迪(*Illumination*)》纽约:肖肯出版社,1968:155—200。

通过它们的物质外观，这些事物"想要被察觉"（*world*：130），但这不是预先设定，像我们所了解的诸如中介和意识那样的东西。毋宁说，根据梅洛—庞蒂的观点，"想要"暗示着一种物质性的"发展倾向"。一种"生物或事物"无需先生成一种显现的欲望，因此，奚尔曼解释道："（它的）外形和它想要被察觉的渴望是不可分割的。"（132）为了更清楚地证明这一点，她转而引用动物学家阿道夫·波特尔曼和社会学家罗格·凯洛瓦的观点，他们认为动物的外形既不能单纯从功能性角度、从自我保护的角度来解释，也不能以自然的偶发性模式来解释。那些"环绕在我们周围的外形"是自我展示的自然而然的行动；他们是"正在被演奏的'乐章'"（*Portmann*：162）。蝴蝶翅膀上那些夺人眼球的色彩和图案不能只理解为保护性的伪装，那还是"'昆虫'的绘画"（*Caillois*：29）。

波特尔曼和凯洛瓦能够轻而易举地描述卡普罗"偶发剧"。通过对情景的重构，偶发剧将我们的注意力转向一个在它自己构建的语言中进行表演的世界。卡普罗写道："被随机邀请的自然，只要用落叶、流云便可在地上做出一幅画来，人们用塑料薄膜或是矗立天空的建筑就可观察到那些浮云的流动；只要有一块地方像块菜地，兔子和其他类似的危害公园的动物就能沿途吃出一部杰作。"（*Assemblages*：177）如果我们把"情景的"这个词扩大到包括这些活动，我们就不必依赖于经常伴随这种类型的表演的意图检测。例如阿诺德·阿罗森这样界定，如果导演或设计者故意将外形元素囊括在内，使得观众感觉他们被地点所包围，这就是情景戏剧。就此而言，中央公园莎士比亚戏剧节上自然的鸟鸣声与其情景身份就没有多少关系。(4)

卡普罗对这项工作的边界提出了不同的解释。情景艺术认为世界是不断演化的，朝着能够被察觉的方向不断发展，这使得展示发生的地点变得难以预测。解读权威的失败妨害了把资源论归于情景戏剧：自然不再为我们所掌控。"这意味着，"卡普罗解释道，"艺术家不必再是唯一对创意行为负责的人。"当艺术家启动一个项目之时，"他可能也了解到让自然或其他不同背景不同品位的艺术家参与进来的价值，这对它以后的改变有利"。（*Assemblages*：172）在这里，卡普罗扩大了"世界"一词的概念，不再局限于自然，也包含了人类社会。艺术变成一个生态网络，一个有人类、非人类以及拥有不同社会经历的演员参加的会议场所。如果这位艺术家为构建一场表演提供了一个框架，它最终必然会允许多样的世界以它们自己的物质语言进行交流。

城市之夜

> 至少，艺术在很大程度上与现象学还原法有相似之处：如果艺术以某种方式赋予了世界以意义，那么它同样有一种方式让世界表达自己。
>
> （States：22）

> 今夜你见的窗外所有事物都绝对是真实的。
>
> （Second Guide'Forced'：16）

无需惊讶，自后结构主义批判出现以后，对人类在某一情景中偶遇的思考就变得不同了。在把真实诠释成为一个无限延伸的场景的景观艺术理论中，与非人类环境进行交流的理念——"让空间有话语权"（Schechner：12）——听起来最多也只存在于精神的层面。这一观念影响了谢克纳1994年《情景戏剧》的新版序言："尽管我不完全肯定我所说的话，但是我想要对地理构造，亚原子粒子和波，以及其他众多非生物事物进行探索和交流。我不认为我自己是个神秘主义者或是个信徒，然而我怀疑宇宙的整体以及它难以数计的组成部分都是有生命的，因此它们能够作为'合作者'或者'共存意识'而被理解和体验。"（xi）"我不肯定我所说的话"，"我不认为我自己是个神秘主义者"，这些警示的话语表明这是一个不为后结构主义所乐见的理念。

后结构主义的方法在尼克·凯耶的《特定场域艺术：表演、地点和文献》一书中得到了充分表达。在这里，凯耶应用了一种语言学的模式来界定特定场域表演的范围，从罗伯特·史密森的《非所在》（景观艺术）到珀斯·勾符的《高多汀》（大型表演）再到维托·艾肯西的《拓本碎片》（人体艺术）。在他的介绍中，他提出一种解读特定场域作品的理论框架，与让空间言说的艺术诉求直接对立。这里，正如德里达指出的，言说代表在场，书写代表缺场。凯耶吸收了在场形而上学批判的相关观念,认为由于言语和真实之间的鸿沟,所有以文字表达的与地点的遭遇都是不可能的。"要表述一个地点",总是需要"对之构建一种'移除'"(7)。

为了说明这一点,凯耶对"城市之夜"活动进行了解读,该活动是一次由英国一家公司——强娱剧团在谢菲尔德进行的有意引导的巴士之旅。在旅途中,巴士胡乱转向、在车辆间横冲直撞、不时偏离路线——扰乱观众观看城市景观的视觉路径。这趟旅行故意打乱了城市中心与外围的区别、主要地标和随机建筑的区别["我们即将带你们朝南去往爱情大道,途径一座剧院,他们想在那新建一个麦当劳。"(*Forced*:3)]

该公司据说是参与了对该城市的一次"重写",证明了凯耶的地点总是被置换的论点(8)。观众对这座城市的观察通过剧本被操纵了:两个不能信赖的导游的评论,外加不可靠的司机,以及沿途装设的各种标记。第一位导游阿兰,明显经常混迹酒吧,已经失去了地理方向感:"这到底他妈的是在哪?字母 M 开头,是马德里、曼彻斯特、摩洛哥?瑞伊,摩洛哥是个国家还是个城市?"(*Forced*:1)第二位导游对他满怀期望的旅游地图很是失望,地图显示谢菲尔德是一个幽灵萦绕的疮痍城市:"这里失过火,这里发生过交通事故,还有这里是残垣石墙。"(13)这些文本的叠加映射了语言的构筑物,由此,巴士外所见的各种标志被转换成意指,具有很多捉摸不定的语言学意义。旅途言论推动场景的变换,通过"淋漓尽致地发挥这种'象征的(所谓的)'影响,在其中,这趟'旅途'"永远从目标出发带领游客前行"(*Kaye*:8),以此将写作过程本身写实化了。凯耶用这趟旅途离谱的文本性来强调他的主要观点:是语言塑造了真实,而不是车窗外"出现"的事物。在这种意义上,地点永远不可能真正地与我们交流,因为我们不停地用话语将它掩盖起来。

自 20 世纪 80 年代特定场域研究转向出现以来,凯耶的书是代表性的作品。在对地点的研究中,现象学方法把重点放在了周遭事物的文字性存在方面,这一方法被后结构主义的空间观相当强硬地取而代之了。权美媛在她的关于特定场域的谱系理论中,称艺术家捍卫"一种不同模式的特定场域性,暗中挑战空间'中立性'的观念和与此相联系的普遍的观察主体的假说(……)这些观念是现象学研究模式所拥护的"(13)。在这种意义上，要使一个地点成为特定场域，就要认识到它是以何种方式被符合规范地演绎性地生产出来的。

　　我无意追溯后结构主义之前的年代，也不想将空间视作中立的。很明显，我认为我们对环境的认知被语言、意识形态和记忆过滤了，很难想象谁还会就此提出异议。这些关注的理论模式丰富和充实了特定场域工作，使它变得更加复杂。综上所述，我关注的是自然化的状态，这种状态与后结构主义者笔下的特定场域表演以及更具普遍意义的表演研究的思想是一致的。如有谁试图脱离它的逻辑来思考，他就很容易被划归到在德里达关于剧场替身(真实)的著名争论中尔托那一类。反过来说，与德里达争论就是与"代表行为的终结"作徒劳的抗争，因此，就是要相信"真实能够为真实本身所代表"(Chaudhuri: 23)这种浅显明晰的理念。今天的理论家都以德里达的思想将自己武装得严严实实，他们不愿发现自身的矛盾之处和盲点。尔托和德里达的这两种立场是唯一有价值的，我们认为他们的表现为两极的理论根本上是一致的，而且也无需费劲去区分后结构主义的不同思想线索。贯彻了德里达主义的、以写作中心模式为基础的后结构主义的讨论，最后可能得出与应用巴特勒方法完全不同的关于地点的解读，后者强调研究手势和身体动作对环境的塑造。

　　解构主义的主要贡献之一是它的主体性批判思想，记住这一点很重要。"书写讲述我们"，解构主义理论谈到，"我们不讲述书写"。当运用到自我世界的关系中的时候，这种思维应该防止游客经历中的主体性错觉，这也是视域主导的剧场所追求的。在这两种情境中，观众感觉他们将世界一览无余。然而，当批评家们沿着解构主义去审理的时候，他们就冒着对世界关系的认知中让观众的主体性回归的危险。在最自我为中心的观念中，批评家摒弃了一切与环境之间的富有意义的遭遇，因为身为人类，我们不能走出语言的"监狱"。(world: 128)当替代或递延的修辞被其他类型的分析排除在外的时候，它通常表明意义只能从主体的语言表达物中产生。后结构主义的观点无意间发散了笛卡尔的思维。这个世界是人类观众独自创作的图画。

思考一下凯耶对"城市之夜"中观众体验的解释。凯耶引用了奥热关于场所的作品来解释这种"在凝视和景观之间的虚构关系"(9)。在旅行途中，奥热谈道："个体感觉他自己是个对景观没有怎么太在意的观众。似乎观众的地位才是景观的本质，似乎根本上处在观众地位上的观众才是他们自身的景观。"(引自 Kaye：10)这支持了凯耶的论断，当观众看向旅游巴士的窗外时，他们并非在观察这座城市；毋宁说，他们看的是自己在车窗上的影子或是从邻座的面孔上折射回来的自己的视线。在指明"自我关注的凝视"(10)为"跨地点书写"提供了一个绝佳的范例的同时，这也影响了笛卡尔式主体的唯我论的自然化，笛卡尔式主体也就是那种以自身的存在证明外部世界的真实性的个体。

对地点的现象学解读，像朗道等艺术家所声称的那样，有助于纠正笛卡尔式的倾向。认为在人们对环境的理解之外，环境还有一种独立的文字性存在，这种解读明显依赖于一种视觉上的认知方式。这种认知从根本上动摇了主体的地位，主体被认为是世界得以显现并和谐相生的根源。在这一方面，它暗示了另一种构成世界的方式，正如阿伦特书中生动描述的那样："有生命力意味着，生活于其中的这个世界，能够加速你的到来，延缓你的离去。"(20)当然，许多解构主义的支持者会支持这种说法。然而，赞成可能意味着超出了"自我关注的凝视"——这一术语用于解释观众的反应、倾听作为非本质主义者的环境艺术家的言论。

这种现象学的方法能够帮助我们探索表演中德里达式的书写所不能充分诠释的那些时刻。正如奚尔曼提醒我们的："文字不能构筑起我们全部的甚至是主要的象征意义。"(world：129)主要通过书写的框架来解读特定场域表演，我们会经常错过由多样化的感性感知的存在所造成的表达的厚重性。当我们听见街上传来的车辆喇叭声，我们的身体立刻被那种震动能所摄住。旅游大巴车的左摇右晃能够引起呕吐和焦虑。

通过提供一种我称之为"情景无意识"的途径，特定场域表演营造了自我和世界之间的另一种偶遇。这让那些我们着力打造却又习惯性地遮蔽的情景方面变得易被感知。这里，我吸收了沃尔特·本雅明的"视觉无意识"的观念。在本雅明的解释中，在相机镜头前相对于在人眼之前打开的是"一个不同的自然界",后者是一个意识的过程。摄影捕捉住的那些动作是人眼没有办法观察到的,"人开始迈步的那一秒钟"("*Short*": 7)。这让物质世界以不同的方式"呈现"自身或是令人惊异的外观形式——例如,展示"哥特式川续断茸草窗饰"(8),他写道,摄影揭示了"图画世界中最为微小事物的面貌,在白日梦中找到充分庇护而被遮蔽的事物的易感知性"。

"视觉无意识"不仅在摄影中得到发展,与此同时,本雅明的概念也有助于解释,是什么让地点导向的表演令人如此欣喜并且潜在地撼动着观众的地位:世界在表演框架内未经筹划地喷发显现。当我们参与到一场特定场域表演时,我们非常能够感知这个世界的真实性,这种真实性绝不是附着在理论假想之上的。这让我回想起那些未经彩排的时刻,那是特定场域表演的基础,这时那些日常生活中的闪瞬之物未能促进事件的策划但与之结合在一起:汽车低沉的呼呼而过的声音、倏忽而至的城市气味、未受邀的观众的一闪而过的面容。卡普罗试图塑造一种表演的框架,从而让这种机遇性的触发能够生成,能够"向我们展示,如同第一次般的,这个与我们息息相关却又被我们所忽视的世界"(*Essays*: 9)。根据斯特斯所说,这些自然而然发生的东西令我们"吃惊不已,但却乐见其成,因为传统理论信誓旦旦地告诉我们真实已经被控制和被超越了,而此刻真实却喷涌而出"(34)。因此当特定场域表演被认为是召唤场所的指涉性的时候,它还很有效地避开了这类稳定的感性控制。

特定场域工作中对情景无意识的揭示有可能会使笛卡尔式的"重写"分崩离析,凯耶的理论在形式上与之相联系。它提醒我们,我们并非是世界的言说的发起者,而毋宁说,正如阿伦特所指出的,我们是"现象的接收者"(19),表象是世界让自己被观察的媒介。在精神分析学中,这反映在拉康关于凝视的理论中,该理论关注的是意指(语言的可见物)的外部衍生。"凝视"还暗示着,一种来自表演着的世界,或以拉康的话来说,来自一个"展示着"的世界的先验征求被置于我们的观察能力之前。受凯洛瓦的关于昆虫形态学的著作的影响,拉康将凝视定义为超视觉显示:"如果不是这种无由来的'展示'向我们揭示凝视主要的本质属性,那么这诸多身影、外形和色彩又会是什么。"(76)奚尔曼解释到,无论我们怎样解读"自我展示的世界"的理念,在最低限度上它"暗示着当我们进行观察时,我们并非在引领,而是跟随我们的所见"(*World*: 137)。

这种对偶遇自我世界的解读为"城市之夜"提供了另一种理解的方式。与其说观众接受了将主体彻底从地点移除的观念,倒不如说让观众意识到他们的自我投射所起到的场景功能,这些自我投射具有一种潜在的倾向,包含世界可能进行的言说。因此导游问我们:"你们不是经常忙着书写这个世界吗,你们不是观看、察觉并与这一地点相联系的人中间的一个吗?"("*Forced*": 15)这场演出从开始到结束,由该公司操纵的在整个旅途中时不时地发生的这一连串干预,都在强化着观众的不能充分领略自我建构的风景的感受。由于观众对这场表演不明就里,他们发现自己更愿意接受车窗外的世界,这样一来他们的目光就不是引领而是被引领。

当观众感觉到不明身份的演员正在街道上看着他们时,这种不确定感被强化了。但并非是在景观的中心新证实自己的这种感觉(他们全都在看我!),这种折回的凝视只有在我们不能确定谁才是这场演出的一部分的时候才是可能的。如果我们感到自己在被人观察,这种潜在的自恋倾向会被我们不能回看的事实所弱化。(当拉康写道只有世界在"展示"而不是"世界展示自身给我看"时,他暗示了一种类似的对于中心性的否认)既然受制于巴士,我们就不能处于被观察的地位。这种视觉限制抢走了笛卡尔式主体本应具有的掌控感觉,使得对于这场旅游的消极评论消弭在疑问(不就是这条街吗,不就是这个地方吗?)和那些重复的话语中(你以前从没见到这里,你以前从没见过这座城市,你试图了解却对一切一无所知)。("*Forced*": 13)

这种迷失方向感的氛围造就了城市能够言说的条件。强娱剧团的艺术导演蒂姆·艾切尔斯在收录于凯耶书中的一封里写道:"我说过我们是在书写这座城市吗?也许我忘记强调了,城市本身抗拒这个过程是多么重要。在我们谈论魔术地方,那里只有一条难看的双行线,街道本身有它们自己的故事、文化和政治。我们所做的本没什么权威——它们都是不完整的、狭隘的,经常就是错误的。"(22)在1999年将"城市之夜"搬上罗明斯特的舞台的时候，安迪·哈斯顿回应了这种观点，该市位于艾伯塔省和萨斯喀彻温省的交界。哈斯顿发现，过于武断的旅途言论并没有让观众的凝视转向内部，反而是强化了观众对于地点的关注，削弱着主体是城市面貌唯一制造者这一论断的基础。他解释说："阿兰一直要求向外看，向城市深处看，那些在文本的虚构和街道上发生的事实之间不断重复的巧合。那种认为每天有很多事件为我们而构建的想法要求人们去寻求外部世界的部分。"

在哈斯顿的阐释中，我们抓住了我一直试图追溯的关于形象展示的惊鸿一瞥，一种"（书写的）文本不能充分涵盖"的语言。他写道：

> 巴士回到高速路上，行往规模宏大的赫斯基石油精炼厂。夜晚时分，在远处看很容易把石油精炼厂错认为一座城市。上千盏灯光明璀璨，如同一座翡翠城坐落在距罗明斯特东约两公里处。当我们靠近那里时，阿兰告诉我们，他认为"这巴士可能被以某种方式施了魔法，或者，或者，或许我们全被施了魔法，以某种方式被转移到这里"。在精炼厂入口的路上，我们到了精炼厂的主厂区的正前方，并在那停了下来。在那里有三个巨大的水池，工厂设备的灯火倒映其中，愈加明亮。

这场旅程将观众带到了一个熟悉的工业地点。然而这里当下的视觉条件——漆黑的天空、旅途的朦胧——改变了观众对于赫斯基石油精炼厂的观察方式，他们以往非常熟悉这处城市景观的功能特征。那辆停下的巴士如同相机一般提供了一个框架，使这座工厂静止了，重新语境化了。从入口道路这里看去，"那上千盏灯光明璀璨"，精炼厂呈现出一种陌生的美感。（见图13.1）一座巨大的"翡翠城"出现在城市中心，有成百上千的石油工人和长途卡车司机。在这暂停的时刻，一种崭新的城市面貌跃入眼帘，一座城中城。这幅图景在这所城市认同因身处交界而被定义了的城市尤其能引起共鸣。

图 13.1 "城市之夜",罗明斯特

摄影:A.F.怀特

观众被前方树木衬托下的笔直的铁塔和管道震惊了,把自然的和科技的对立力量压迫结合在一起的几何结构,形成了一种别样的建筑融合感。精炼厂的璀璨灯火似乎与其他反射光源相映成趣:夜空中明灭不定的星光、湖面上的粼粼波光和灰狗巴士铝制车身的反光。这种光的交流让人想到鲍德里亚的"对应"概念,这一概念暗示着自然万物都以颜色、气味、声音和外形彼此对应。本雅明鼓励我们将这些物质性对应视作一种"感性相似"的语言,它的意义并非完全不可捉摸。他将这种生成意义的(Meaning-Making)形式与"以往那种变成他物和举止如同他物的强有力的冲动性"联系在一起("Mimetic":333)。语言中的拟声词是这种模拟能力的残余表现,这时话语试图模仿它所表征的那种东西。事物的语言因此源自于形式参与到自身意义的方式。就结果而言,事物就"是"它们所说的一切。

如果在表演中对于精炼厂的去语境化能够让这座工厂以某种方式交流,那么这种先兆式的框架暗示着回看的可能性。本雅明解释道:"要感知我们所观察的物体的气质,就意味着要赋予它能反过来观察我们的能力。"("Mimetic":188)就这座精炼厂而言,我们可能会说,我们可以通过灯光和水中倒影来回看它。当巴士内的灯光刚被关上的那一刻,这种回看变得更加明显。这再一次让我们想到了凝视,视觉能力的核心,它从外部定义了主体性。值得注意的是,拉康将凝视与"光束"联系起来。"那是一束看向我的光,"他写道,"这是介绍在几何关系(视觉所见)中被忽略的东西的那些东西——土地的深度,以其全部的模糊性和变化性进行介绍,而这都是我所不能控制的。这更像是它控制了我,时时刻刻地在唆使着我,使得景观之物不再仅仅是景观,不再仅仅是我称之为图画的那些东西。"(96)

这种灯火辉煌的"外观"不仅仅美化了石油精炼厂,还赋予了那些被忽视的维持这座工厂运作的劳动者以人性和美。在这种意义上,情景无意识为揭示唯物主义的无意识提供了方法。现象学的方法不仅让我们将独立的真实重新归属于环境,它还唤起我们对地点的构成方面的关注(它的"冰冷"的工厂外观、它遥远的距离),这些方面有助于解释那些结构方面的遮蔽性和每日生活于此的人们的社会目的。以这种方式来解读场景建筑的不同方面使我们注意到劳动的不引人注目的标志(劳动因被置于城市边缘而变得不可见)。这让我想起剧作家阿尔芒·加迪对他在一家化工厂进行的特定场域表演的描述,一场他认为是"工厂所作"的表演。"完全是这个'地方',"他写道,"这些建筑在进行写作……那里有油脂,有酸的印迹,因为这是家化工厂;你还能看见人们工作的痕迹,到处都是工作服,角落里还有午餐盒等。换句话说,这里所留下的所有劳作的痕迹都有它们自身的语言。"(71)

在探索这些痕迹时,我不认为表演可以揭示环境的终极真实,它隐藏在语言或文化的遮蔽之下。正如奚尔曼所说,文化的遮蔽"不是一个面具,在它下面有什么事发生了,也不是隐藏真实的虚构,而是生命和事物进入真实的方式"("*Screen*": 16)。当向外延伸的真实显现时,它也展示了"它本身所具有的一种代表性的连贯性"(16)。这可能解释了为什么精炼厂呈现出来的是一排排的灯光,或是一种翡翠城的外观,一个熟知的虚构之处。奚尔曼提醒我们,如果我们总是占据在屏幕前面的同一个标准位置,"我们便看不见源自事物本身的、要求我们观察的表征"(16)。当偶发事件发现了其通往舞台的途径的时候,特定场域表演,通过改变观察位置和不再让观众控制场景,使事物这样的要求变得可见。梅洛-庞蒂称其为"世界动机不明的喷发"(xiv)，德里达称其为"异延"的火花，完全不同于其他的封闭体系。特定场域表演通过训练我们寻找语言表达与我们周围世界的感知事物之间的微小区别，来使我们从别处观察到这一点。

　　哈斯顿提出了一个犀利的论断，暗示着这种观察方式对于当代观察者而言所应具备的东西。他写道："当现在观众的注意力全部被吸引到车窗外的城市那里时，对于这一现象的认同只能通过观众的——以其'自己'的措辞进行的——表演得到解释，这一点变得显而易见了。在这一方面，城市认同产生于每一个观众的不确定的疑惑感，这种疑惑感与所见物的措辞及界限有关。"换句话说，特定场域表演的实践将现象学和解构主义结合在一起，发现了这两种看似相互排斥的认识论的共同之处。最后，地点以感性知觉的呈现，感性知觉模式对物质世界开放，并且由于人类语言的局限性，观众无法完全领会它。

参考文献：

Arendt, Hannah. The Life of the Mind. San Diego: Harvest/Harcourt, 1978.

Aronson, Arnold. The History and Theory of Environmental Scenography. Ann Arbor: UMI Research Press, 1988.

Benjamin, Walter. 'On Some Motifs in Baudelaire.' Illuminations. New York: Schocken, 1968: 155—200.

——. 'A Short History of Photography.' Screen 13. 1(1972): 5—26.

——. 'On the Mimetic Faculty.' Reflections. New York: Schocken, 1978: 333—6.

Caillois, Roger. Mask of Medusa. Trans. George Ordish. New York: Clarkson N. Potter, 1960.

Chaudhuri, Una. Staging Place: The Geography of Modern Drama. Ann Arbor: University of Michigan Press, 1995.

Etchells, Tim. 'Nights In This City: Diverse Letters and Fragments Relating to a Performance Now Past.' Kaye: 13—24.

Forced Entertainment. *Nights In This City: A Coach Trip to Another World*. Unpublished playscript, 1995.

Fuchs, Elinor. 'Presence and the Revenge of Writing: Re-Thinking Theatre After Derrida.' *Performing Arts Journal* 9. 2/3 (1985): 163—73.

Gatti, Armand. 'Armand Gatti on Time, Place, and the Theatrical Event.' *Modern Drama* 25.1(1982): 69—81.

Genet, Jean. *The Thief's Journal*. Trans. Bernard Frechtman. New York: Grove Press, 1964.

Heidegger, Martin. 'The Age of the World Picture,' *The Question Concerning Technology and Other Essays* (New York: Harper Row, 1977): 115—54.

Houston, Andrew. '*Nights In This City*: Mapping the Sublime in Lloydminster… by Bus, by Night.' *Canadian Theatre Review* 103 (Summer 2000): 38—41.

——. *The Weyburn Project*. 1 Feb. 2008: < http://uregina.ca/weyburn_project/pages/Sitespec.html>.

Kaprow, Allan. *Assemblages, Environments and Happenings*. New York: H. N. Abrams, 1965.

——. *Essays on the Blurring of Art and Life*. Ed. Jeff Kelley. Berkeley: University of California Press, 2003.

Kaye, Nick. *Site Specific Art: Performance, Place, and Documentation*. London and New York: Routledge, 2000.

Knowles, Ric. *The Theatre of Form and the Production of Meaning: Contemporary Canadian Dramaturgies*. Toronto: ECW Press, 1999.

Kwon, Miwon. *One Place after Another: Site-Specific Art and Locational Identity*. Cambridge, MA: MIT University Press, 2002.

Lacan, Jacques, *The Four Fundamental Concepts of Psycho-Analysis*. Trans. Alan Sheridan. New York: Norton, 1981.

Landau, Tina. 'Source-Work, The Viewpoints and Composition: What

Are They?' *Anne Bogart Viewpoints*. Ed. Michael Bigelow Dixon and Joel Smith. Lyme, NH: Smith and Kraus, 1995.

Marranca, Bonnie. *Ecologies of Theatre: Essays at the Century Turning*. Baltimore and London: Johns Hopkins University Press, 1996.

Merleau-Ponty, Maurice. *Phenomenology of Perception*. Trans. Colin Smith. New York: Humanities Press, 1970.

Phelan, Peggy. 'The Ontology of Performance: Representation Without Reproduction.' *Unmarked: The Politics of Performance*. London and New York: Routledge, 1993.

Portmann, Adolf. *Animal Forms and Patterns*. Trans. Hella Czech. New York: Schocken, 1967.

Rojo, Jerry. 'Environmental Theatre.' *Conversations on Art and Performance*. Ed. Bonnie Marranca and Gautam Dasgupta. Baltimore and London: JohnHopkins University Press, 1999.

Schechner, Richard. *Environmental Theatre*. New York: Applause Books, 1994.

Silverman. Kaja. *World Spectators*. Stanford, CA: Stanford University Press, 2000.

——. 'The Screen Revisited'. Unpublished essay, 2001.

Sates. Bert O. *Great Reckonings in Little Rooms: On the Phenomenology of Theatre*. Berkeley and Los Angeles: University of California Press, 1985.

Tytell, John. *The Living Theatre: Art, Exile, and Outrage*. New York: Grove Press, 1997.

跋：表演城市——一个神奇的陈列柜

芭芭拉·霍哲顿

　　约翰·麦登与汤姆·斯托帕德 1998 年的获奖影片《莎翁情史》以节奏化的配对图像来结尾：莎士比亚将薇奥拉的名字和她在《第十二夜》中的第一句话——"朋友，这是什么国家？"——写在空白的羊皮纸页上，而薇奥拉·德·雷赛布斯孤独的身影行走在广阔的、空旷的海滩上。不过，麦登还拍了另外一个结尾，里面薇奥拉遇见了一位土著首领和他的妻子，她说了她的第一句话，对此首领回答说，"这是美国，女士"。麦登还曾想象让曼哈顿的天际线，即世界贸易双塔的突出轮廓，在远处（神奇地、数字技术地）升起，但只有薇奥拉遇见美国土著人的影片材料存留于档案。当我首次就这些缺失的结尾进行写作时，我把它们看作是电影草稿的产物，一个关于美国的莎剧电影市场如何取代了伦敦玫瑰剧院的狡猾但又被丢弃的笑话。在阅读（或观看）了这些关于表演与城市的章节之后，修订麦登的缺失的结尾看起来尤为适合，因为他曾想象的关于城市的海市蜃楼已经消失。它消失于政治上的辉煌，极为可怕的事件（一次表演？[1]），留下一个不真实的、超现实的城市。光芒陨落；地方流行的表演——"有人正在你的面前死去"（Blau：156）——被一次又一次、一次又一次地展开。它曾经是（现在仍然是？）如此无休止重复的表演，以至于它已经丢失了它的史实性而进入神秘

---

〔1〕 联系到"9·11"，表演有一个被激怒的历史——参见 Lentricchia 和 McAuliffe。但是拒斥这种联系的话会产生这样的问题，即如何、为什么以及在什么样的环境下批评家们才去寻求限制"表演"这一术语宽泛的内涵。

的时空,进入了艾略特的时间,在那里现在、过去和将来变得模糊,在那里"所有时间永远处于当前……不可挽回"('Burnt Norton':117)。(当我们的在2001年的教室中那些12、13或14岁的学生们,看到他们称为永远也不会忘记的那些东西时,它其实早已经被调解,不再存在)没有人会会错意。它是(现在仍然是?)表演中常见的一种表演,与本书密切联系的表演。这种事情今晚会再次出现吗——或者明天?城市会以同样的方式再次表演吗?人们仿佛第一次走进这座新城市:没有代理的可能,没有作为重建行为的表演。"空气中的尘埃悬浮着,给故事终结的地方留下记号。"(Eliot 'Little Gidding':139)

当然,总是这样(正如哈姆雷特以及人们熟知的《哈姆雷特》),故事的结局标志着记忆、新故事——以及写作的开始。从而,这是一种(简明的)私人的拱廊工程,不过比起本雅明的作品,更符合城市交响曲和城市诗歌类型的传统。[1] 这是一种试图在语言中重构的幻想,某种类似于帕特·奥尼尔的《虚构的衰变》的东西,《虚构的衰变》是一个分层的电影组合,主要关注于洛杉矶被遗弃的(现在被拆毁的)国宾大酒店,该酒店记录了这样一些名字——华伦天奴、琼·卡劳福德、卡罗尔·兰帕德、宾·克罗斯比、玛丽莲·梦露、霍华德·休斯、约翰·巴里摩尔、葛洛丽亚·斯旺森——以及事件——鲍比·肯尼迪在一个房间被暗杀,案发后该房间自此一直锁着——这些已经渗入我们的公众意识,作为痕迹、鬼魂、谈话的片段、声音、文本和图像存在着。

我六岁了。我正第一次看着纽约。就寝时间已过去很久,我透过高高的旅馆窗户向外注视着异国的霓虹灯闪烁,注视着黄色出租车流穿过街道的灯光的海洋。我整夜未睡,观看城市表演。以一个六岁孩子的她自己是宇宙的绝对中心的幼稚感觉,我知道这个城市就是在为我表演。海登天文馆的恒星与行星在我眼前穿越天空;在自然历史博物馆中,恐龙巨大的嘴张着,准备吞食我(这甚至比《白雪公主和七个小矮人》中长触手的大树的

---

[1] 比如沃尔特·卢特曼的电影《柏林:城市交响曲》(1927)以及卡尔·桑德伯格的《芝加哥之诗》(1916)。

树枝还要可怕)。最棒的是马戏团。特别是大象(还有狮子还有老虎还有熊还有海豹,哦,我的天啊!),比无线电城音乐厅的火箭女郎舞蹈团还要好;(总是,总是)从他们小小的车上翻滚下来的小丑们;走钢丝的空中飞人的表演(后来我在家模仿以赢得祖父的欣赏);全身穿着淡淡的粉红色和金色服装的漂亮女孩,对我笑着,登上了王位,像骑在大象身上领着游行队伍的鼓乐队女队长。我被禁止吃的果子的那诱人的香味:棉花糖和爆米花(因为没有包装被认为是"不好的",就像看电影时的薄荷饼),与木屑的味道混在一起。我把一只变色龙系在一根棍子上带回家。它栖息在我爸爸专门制作的盒子里的小树枝上。它生活(比任何人预期的都要长)在靠近书架的地方,书架是我的神奇的陈列柜,有鸟巢、打破的知更鸟蛋、蝉壳和一些其他残骸。

后来,有了其他的演员和表演。听到弗兰克·斯纳特拉,那个"有着大嗓门的精瘦孩子",随着汤米·多西的交响乐队演唱;莱斯·斯蒂文斯在《卡门》中演唱(后来由穿着戏装的泰迪熊再次表演——动物卡拉OK)。再后来,奥森·威尔斯在轮椅中表演李耳王——一个关于后来也无法知道的将来神奇的预言,在其中我将继续欣赏其他表演,包括阿兰·霍华德的亨利五世,在2000年的"同谋戏剧公司"的记忆术,随后是阿德瑞安·莱斯特的哈姆雷特。这些场合的最早的节目痕迹保存在我的"记忆书"(我祖父的注意)中,和用框子框住的证书(我已经从幼儿园毕业了,尽管我很憎恨"群体行动")、小学班级的照片、报道卡、奖品、衣服的腰间装饰花(腊栀子花和没有香味的山茶花碎片)以及舞蹈卡放在一起,舞蹈卡上褪色的墨水痕迹是我穿着柔软的礼服自我表演的证据。关于其他存放在折叠档案中(开始了"同谋公司"时空穿越的记忆的那一页在这里)的,以及在照片和文字里的——戏目单舒适地存在于其中——的记忆,都熔化在档案中了。

纽约作为一个剧院,一个戏剧化的城市,它是如此安静,当然——如果有的话——也伴随着差异或 *différance*。在戏剧把它与理论的词源学联系放回到剧本中并在演出中消失之前,我要求记忆能够言说一个时间。然而我召唤——让消失的事物重现的行为——的现象学的城市却永远是关于表演的。时间不是忘却表演的条件。赫伯特·布劳这样写道:"表演意识是否被忘记也许是表演的历史的主要问题,因为它无疑是后现代主义的。"(154)这两个问题也是本书的中心,它铺陈出了——利用当代全球文化城市进行的,在当代全球文化城市之中进行,以及关于当代全球文化城市的——表演的历史。在这个睿智且理论化的论文集中,有许多是值得欣赏的:包含——关于显现与消失,关于意愿、渴望以及损失,关于身体及其体现的历史和记忆,关于官方的和非官方的纪念,关于口头和非口头的见证——的沉思,这些章节穿越时空地编织着,详述并拷问社区的观念与理想,探索着在城市中行走的、后本雅明的、后德塞图的各种问题。由于城市在这些作者的思想中显现,因此就戴上了双重的面具:一方面,是一种压迫的力量致力于擦除(私人的)传统(和个人才能?);另一方面,是一个解放的实体,能够产生新的社区和新的市民。这个新配置的城市、这个同时呈现全球化和地方化的双面场所,是如何变得大众化的?它又是如何书写、制作和表演它的多元化的、跨文化的脚本的?什么样的空间、场所和行为赋予了它意义?现在被渴望和值得渴望的表演又是什么?正如这一文集的作者们所暗示的那样,这些表演角色仍然正在被书写着。

参考文献:

Blau, Herbert. 'Universals of Performance: Or, Amortizing Play.' *Substance* 11.4(1983): 140—61.

Eliot, T. S. *The Complete Poems and Plays*, 1909—1950. New York: Harcourt, Brace & World, 1952.

Lentricchia, Frank and Jody McAuliffe. *Crimes of Art and Terror*. Chicago: University of Chicago Press, 2003.

Madden, John, dir. *Shakespeare in Love*. Written by Marc Norman and Tom Stoppard. Universal, 1998.

O'Neill, Pat, dir. *The Decay of Fiction*. Lookout Mountain Films, 2002.

译后记

本书的翻译前前后后用了两年多的时间。作为论文集,尽管主题相近但并不完全相同,加上学者的兴趣、观点、知识结构以及语言风格等都不一样,无形中也增加了翻译的难度,影响了速度进程。现在终于能够和读者见面,希望能够为城市理论研究提供一点资料性的工作。

本书的翻译是多人共同努力的结果,大致分工如下:《苏珊·本耐特平装本前言》、《序言:城市、文本、表演》、第1章、第9章、第10章、第11章、第12章、第13章庄友刚译,第2章、《跋》王砚译,第3章杨静译,第4章张贺译,第5章陶淇琪译,第6章崔苏妍译,第7章孙米莉译,第8章解笑译。全书翻译由庄友刚统一进行了校阅和修订。

感谢苏州大学外国语学院王瑞东教授、朱新福教授,他们为本书的翻译提供了极大的帮助。感谢苏州大学政治与管理学院马克思主义哲学专业的硕士研究生冯虎成同学,他为本书参考文献的录入做了非常细致的工作。

感谢苏州大学出版社对本书以及整个丛书翻译出版的支持,以及对丛书翻译出版工作所做的努力。最后,尤其要感谢本书的责任编辑赵强博士,他以扎实的专业功底和高度的学术敏锐性以及耐心细致的工作为本书修订增色良多。

由于译者水平有限,不足之处在所难免。恳请学界批评指正。

庄友刚
2016年12月于苏州大学